KRAFTEN I VÅR INDRE STYRKE
BESTEMØDRENES BUDSKAP

Å finne balansen i en kaotisk verden

Av

Sharon McErlane

Net of Light Press
www.grandmothersspeak.com

© 2006 Sharon McErlane
Alle rettigheter reservert.

Originalens tittel: A Call to Power: the Grandmothers speak
Oversatt av Ingvild B. Aultun

Innholdet i denne boken kan ikke kopieres, reproduseres, lagres i et gjenfinningssystem eller overføres på noen måte, det være seg elektronisk, mekanisk, som opptak eller på noen annen måte, i strid med åndsverksloven, uten særskilt skriftlig avtale med forfatteren.

Utgitt av Net of Light Press, 9/9/06
www.grandmothersspeak.com

ISBN: 978-0-9788468-4-8

Opprinnelig utgitt av Author House, 4/23/04
ISBN: (e-book), ISBN: (pocket format)

Omslagsillustrasjon: Francene Hart, www.francenehart.com
Omslagsdesign: Timothy W. Brittain
Illustrasjoner: Sharon McErlane

Trykket i USA av Net Pub press

Engelsk procketutgave av denne boken er tilgjengelig fra Net of Light Press på
www.grandmothersspeak.com

"Når Bestemødrenes budskap blir
hørt vil verden helbredes"
— *indiansk profeti*

INNHOLDSFORTEGNELSE

	Takk vii
	Forord: En oppfordring til forandring 1
Kapittel 1	Et besøk fra Bestemødrene
	"Dette Rådet av Bestemødre har kommet for at kvinner skal befeste sin egen indre kraft"..3
Kapittel 2	Vi bringer til Jorden noe av Himmelen
	Ordinær og ikke-ordinær virkelighet..13
Kapittel 3	Skjønnhet/Styrke er ett og det samme
	Vurdert etter en maskulin målestokk..25
Kapittel 4	Et annerledes rike
	Smerte og sykdom oppstår der ny energi møter gammel energi 33
Kapittel 5	For Mye Gjøren.
	En reise tilbake til barndommen og en annen verden 39
Kapittel 6	Vi vil fylle deg full
	Å gi videre Bestemødrenes oppvåkning til den indre kraften 51
Kapittel 7	Den feminine kraften er overveldende sterk
	Verdighetens kraft..65
Kapittel 8	Du Må Vokse i Ånden
	Yang energien er helt ute av kontroll 69
Kapittel 9	Lysnettet
	Å styrke yin 75
Kapittel 10	Tiden er kommet for at Yin og Yang skal flytte på seg
	Fryktens skygge..87
Kapittel 11	Å endre på forholdet mellom Yin og Yang
	Å forstå det feminine prinsippet 93
Kapittel 12	Livets vev
	«Virkeligheten» er ikke virkelig, den store tomheten........ 105
Kapittel 13	Oppvåkningen av den indre kraften holder vårt budskap støtt
	Å fylle jorden med yin energi 117

Kapittel 14	Den dype feminine kraften	
	Moder Jord ønsker at hennes barn skal vende tilbake til henne..	123
Kapittel 15	Menns rolle	
	Menns rolle, og kvinner, beholdere av yin energien	131
Kapittel 16	Livets tre	
	Omsorg for treet, menns smerte...	143
Kapittel 17	Gjør livene deres hellige	
	Livet med/uten seremonier og ritualer...................................	151
Kapittel 18	Tiden er inne	
	Vi venter på at du skal kalle **på oss**.......................................	165
Kapittel 19	Bestemødrenes arbeidsbok	
	Om forfatteren	175
	Avsluttende ord fra forfatteren...	191

TAKK

Kraften i vår indre styrke: Bestemødrenes budskap har ikke vært en enkel bok å skrive, særlig fordi jeg ofte har tenkt at jeg ikke er oppgaven verdig. Jeg har stadig vendt tilbake til spørsmålet; "Hvem tror du at du er som kan formidle et budskap som dette?" Mange ganger har jeg blitt overveldet av oppgaven foran meg, og hadde det ikke vært for følgende personer ville jeg kanskje ha gitt opp. Fra dypet av mitt hjerte vil jeg takke Lori Viera, Steven Atherton, Katie McMahoan, Pat Durkin, Mahti Kintz, Meinrad Craighead, Dorothy Herrin, Jim Farris, Dyen Ellerbrach, Richard Carlson, Sheryl Politiski, Benjamin Shields, Susan Sherman, Deborah Schmidt og Christan Hummel.

Jeg vil også takke de kvinnene som brakte Bestemødrenes bok, budskap, og meg til det fantastiske Litauen. Takk til Antanina, Vilma, Ritone og Susie.

Til sist vil jeg takke min mann Roger. Uten hans støtte ville jeg aldri ha klart å gjennomføre dette arbeidet.

Bestemødrene har kommet til oss nå for å gi håp til menneskeheten og fylle våre hjerter med lys, slik at vi igjen kan holde vår elskede planet i lyset. De ovenfor nevnte personene har hjulpet til med å skape denne boken, og dermed gjort det mulig for andre å bringe Bestemødrenes budskap om lys og glede til hele verden. Denne boken er dedisert til hver av dem og til det Guddommelige (i all sine strålende former) som jobber med og gjennom dem.

Takk til Bestemødrene, for at dere gjør alt dette mulig.

FORORD
En oppfordring til forandring

Bestemødrene dukket uinvitert opp i livet mitt, men både de og det budskapet de brakte med seg ble ønsket varmt velkommen. De dukket bokstavelig talt opp av løse luften, og forandret livet mitt ved å sette meg i situasjoner som var ukjente for meg. De har kommet for å rette opp den ubalansen som finnes mellom yin og yang på vår planet, og bevisstgjøre kvinner og menn om den energien de kaller "den dype feminine" og for å gi både menn og kvinner et nært forhold til skapelsens kvinnelige prinsipp.

Hensikten deres er å skape balanse mellom kvinner og menn, yin og yang. Jeg er utrolig takknemlig for å være en del av deres arbeid og for å ha denne muligheten til å videreformidle deres visdom.

Bestemødrene overbringer sitt budskap, viser oss de endringer som skjer på jorden, forklarer oss hvorfor vår verden er i en sårbar tilstand, og forteller oss hva vi kan gjøre for å hjelpe oss selv og vår planet til å gjenopprette balansen. Deres meditasjoner og visualiseringer gjør alle i stand til å være i kontakt med hverandre. Denne kraftfulle forbindelsen mellom menneskene skaper en vev eller et nett av yin som støtter vår planet, og holder jorden stødig mens de nødvendige endringene i jordens energifelt pågår.

Bestemødrene forklarer denne ubalansen og viser oss forskjellen på maskulin og feminin energi. De lærer oss hvordan vi kan utvikle et nærere og mer personlig forhold til det Guddommelige og oppfordrer oss til å la den åndelige dimensjonen være en naturlig del av vårt liv. Hvis du ønsker kan du bruke meditasjonene på slutten av boken for å få en enda dypere forståelse av dette budskapet.

Noen vil lese denne boken for informasjonens skyld. Andre vil søke forvandling. For noen vil det være nok å høre om Bestemødrene, mens andre vil søke å oppleve dem. Øvelsene eller meditasjonene bakerst i boken er for de som søker forvandling og/eller et personlig forhold til disse vise kvinnene.

Den energimessige ubalansen på jorden i dag har eksistert veldig lenge, og Bestemødrene sier at dette er årsaken til at vi i dag er i en så desperat situasjon. Men fordi vi allerede har startet prosessen med å avhjelpe denne ubalansen vil jorden ikke bli ødelagt. Bestemødrenes budskap er både dypt og oppløftende, men selv om det er en alvorlig bok er den langt fra dyster.

Kraften i vår indre styrke: Bestemødrenes budskap kan bli lest på flere måter. Du kan velge å lese den som en sann historie, en beskrivelse av en ny måte å leve på, en invitasjon til å leve på den måten, en personlig reise eller en myte. På ulike tidspunkt i livet ditt kan den være hver av disse. Jeg vet at alt jeg forteller i boken har skjedd, men inviterer deg til å lese den fra det synspunktet som er best for deg. Hver betraktning har sin verdi.

Denne boken er skrevet spesielt for kvinner. Den påkaller en kvinnes egen kraft, gir henne en forståelse av yin og et verktøy til å bruke sin kraft. Yin energien finnes i alle skapninger. *Kraften i vår indre styrke: Bestemødrenes budskap* er derfor samtidig en bok for menn. Den gir menn en forståelse for det Feminine Prinsippet, og gjør dem bevisst deres egne iboende nærende og støttende egenskaper. Bestemødrenes bok gir en mulighet til å forstå de forandringer som foregår på jorden og lærer oss hvordan vi kan delta i den hellige utviklingen av vår planet.

Bestemødrene inviterer oss til å delta i gjenopprettelsen av harmoni på jorden. De forsikrer oss imidlertid om at vår deltakelse i dette arbeidet er frivillig, og ikke avgjørende. Gjenopprettelsen av balansen på jorden vil skje uansett om vi deltar eller ei. "**Vi gir deg denne muligheten for din egen del**" sier de "**fordi det vil gi deg glede å delta i dette arbeidet**" (Det som står med fet skrift i denne boken angir Bestemødrenes egne ord, og selv om de snakker direkte til meg, er deres budskap ment for alle.)

Bestemødrene snakker og lever I SANNHET. De har både begeistret og sjokkert meg med sin uortodokse undervisning. Som de utrolige læremestrene de er har de overrasket meg helt fra det øyeblikket jeg møtte dem — den uskyldige september morgenen da jeg gikk tur med hunden langs klippene ved stranden.

KAPITTEL 1

Et besøk fra Bestemødrene

"Dette Rådet av Bestemødre har kommet for at kvinner skal befeste sin egen indre kraft"

Det var tilsynelatende en normal høstdag. Jeg var ute og gikk tur. Det var en klar september morgen, klokken var rundt syv, og jeg hadde tatt med meg hunden. Etter at sommerturistene hadde reist var byen igjen stille og rolig.

Stillheten som lå over byen var like ettertenksom som meg. I flere dager hadde jeg grublet over retningen på mitt livs arbeid, og jeg funderte over dette samtidig som hunden drog i båndet da vi krysset Pacific Coast Highway for å komme til stranden. Vi nærmet oss gangveien langs klippene da en gruppe eldre kvinner plutselig dukket opp foran oss. Det var helt merkelig. De bare var der.

Kvinnene samlet seg rundt oss, snakket og gestikulerte, smilte og lo til hverandre mens de signaliserte til meg at jeg skulle komme bort til dem. Stemmene deres klang rundt meg mens de henvendte seg til hverandre, og et kort øyeblikk hørte jeg deler av en melodi de sang. Med en glad og jenteaktig latter flokket de seg sammen rett ved siden av meg.

De var vidunderlige, imøtekommende og så glade. Jeg merket meg med en gang deres søte, åpne ansikter. Men da de sto rett ved meg så jeg at de hadde på seg klær fra tidligere tider og steder. Jeg stirret med åpen munn mens jeg prøvde å begripe dette, men en av dem med langt grått hår så på meg med et så imøtekommende smil at jeg for et øyeblikk glemte alt om deres annerledeshet.

Så la jeg merke til at jeg så *gjennom* dem. Jeg kunne se trærne, gangveien til standen, og bølgene på havet gjennom kroppene deres. Jeg ristet på hodet for å prøve å få klarhet i det jeg så, men de var fortsatt gjennomsiktige. Var dette noe jeg drømte?

Mens jeg fortsatte å stirre, la jeg merke til at jeg kunne kjenne lukten av sjøen, det våte gresset og sprekkene i fortauet under sandalene mine. I samme øyeblikk kom en nabo forbi, som vanligvis går tur på samme tidspunkt. Hun vinket og sa noen ord som jeg helt automatisk svarte på. "Kjære Gud" tenkte jeg. Jeg var fanget i en dobbel virkelighet. Dette var en *åndelig* opplevelse, et syn. Jeg hadde et syn!

Jeg ble helt tørr i munnen og begynte å svette, samtidig som jeg prøvde å avfeie disse gamle damene. Det måtte være fantasien min som var i sving. Hva kunne det ellers være? Jeg fant antagelig på alt sammen og de ville sikkert snart gå sin vei. Jeg har aldri tidligere trodd at jeg kunne være gal — men dette .....

Mens synet eller hva det nå var fortsatte ble jeg stadig tørrere i munnen og oppdaget at jeg holdt pusten. Det som skjedde med meg var langt utenfor min fatteevne. Men selv om jeg ønsket å flykte fra alt dette underlige, var jeg samtidig totalt oppslukt. Jeg klarte ikke å ta øynene bort fra disse damene. De myke smilene deres lot meg forstå at de var klar over mitt dilemma. Smilene og deres tålmodige holdning hjalp meg å beholde likevekten. De så at jeg tok et oppgjør med min egen frykt og nikket, smilte og ventet, og nettopp fordi de oppførte seg slik var jeg i stand til å stagge min egen frykt.

Så slo det meg — hva om det jeg så faktisk var virkelig. Et syn er ikke noe hjernen finner opp. Et syn er bare en annen form for virkelighet — en utstråling av energi, som alt annet. Disse tankene fòr gjennom hodet mitt og overrasket meg. Men utstrålingen av energi som sto foran meg var ikke noe jeg var vant til, og jeg var redd.

Jeg prøvde å flykte fra disse kvinnene men de var utholdende og ble værende hos meg mens jeg fortsatte turen. Gruppen av bestemorlignende kvinner, fortsatte å følge og snakke til meg til tross for mine forsøk på å ignorere dem. Jeg kunne ikke unngå å legge merke til dem, for selv om deres tilstedeværelse ikke var fysisk var de unektelig der. Og de aktet ikke å gå sin vei.

Tilslutt ga jeg opp å motarbeide opplevelsen og gav dem min fulle oppmerksomhet. Det var da jeg la merke til at to av dem var kledd i perlebroderte hjorteskinnskjoler og lange gamasjer. Indianere kledd i sin fulle stas.

En annen kvinne skilte seg også særlig ut. Hun var høyere enn de andre, med negroide trekk og et elegant hode som løftet seg høyt over de andres. Den lange halsen hennes var dekket av bronseringer. Hun så ut som et fotografi fra et gammelt National Geographic jeg hadde sett som liten. Det billedskjønne ansiktet og hennes kongelige holdning antydet en dronning fra en gammel afrikansk sivilisasjon.

Flere av kvinnene var under halvannen meter høye og hadde nærmest en firkantet figur. De var kledd i primitive kjoler som så ut som de var laget av vadmel og hadde brun hud og langt gråbrunt hår som hang løst ned over skuldrene. Kjolene hang som sekker siden de var laget av et så grovt materiale. Fargen på huden og på kjolene deres gikk så i ett at det eneste som ga litt liv til utseendet deres var kjeder av perler og skjell i mange farger som hang rundt halsen deres. De så ut som innfødte kvinner fra det sørlige Mexico eller Guatemala. Jeg stirret på dem, og lurte på hva de gjorde i denne feriebyen, men de smilte tilbake til meg med smil som var så fulle av godhet og tillit, at før jeg visste ord av det smilte jeg tilbake. Frykten min var forduftet.

Tre eller fire var kledd i kjoler som var svakt grå, blå eller lilla, og hadde et bibelsk utseende. Håret deres var dekket av en hette eller en cape, men jeg kunne se fra den lyse huden deres at de var av europeisk opprinnelse. Det var andre der også.

De smilte og kalte på meg mens de åpnet armene sine og ønsket meg velkommen iblant dem, og jeg kjente at de var henrykt over å se meg. De strøk meg over ansiktet, klappet meg på skuldrene og ryggen, og la armene rundt meg mens de slo ring rundt meg og dannet en sirkel med meg i midten.

Jeg telte rundt ett dusin av dem og visste på en eller annen måte at de representerte alle menneskeslekter på jorden. De var som dronninger, og mens denne tanken kom til meg var det en av dem som snakket. "**Hver kvinne er vakker og vis på sin måte,**" sa hun "**Men selv om hver av oss er unik i sin kraft og i sin natur, er vi alle ett i vår oppgave**". Sammen kunngjorde de "Vi er Rådet av Bestemødrene". Jeg var full av ærefrykt, og imponert av både storheten i deres tilstedeværelse, men også av deres navn. Så ærefryktinngytende og verdige som de var passet betegnelsen "Rådet av Bestemødrene" perfekt til dem.

Senere skulle de av og til vise seg for meg på denne måten. Men i løpet av de følgende årene skulle jeg komme til å møte dem flere hundre ganger i mange ulike skikkelser.

Jeg sto slik midt iblant dem, og mens de forsiktig tok på meg og så meg dypt inn i øynene, holdt de rundt meg og omfavnet meg. Mens dette dramaet pågikk, gikk jeg fortsatt tur med hunden og hilste på naboene. På en eller annen måte opererte min bevissthet helt ubesværet på flere plan. Jeg var tilstede i to virkeligheter på en gang. Jeg gikk på tur, Bestemødrene pratet til meg, naboene hilste på meg slik de alltid gjorde, og hunden drog i båndet. Jeg responderte på alt.

Å være involvert i to tilsynelatende separate virkeligheter ga meg en underlig, desorientert følelse, men samtidig var det overraskende nok ikke vanskelig å navigere seg frem. Hele situasjonen var så absurd at jeg tidvis holdt jeg på å bryte ut i latter. Men på underlig vis følte jeg meg også rolig og oppløftet av energien til disse Bestemødrene.

Mens de holdt rundt meg sa de **"Plant føttene dine trygt i Moder jords myke jordsmonn".** Ordvalget og måten de sa det på fanget min oppmerksomhet. Jeg stoppet og forestilte meg at føttene mine ikke sto på fortauet, men på jorden, og umiddelbart kom det over hodet mitt en kokong av glødende silke som foldet seg ned over meg. Den var flere meter lang og minst to meter bred og vibrerte i samme farge som en strålende solnedgang, lik en gammelrosa rose som glødet av seg selv.

Jeg pustet dypt inn mens denne kaskaden av silke omfavnet meg. Den gav en følelse av utrolig velvære. Mens Bestemødrene pakket meg inn og dekket meg med silken sa de: **" Dette er en hinne, en beskyttende aura. Hinnen er laget av noe som ligner på lys, men den er mer enn bare lys."** Følelsen av den silkeaktige hinnen mot huden gjorde at jeg forsto at den var av lys, men et lys med tyngde og styrke.

Den dekket meg fra hode til tå, og pakket meg inn som i en kokong. **"Denne hinnen vil begynne å helbrede og styrke deg fra yttersiden og innover. Den vil trenge inn i alle celler og organer i kroppen din, og justere og berolige alle deler av deg. Den vil umiddelbart begynne en helbredelse og en oppvåkning som vil foregå inni deg på flere nivåer på en gang. Både dine fysiske, mentale, følelsesmessige og åndelige sider vil motta det de trenger; de vil helbredes og harmonere med hverandre."** Mens de snakket følte jeg meg mer styrket og tatt vare på enn jeg noen gang kunne huske.

Mens de ennå dekket meg og jeg var hyllet inn i denne silkeaktige innpakningen, vugget de meg forsiktig og deretter danset de med meg. De holdt meg foran dem mens de løftet opp hendene mine, løftet meg opp, virvlet meg rundt mens de lo og fikk meg til å føle meg som et høyt elsket, lite barn. Deretter lærte de meg dansetrinnene, frem og tilbake, fra side til side, og slik danset vi sammen. De omfavnet meg en gang til og jeg tenkte "Dette er helt utrolig vakkert, men hva kan jeg gi tilbake til dem?". Selv om jeg bare tenkte ordene inni meg svarte de **"Du skal ikke gjøre noe nå. Ikke prøv å hjelp oss. La oss være dem som gir og gjør alt arbeidet."** Jeg tok dem på ordet og lot meg selv slappe av i deres omsorg.

Jeg kom hjem fra turen full av undring over hva som hadde skjedd meg, og selv om jeg ikke forsto det visste jeg at jeg ikke var gal. Jeg var for fredfull og glad til det. Ganske omtumlet satt jeg meg ned på sofaen og skrev ned det som falt meg inn. Jeg ønsket å ta vare på magien fra denne morgenen. Deretter la jeg bort alt jeg hadde skrevet. Jeg leste ikke gjennom det en gang. Jeg hadde ikke lyst.

Jeg hadde hørt folk fortelle om opplevelser slik som denne, og blitt fortalt hvor verdifulle og skjøre de oppleves. Jeg forsto også at det er i vår hjernes natur å ville forsøke å forklare og redusere enhver opplevelse for å kategorisere den. Men det som hadde skjedd meg kunne ikke bli kategorisert og jeg bestemte meg for ikke å prøve. I stedet ville jeg fokusere på øyeblikket, ikke dvele ved det som hadde skjedd på turen, og ikke spekulere på hva det kunne bety. Det som hadde skjedd var noe hellig, det visste jeg, og for øyeblikket fikk det være nok.

Etter denne morgenen summet det lenge i meg av en egen lykke og fordi jeg ønsket at det skulle fortsette fortalte jeg ikke noen om hva som hadde skjedd med meg. Jeg hadde det litt på samme måte som om jeg skulle hatt en flaske eksklusiv parfyme. Jeg ønsket å beholde lokket på flasken slik at det som var i den ikke skulle fordunste. Dessuten ville det å forklare hva som hadde skjedd med meg kreve mer energi og klarhet enn jeg hadde.

Jeg forsto at jeg hadde blitt gitt en gave, og at denne gaven trengte å bli æret og gjemt unna i stillhet. Bestemødrene hadde sagt at hinnens lindrende og nærende kraft ville gjennomsyre meg og det var akkurat det jeg ønsket at den skulle gjøre.

Før jeg møtte Bestemødrene hadde jeg bare hørt ordet "hinne" brukt til å beskrive fosterhinnen som dekker babyer når de blir født. Jeg visste ikke nøyaktig hva Bestemødrene mente med ordet hinne, men uansett hadde det som innhyllet og dekket meg fått meg til å føle meg verdsatt. Jeg ønsket at det skulle gjennomsyre meg så dypt at jeg ville føle meg innhyllet i en slik kjærlighet for bestandig.

Ikke så lenge etterpå, jeg husker ikke helt når, kom jeg igjen over ordet hinne, og denne gangen ble det oversatt med "innvielse". På en måte var jeg overrasket, og på en annen måte ikke, fordi jeg visste at på ett plan var det dét jeg hadde opplevd. Hinnen hadde overført en spesiell energi til både kroppen og hodet mitt, og jeg hadde følt den veldig sterkt. En fredfull styrke, en følelse av indre rikdom jeg aldri hadde opplevd før. Denne følelsen forble hos meg i flere uker. Det rare er imidlertid at når jeg senere har lett etter betydningen av ordet "hinne" har jeg aldri igjen kommet over denne oversettelsen. Kanskje denne betydningen av ordet "hinne" kom til meg i en drøm.

Omtrent samtidig fikk jeg et annet overraskende besøk. Jeg ventet på en klient, og gikk opp trappen til andre etasje da jeg kastet et blikk ut av vinduet og fikk se en enorm rovfugl som satt på en gardintrapp som sto i hagen. Den var større enn en hauk, og satt vaglet oppå den halvannen meter høye gardintrappen. Både størrelsen og den majestetiske holdningen fikk såvel gardintrappen som den ett mål store hagen til å virke liten. Med sine mørke, gråbrune fjær og gjennomtrengende blikk satt den der, uten å jakte eller hvile, og voktet strengt over hagen mens den snudde hodet 360 grader.

Min mann og jeg klarte ikke å ta øynene fra den, og da min klient kom viste jeg den til henne også. Jeg var så takknemlig for at andre hadde vært tilstede og sett dette sammen med meg. Jeg hadde fortsatt ikke fortalt noen om Bestemødrene. Fascinerte så vi på fuglen, men til slutt tok vi øynene fra den. Da vi så ut igjen var den borte. Ingen av oss hadde sett den lande eller fly avgårde.

Et par dager etterpå fortalte Roger og jeg om hagebesøket til en fuglekjenner. Hun ble veldig opprømt av vår beskrivelse, særlig når det gjaldt størrelsen på fuglen, og hentet frem et eksemplar av Floyd Scholtz's "Rovfugler. Vi fant den. Det var en kongeørn — en rovfugl som er svært sjelden i det tett befolkede området av det sørlige California hvor vi bor.

Etter at vi hadde identifisert vår besøkende tok jeg frem medisinkortene, en metode for lærdom og spådommer fra indianerne, og fant frem totemet for ørner. Ørnen er det første kortet i kortstokken, og allerede det sa meg noe. Jeg så på kortet og fikk igjen den samme sitrende følelsen som da jeg så ørnen. På koret sto det, "Ørnens medisin er kraften til den store Ånden, forbindelsen til det Guddommelige. Det er evnen til å leve i åndeverdenen, og samtidig være knyttet til og leve i pakt med livet på jorden."

Et velkjent grøss, som et tegn på gjenkjennelse av sannheten, skjøt først ned og så opp gjennom ryggraden min. "Ørn minner deg på at du skal fatte mot og samle styrke, for universet gir deg en mulighet til å stige opp over de verdslige delene av livet ditt. Kraften til å gjenkjenne denne muligheten kan komme gjennom en åndelig prøve. Ved å lære å takle din egen frykt for det ukjente, vil din sjels vinger bli styrket av de vinder som dannes av Den store ånds pust."

Disse ordene viste til en sannhet, og jeg ble med en gang klar over at universet faktisk *hadde* gitt meg en utrolig mulighet. Hvis jeg tok imot den ville jeg måtte bevege meg utenfor rammene av mitt "verdslige liv".

I begynnelsen av oktober lette jeg etter noen papirer på pulten min og kom på at jeg skulle lese det jeg hadde skrevet den dagen Bestemødrene hadde vist seg for meg. Jeg ble ganske målløs over hva som sto på arket.

"Verden har så lenge blitt dominert av yang, prinsippet for mannlig energi, at yin, prinsippet for den kvinnelige energien har blitt utmagret og svakt. Den enkelte kvinne har blitt avskåret fra sin egen følelse av styrke og mening, som gir henne skjønnhet. Fordi

hun føler dette savnet vil hun søke bekreftelse på sin identitet og verdi utenfra. Kvinner bruker uforholdsmessig mye tid og penger på å motta bekreftelse fra sine omgivelser.

"Uansett hvor mange 'bekreftelser' hun mottar på sin skjønnhet, sin styrke og på hvor viktig hun er vil hun føle dette savnet. Dette er fordi den kvinnelige energien ikke kan komme utenfra. Yin er. Den eksisterer for sin egen del. Å søke etter den vil bare forvirre den som søker.

"Rådet av Bestemødrene har kommet for at kvinner skal finne bekreftelse i sitt eget indre og for at menn skal bli klar over sin evne til å finne ro i seg selv. Hver enkelt Bestemor er unik i sin styrke og sitt vesen men likevel er de alle som En i dette oppdraget — å gjenopprette yin, den kvinnelige energien til sin fulle skjønnhet/kraft slik at verden igjen kan komme i balanse. Vi vil gi styrke til kvinner og ro til menn, og vekke det kvinnelige prinsippet i dem begge."

Det var min håndskrift, men jeg husket ikke at jeg hadde skrevet dette. Det gikk opp for meg at denne beskjeden var skrevet gjennom, men ikke av meg. Jeg skjønte også at det jeg hadde lest ikke gjaldt bare meg. Sannheten som klang fra deres ord var for alle kvinner, for alle folkeslag.

Ordene deres bekreftet det jeg allerede visste. Verden *var* farlig ut av balanse. Nivået av menneskelig smerte syntes å øke. I mitt yrke som psykoterapeut så jeg stadig mer lidelse som følge av vold og fortvilelse. Det som Bestemødrene kalte "**For mye yang og ikke nok yin**" førte også verdens nasjoner stadig nærmere krig. Senere, i mitt arbeid med Bestemødrene fortalte de meg, "**Yin og yang er ute av balanse. Yang har blitt større og større. Yang har blitt stadig villere og mer voldelig og denne energien kan ikke komme i balanse hvis ikke yin kreftene slipper til.**"

I midten av oktober hadde Roger og jeg en avtale med en astrolog. Jeg hadde endelig fortalt ham om min opplevelse med Bestemødrene og vi var begge nysgjerrige på om astrologen ville kunne se denne spesielle opplevelsen.

Dorothy leste mitt horoskop først, og sa at jeg sto på terskelen til å starte det arbeidet jeg var født til å gjøre — noe som var annerledes enn alt annet jeg hadde gjort. Det skulle være et ytterst åndelig arbeid som skulle bli viktig både for meg og andre. Hun sa jeg måtte stole på det som ville bli gitt meg and gå videre med dette arbeidet i full tro. Det som kom til meg ville være mitt livs sjanse.

Jeg lyttet med en klump i halsen, og da jeg fortalte henne om Bestemødrene og ørnen lo hun strålende og sa at *det var akkurat dette* det gjaldt. Jeg ville bringe Bestemødrenes arbeid videre til mange kvinner, jeg ville reise og skrive en bok. Horoskopet hadde vist at jeg ville tilbringe mye tid ved en PC.

Selv om Dorothy hadde hatt rett i mange ting kunne hun ikke ha rett i alt. Jeg var ingen forfatter. Jeg hadde aldri hatt en PC og hadde ikke lyst på en heller. Roger lo høyt da hun sa jeg ville tilbringe mye tid foran PC-en. Han kjente til min fobi for maskiner.

Men, hun ville ikke gi seg. Jeg kom til å fortelle om Bestemødrenes arbeid, jeg kom til å reise og til å skrive. Hun tok leende farvel og ba meg ringe henne og fortelle hvordan det gikk.

Senere, da jeg begynte mitt arbeid med Bestemødrene, kom hennes ord til å holde meg oppe. Jeg minnet meg selv om at jeg skulle ha tillit til hva som ble gitt meg, og visste at jeg aldri ville tilgi meg selv hvis jeg lot meg stoppe av frykten for å begi meg inn i det ukjente. Det var viktig at jeg hadde tillit til prosessen og gikk dit jeg ble ledet. Jeg avla derfor et løfte om ikke å gi etter for min frykt. I stedet skulle jeg holde et indre fokus og høre på mitt hjerte, uansett hva.

Den første uken i november deltok jeg på et malerkurs med Meinrad Craighead, en benediktiner nonne, kunstner og klok kvinne som underviste i hellig kunst. På kurset ble jeg introdusert i konsepter som var helt nye for meg, det kvinnelige aspektet av Gud, hellig kunst tilknyttet gudinnekulturer og sjamanisme. Jeg fortalte Meinrad om det som hadde skjedd meg i september og spurte om hun trodde at Bestemødrene og Ørnen var forbundet med hverandre. Hun trodde det. Besøket fra Bestemødrene og Ørnen fulgte et klassisk mønster som man fant i flere myter. Hun oppfordret meg til å finne ut hvorfor de hadde kommet.

Da jeg kom hjem gikk jeg gjennom kalenderen min for å finne ut datoen som ørnen hadde landet i hagen. Det var 12. september 1996. Så fant jeg frem det jeg hadde skrevet da Bestemødrene viste seg. Det var datert 10. september. Etter et helt liv hvor ingenting i nærheten av dette hadde hendt meg hadde jeg plutselig hatt *to besøk med to dagers mellomrom.*

Nå begynte jeg virkelig å lure på hvorfor Bestemødrene og ørnen hadde dukket opp. Hva ville de? Men jeg hadde ingen ide om hvordan jeg skulle finne ut av dette. For å spørre dem trengte jeg en måte å komme i kontakt med dem på. Men selv om jeg håpefullt ventet at de skulle komme tilbake gjorde de ikke det. Hvis jeg ønsker å snakke med Bestemødrene — og jeg drømte ikke engang om å snakke med ørnen — måtte jeg finne en måte å gjøre dette på.

Jeg visste ikke hvor jeg skulle henvende meg, så jeg gjorde det eneste jeg visste om — jeg ba om at noen ville hjelpe meg. Jeg hadde bare gjort dette et par dager da jeg var i byen en formiddag og traff på en venn jeg ikke hadde sett på lang tid. Susan hadde hatt kroniske smerter så lenge jeg hadde kjent henne, men i dag kom hun mot meg smilende og full av selvtillit, mens hun utstrålte både helse og velvære! Da jeg spurte hva som hadde skjedd med henne fortalte hun at hun hadde jobbet med en sjaman i noen måneder. Dette arbeidet hadde hatt en stor innflytelse på hennes helse og holdninger.

    Jeg var begeistret over å se at hun hadde det så bra men tenkte ikke mer over det hun sa før neste ettermiddag. Da snakket jeg med en annen venn som nevnte at hun også arbeidet med en sjaman. Begge kvinnene gikk til den samme sjamanen! I mine drømmer hadde jeg bedt om å bli ledet til noen som kunne hjelpe meg. Kanskje var det denne sjamanen.

KAPITTEL 2
Vi bringer til Jorden noe av Himmelen

Sjamanen viste seg å være en tidligere katolsk nonne som hadde kommet til California fra Mexico noen år tidligere. Jeg trodde en sjaman ville være ganske eksotisk, men hun var ikke det. Hun var vennlig og klarsynt. Med sitt gode ansikt og glade latter minnet hun meg om en jeg kunne ha møtt på det lokale supermarkedet.

Etter å ha hørt på min forespørsel tilbød hun seg å lære meg hvordan jeg kunne reise til hva hun kalte "ikke-ordinære virkelighet" hvor jeg kanskje ville finne det jeg søkte. Ved å lytte til den monotone trommingen ville jeg kunne reise til denne åndeverdenen. Trommingen ville føre meg inn i en lett transe.

Jeg ble litt opprømt og samtidig ganske redd av tilbudet hennes, men hvis jeg ville finne disse Bestemødrene måtte jeg gjøre noe. Hun hadde et nydelig vesen og en godt utviklet humoristisk sans, så jeg bestemte meg for at jeg kunne stole på henne.

Hun advarte meg om at dette ikke var et arbeid som passet for alle. Men hvis jeg lyktes og Bestemødrene møtte meg ville jeg ha en sjanse til å finne svarene på mine spørsmål. Det var viktig at jeg stilte dem klare spørsmål slik at jeg visste hva de svarte på. Hun tok opp reisen min på lydbånd slik at jeg kunne konsentrere meg fullt om reisen og ikke måtte bekymre meg for å huske alt. "Det eneste du kan gjøre er å forsøke" sa hun. "resten er opp til dem." Deretter satte hun på båndopptageren og ba meg legge meg ned.

Jeg skalv av opphisselse og frykt der jeg lå på gulvet. Jeg skulle finne et egnet sted for å tre inn i det hun kalte "den øvre verden" som er hjemstedet for åndevesener slik som Bestemødrene. Min reise skulle være i denne øvre virkelighet, og så lenge jeg hørte den jevne trommingen fra trommen kunne jeg søke dem. Når trommingen tok et opphold og endret seg til et raskt tempo var det tid for å starte på returen. "Legg merke til den veien du velger for å komme deg dit" sa hun " og pass på at du bruker den samme veien tilbake. Du må aldri, under noen omstendigheter, avvike fra denne prosedyren". Blikket hun ga meg sa alt, og jeg forsto. Hvis jeg gikk meg vill ville jeg kanskje ikke klare å finne veien tilbake.

Nå ble jeg virkelig redd. Hun dekket raskt til øynene mine med et skjerf, og så snart jeg hørte trommeslagene begynte jeg å be mens jeg konsentrerte meg om å huske de instruksjoner hun hadde gitt meg. For det første måtte jeg finne en inngang til denne øvre verden. Umiddelbart kom jeg til å tenke på et tre jeg er veldig glad i. Det skulle være mitt inngangssted.

Jeg fokuserte tankene rundt dette treet og plutselig sto jeg ved siden av det. Deretter snudde jeg meg mot stammen og begynte å klatre oppover grenene til jeg sto med hodet over trekronen og så opp i himmelhvelvingen over meg. Jeg sto der og spurte etter hjelp mens jeg hoppet opp og ned på grenen og ønsket at den kunne kaste meg opp i den endeløse himmelen over meg. Utrolig nok gjorde den akkurat det, og jeg svevde plutselig helt uanstrengt oppover på himmelen. Så snart jeg hadde formulert ønsket om å stige til værs hadde kroppen min blitt sendt i vei som en katapult. Dette var allerede en annen virkelighet.

Jeg fløy rett opp i himmelhvelvingen, og frydet meg over dette helt til jeg ble klar over et tungt skylag over meg som var både massivt og illevarslende. Hvordan skulle jeg klare å komme forbi det? Men jeg hadde ikke før bedt om hjelp før en åpning dukket frem i skyene. Hendene mine grep fatt i kantene på de formløse skyene og med litt ekstra innsats, og et kraftig fraspark skjøv jeg meg selv fremover og kom meg gjennom.

Jeg var nå kommet til det som kaltes den ikke-ordinære virkelighet. Dette var hva sjamanen hadde kalt det første nivået i den øvre virkelighet. Det var her jeg skulle begynne min søken etter Bestemødrene. Nå skulle jeg spørre alle jeg møtte, uansett hvor underlige de måtte se ut, hvorvidt de var mine åndelige hjelpere. Hvis de var der for å hjelpe meg skulle jeg spørre hvor jeg kunne finne Bestemødrene.

Etter at jeg hadde kommet gjennom åpningen i skyene befant jeg meg i et tomrom, helt nakent, og uten tegn til liv. Ingen former, ingen bevegelse, ingen farger, kun et hvitt tomrom som strakte seg ut foran meg. Jeg døpte det for "det hvite landet".

Siden det var helt livløst og tomt måtte jeg stige ennå høyere for å finne Bestemødrene. Jeg sendte derfor ut en bønn i universet og sa "Vær så snill å før meg til min åndelige hjelper slik at jeg kan finne dem".

Så snart jeg hadde ytret mitt ønske ble jeg løftet videre oppover fra dette livløse tomrommet og til et sted som var både blått og hvitt, med skyer, og masse vind og bevegelse. Med ett ble alle farger uklare, og det ble stadig mørkere, inntil alt jeg kunne se var et par hvite øyne som stirret på meg fra mørket.

"Er du min åndelige hjelper" spurte jeg. Kan du ta meg med til Bestemødrene?

Det var helt stille. Ingen respons. Men det var noe i øynene som kalte på meg og jeg fulgte med, videre oppover og ut av mørket.

"Vi er høyt oppe i noe som ligner på Himalaya" sa jeg til meg selv mens jeg så meg omkring. Deretter klatret jeg videre sammen med hva det nå enn var som eide de øynene.

"Det er en hule her" sa jeg og begynte å le ved tanken på hvor oppskriftsmessig det virket å bli tatt med til en hule i Himalaya. Man hva det nå enn var som var bak disse øynene så lo det ikke. Det var i stedet som det ba meg om å følge med inn i selve hulen, så jeg gikk videre. Det var skyggefullt, fuktig og mørkt. Da øynene mine hadde vent seg til mørket skimtet jeg omrisset av en hellig mann helt innerst i hulen. Han satt i lotusstilling og hadde en hvit kjortel, langt hvitt hår og et hengende skjegg. Mens jeg gikk imot ham hørte jeg meg selv si "Han er et edelt menneske" og lurte samtidig på hvordan jeg kunne vite dette.

Men sjamanen hadde sagt at jeg skulle spørre meg for, så jeg stilte meg opp foran ham og spurte "Er du min åndelige hjelper?" Han nikket et bekreftende "ja" og jeg ble så beveget over å være i denne hulen med ham at jeg fikk tårer i øynene. Jeg satte meg ned foran ham og han tok den ene hånden min og holdt den med begge sine. Men selv om jeg stirret rett på ham klarte jeg ikke å se ham klart.

Men jeg snakket til ham likevel. Jeg fortalte ham hvordan Bestemødrene hadde kommet til meg og at jeg letter etter dem. "Jeg ønsker å finne ut hvorfor de kom til meg. Jeg ønsker å vite om det er noe jeg kan hjelpe dem med". Han nikket nok en gang på hodet. Han visste det allerede. "**Det er som det skal**" sa han og klappet meg på hånden.

Til tross for at både ordene og holdningen hans trøstet meg var jeg ikke helt sikker på hva han mente med "**Det er som det skal**", så derfor spurte jeg om det var riktig at jeg skulle fortsette videre til Bestemødrene. Han så direkte på meg, og så pekte han oppover med pekefingeren.

For å komme til Bestemødrene måtte jeg dra videre. Jeg bukket og takket for hans hjelp. I det jeg reiste meg opp fikk jeg øye på en åpning i hulen like bak der han satt. Det virket som om den ledet oppover, ut av hulen. En gjennomgang. Jeg gikk inn i en trang tunnel og følte meg frem mens jeg gikk i stummende mørke.

Til slutt kom jeg frem til enden av tunnelen og kunne endelig komme ut av mørket og opp i frisk luft. Jeg var kommet til toppen av fjellet. Men nok en gang var det ingen tilstede så jeg var nødt til å komme meg videre. "Høyere" ropte jeg ut "Jeg ønsker å finne Bestemødrene".

Jeg strakte meg oppover med en overraskende besluttsomhet og trakk meg selv høyere oppover til en ensformig himmelhvelving. Men jeg holdt på å trekke meg selv videre ble jeg plutselig slått av hvor langt Bestemødrene måtte ha reist for å finne meg. "Tok de denne samme reisen" spurte jeg meg selv og ble ganske rørt av tanken.

Umiddelbart begynte jeg å le av meg selv. Hvordan kunne jeg tenke så bokstavelig? "Bestemødrene" mumlet jeg "er jo ikke vanlige mennesker". Gjennomsiktige, vise og fulle av kunnskap, ville denne reisen ikke være noe vanskelig for dem.

Til slutt brøt jeg endelig gjennom en membranliknende skillelinje og kom opp til et sted hvor små skyer danset i luften rundt meg. Det var lyst og underlig stille her. På luftkvaliteten kunne jeg kjenne at jeg hadde kommet frem til et høyere nivå. Hele stedet vibrerte av denne gode følelsen. Dette var et lykkelig land, fullt av sol, sløret og mykt.

Nok en gang spurte jeg etter en åndelig hjelper, eller Bestemødrene hvis det var mulig. Mens jeg ventet i den klare disen hørte jeg lyden av noe som hørtes ut som unge kvinner. Jeg fikk øye på noen uklare skikkelser og ble i økende grad klar over den påtagelige gleden som fylte dette stedet. Luften var tykk og søt og fikk meg til å føle meg opprømt — som om jeg hadde kommet til foten av et stort godterifjell.

Plutselig ble luften fylt av en hellig kraft, og selv om jeg ikke kunne se noen visste jeg at jeg var i nærheten av et hellig vesen. "Er du min åndelige hjelper" spurte jeg, "Er du en av Bestemødrene?" Den hellige tilstedeværelsen lo høyt av glede, og bølger av latter vellet frem, den ene etter den andre. "Dette" tenkte jeg, "er lyden av ekte glede og elskverdighet".

Den hvite tåken ble stadig tynnere men latteren fortsatte å ønske meg velkommen. Den holdt rundt meg og drog meg inn til seg. Nå kunne jeg se nok til å legge merke til en sirkel av vesener som omga meg. Jeg kjente at de strøk seg mot kroppen min og tenkte "Dette er Rådet av Bestemødrene, det må det være". Men fremdeles kunne jeg ikke se nok til å være sikker. Hjertet slo fort i halsen mens jeg ventet i spenning, men den hvite disen lå over alt og gjorde det umulig å se klart.

"Hvem disse vesenene nå enn er, er de i alle fall lykkelige for å være sammen" sa jeg og merket samtidig at en av dem satt litt for seg selv, alene. Det var en kvinne. "Er du min åndelige hjelper" spurte jeg.

Hun kalte meg fremover og i det jeg kom nærmere så jeg at hun satt på en trone. Før jeg fikk tid til å tenke over det falt jeg ned på knærne foran henne og sa "Jeg føler meg beæret over at Bestemødrene kom til meg. Det er vanskelig for meg å fatte, men jeg begynner å tro på det. Jeg ønsker å vite hvorfor de kom og hva det er de ønsker". Til slutt ble jeg klar over at ordene mine stokket seg i munnen min og spurte rett ut "Hvorfor kom de?"

En åndelig skikkelse omhyllet meg med kjærlighet. Dette var akkurat slik jeg hadde følt det da Bestemødrene omfavnet meg da jeg gikk på tur — ivaretatt, varm og god. "Dette *er* Bestemødrene" ropte jeg. "De er hos meg igjen." Og med smil og varme begynte disse samme Bestemødrene igjen å pusle med meg. Denne gangen dekket de meg, ikke med en hinne, men med en kappe.

"Kjære Bestemødre, tusen takk for alt dere gjør for meg" begynte jeg å si, men jeg ble så tett i halsen at det var vanskelig å få frem et ord. Jeg prøvde igjen, men ble helt overveldet. "Deres budskap er så vakkert" fikk jeg til slutt frem, "budskapet til kvinnene mener jeg. Og det er så stort behov for det." Her brøt jeg helt sammen. "Vær så snill" sa jeg så snart jeg klarte å snakke igjen, "hvis jeg kan være til nytte i dette arbeidet, vis meg hvordan. Hva kan jeg gjøre? Hvordan kan jeg hjelpe?"

Rolige, og med stor verdighet svarte de **"La *oss* hjelpe. La *oss* hjelpe deg."** De tok meg i armene sine og vugget meg som et barn. Mens jeg så opp i deres vennlige ansikter sa jeg "Ja, ja Bestemødre, det arbeidet som gjøres vil gjøres av dere. Men er det noe dere ønsker at *jeg* skal gjøre? Hvordan kan jeg formidle det budskapet dere har gitt? *Kan* jeg?" brast det ut av meg, da jeg plutselig lurte på om det var for dristig av meg. Samtidig klarte jeg ikke å stoppe og prate, så jeg fortsatte "Jeg vet at det er en grunn til at dere kom til meg med dette budskapet. Ønsker dere at jeg skal gi det videre?" Jeg var så opprømt over å være i deres nærvær og så overveldet av følelser at alt bare rant ut av munnen min på en gang.

De gikk litt til side for å konferere med hverandre. Av og til kastet de at blikk på meg over skulderen for å la meg vite at de vurderte min forespørsel. Mens de gjorde dette ble jeg fanget av blikkene dere og jeg skjønte at de ville gjøre meg til en av dem. Jeg forsto ikke hvordan det skulle forgå men jeg *visste* at det var slik det var.

Og før jeg kunne tenke over hva det innebar var det adjø til det som eventuelt måtte finnes av gjenværende ønsker om ungdommelighet og ja til å bli en del av Bestemødrenes Råd. Plutselig var det mye aktivitet; hender som tok på håret mitt, armene mine, og ryggen min mens brystet og magen min ble fylt av en glødende varme. Jeg hadde blitt større, varmere og mer utvidet.

Jeg så ned på meg selv og oppdaget at de hadde kledd meg i en sort og hvit kjole. De hadde også på seg kjoler i samme farger. Tåkedisen var forsvunnet og nå kunne jeg se disse kloke eldre kvinnene som sto og smilte og ventet på meg. Jeg kunne føle både min egen og deres glede og en bølge av tilfredshet fylte hele kroppen min.

"Du skal komme hit, sitte med oss, og være en del av dette rådet" sa de. "Dette er din rettmessige plass. Du holder på å bygge din styrke og stabilitet, og *dette*" sa de "er nok en innvielse."

"Ørnen er en del av dette arbeidet" sa de, og minnet om ørnen i hagen vår fòr gjennom hodet mitt. Og da jeg så på dem begynte jeg å forstå. "Ørnen var vårt sendebud" sa de som for å bekrefte min tanke. "Han satt i gang din leting." Plutselig begynte *de* å se ut som kongeørner. Høye og i sine sorte og hvite kjoler var disse Bestemødrene intense, nesten skremmende.

«Bestemødre» sa jeg mens jeg stirret på dem, og med skjelvende stemme tvang meg til å fortsette «jeg er her på jorden hvor jeg kan gjøre noe godt hvis dere ønsker å gjøre det gjennom meg. Hvordan kan jeg forankre dette budskapet for kvinner?» Straks jeg hadde uttalt ordene følte jeg hvordan min egen iver for å starte deres arbeid bygget seg opp.

De smilte mens de foldet armene eller vingene over brystet. "**Først trenger du å stole på at dette *er* ditt arbeid.**" De tok en pause for å la ordene synke inn, og fortsatte "**Dette vil skje gjennom at du kommer hit for å være sammen med rådet.**" Jeg nikket stumt men jeg stirret besnæret på dem.

I neste øyeblikk satt vi plutselig sammen. Vi dannet en halvsirkel der vi satt på et opphøyet podium, og mens jeg satt der i stillhet ble jeg oppmerksom på kongeørnens kraftfulle tilstedeværelse. Han var sammen med meg; han var i meg. Jeg følte ham spesielt godt i hendene og føttene og mens jeg holdt fast i kanten av podiet så jeg hendene og føttene mine forvandle seg til klør.

Mens jeg satt der med rak rygg ble jeg forvandlet til en storslagen ørn. "Er du min åndelige drivkraft?" spurte jeg den overveldende åndskraften inni meg. "**Ja**" fikk jeg intenst til svar.

"Det er derfor jeg føler slik en enhet med den store fuglen" sa jeg, og da jeg så på Bestemødrene hadde de også blitt forvandlet til ørner. Rådet av store ørner satt med intense uttrykk og kraftfulle vinger. Mens jeg så på disse Bestemødreørnene kom plutselig ordet "**Himmelmor**" til meg.

Og nå endret kroppen min seg radikalt. Intensiteten vokste, musklene ble stramme og konsentrasjonen total. Jeg *var* Ørn. Jeg var også overrasket over at jeg var mer opprømt enn redd for denne kraften.

"**Vi har med oss noe av himmelen ned til jorden**" sa Bestemødrene "**og vi gjør det på en ny måte. Faktisk er dette en gammel måte, men** den har vært borte fra jorden i lang tid." Mens de snakket bygget det seg opp en slik kraft i meg at jeg nærmest vibrerte. "**Jorden kommer til å bli gjennomsyret av denne kraften**" sa de. "**Den blir gjennomsyret av den allerede nå.**" Jeg legemliggjør også denne kraften" sa jeg til meg selv.

Rytmen på trommeslagene endret seg, stoppet opp et øyeblikk, for så å bli raskere. Dette var mitt signal for å vende tilbake til den vanlige virkeligheten. "Hjelp meg, Bestemødre, slik at jeg kan opprettholde denne styrken på jorden, opprettholde den i min kropp. Tusen takk," mumlet jeg og skyndte meg å ta farvel slik at jeg ikke ble forsinket i forhold til trommenes rytme. "Jeg er på vei tilbake nå."

Jeg vendte meg bort fra deres intense, sorte og hvite skikkelser, og kom meg tilbake gjennom de ulike lagene i den øvre verden så fort jeg kunne, og returnerte til den vanlige virkeligheten like før trommene stilnet. Kroppen min sluttet etter hvert å skjelve og da jeg endelig åpnet øynene så jeg sjamanen stå over meg med tårer i øynene.

Denne opplevelsen rystet meg men fylte meg samtidig totalt. Gjennom denne min første reise til den øvre verden opplevde jeg en dyp utvidelse som følge av det som Bestemødrene hadde gjort med meg. Da jeg reflekterte over dette slo det meg at selv om deres tilstedeværelse innledningsvis ikke hadde vært så tydelig som det den hadde vært da jeg første gang traff dem på min tur ute langs klippene, hadde deres ord og den følelsen de hadde formidlet vært enda sterkere enn tidligere.

Over tid skulle jeg lære at Bestemødrene viste seg på ulikt vis til ulike tider. Frem til i dag har de enten vist seg for meg som kvinner eller som ørner. Noen ganger "viser" de seg ikke i det hele tatt, men sørger allikevel for at deres tilstedeværelse kan kjennes. Jeg har hatt mange opplevelser med dem. Andre har sett, hørt eller følt dem på andre måter. Siden Bestemødrene er aspekter av det Guddommelige er deres kommunikasjon ikke begrenset til kun utvalgte uttrykksformer eller metoder.

Flere år har gått siden jeg først møtte dem, og mitt arbeid med dem fortsetter. For å si det enkelt er jeg deres elev og de er mine lærere. I mitt hjerte er jeg ett med dem, og jeg tror at det er denne følelsen av enhet de refererer til når de sier at jeg er en *av* dem. Allikevel er det slik at min plass og min rolle i den kosmiske planen er annerledes enn deres.

Her gang det er på tide for meg å lære noe fra dem kjenner jeg at de kaller meg til seg, ja nesten drar i meg. De dukker uventet opp i bevisstheten min; jeg kan for eksempel bli veldig bevisst dem mens jeg holder på med mine dagligdagse gjøremål. Hver gang dette skjer prøver jeg å reise til dem så fort det lar seg gjøre.

Ofte er det slik at jeg reiser til dem når jeg har et spørsmål om deres arbeid. Sjamanen lærte meg at jeg skulle stille mine spørsmål så klart og tydelig som mulig og det forsøker jeg også å gjøre. Når jeg reiser til dem tar jeg opp det jeg sier på en båndopptager. Når jeg hører på disse opptakene hører jeg Bestemødrenes budskap slik de uttrykker det, men siden det er jeg som snakker blir budskapet formidlet gjennom min stemme. Denne boken er en sammenstilling av disse møtene.

Bestemødrene viste seg første gang i september 1996. Sent i november samme år lærte sjamanen meg hvordan jeg kunne reise for å finne dem. Dette gjorde meg i stand til å arbeide med dem hver gang jeg hadde behov for det. Denne måten å reise på var ny for meg. Fordi den var ulik alt jeg tidligere hadde opplevd ble den ikke stoppet av de fordommer og begrensninger som mitt intellekt vanligvis ville ha satt for slike opplevelser. Siden jeg ikke hadde noen oppfatning om hvordan jeg skulle beskrive, kritisere eller evaluere en slik reise, ble jeg tvunget til å la Bestemødrene lære meg opp på sin måte. Mitt intellekt skulle ikke kategorisere disse reisene.

Frem til den dagen da Bestemødrene viste seg hadde jeg levd et ganske "normalt" liv. Jeg var gift, hadde to voksne barn, og det meste av mitt voksne liv hadde jeg bodd i den samme byen. I mer enn tyve år hadde jeg drevet en privat praksis som psykoterapeut og jobbet med enkeltpersoner, par og familier, samt undervist og holdt seminarer.

Da jeg hadde startet opp min private praksis hadde jeg vært helt oppslukt av arbeidet mitt og klarte ikke å holde tritt med alt jeg ønsket å lære. På det tidspunktet bodde barna våre fremdeles hjemme og jeg fulgte opp mitt arbeid på en psykiatrisk klinikk og min private praksis samtidig som jeg skjøttet mine plikter som en god mor og en god kone. Det var en travel men tilfredsstillende hverdag.

Jeg var helt oppslukt av arbeidet, og visste at jo flere teknikker og behandlingsmetoder jeg lærte meg, jo bedre ville jeg være som terapeut. Så snart jeg hadde anledning brukte jeg kvelder og helger på å videreutdanne meg. Det var særlig forbindelsen mellom kropp og sjel som opptok meg og jeg ble tiltrukket av de terapeutiske metodene som åpnet for at kropp, hode og sjel kunne brukes interaktivt i behandlingsprosessen.

I nesten tyve år hadde jeg vært ivrig opptatt av arbeidet mitt, men den siste tiden hadde jeg ikke vært så engasjert som tidligere. Det var en underliggende utilfredshet som jeg ikke helt kunne sette fingren på. Selv om arbeidet var positivt og viktig var det på en måte ikke nok for meg å hjelpe en og en person. Jeg ønsket noe mer — å bli strukket, utfordret, å bruke min kapasitet fullt ut. Jeg visste ikke hva dette "mer" som jeg søkte var for noe, men håpet at noe etter hvert skulle dukke opp. Dette var før Bestemødrene viste seg.

Bestemødrene snudde opp ned på min verden. Det var strevsomt for meg å følge deres veiledning og gå dit de ledet meg. Jeg var vant til å ha i alle fall delvis kontroll over livet mitt, og følte meg overveldet over det fremmede som disse reisene representerte. Det var rett og slett ikke logisk det som skjedde med meg. Jeg kunne ikke forklare det for meg selv og ennå mindre til andre. Det var virkelig en fantastisk opplevelse men "Hva" spurte jeg meg selv "er det jeg driver på med?"

Det tar litt tid for meg å tro på ting som er fremmede og annerledes og det jeg opplevde var helt klart utenfor det normale. I løpet av de neste årene aksepterte jeg etter hvert at til tross for de mest forbløffende opplevelsene med Bestemødrene kunne jeg fremdeles lure på om de virkelig fantes og om alt dette var noe som faktisk skjedde med meg.

Det skjedde ofte at jeg hørte på båndopptakene av reisene mine, særlig de første månedene da jeg hadde behov for å forsikre meg om at jeg ikke fant opp ting eller var i ferd med å miste kontakten med virkeligheten. Når jeg hørte på opptakene og hørte følelsene i stemmen min, nølingen i ordene mine, pausene, overraskelsene og tårene som vellet frem ble jeg overbevist om at alt virkelig hadde skjedd. Mine år som terapeut hadde lært meg å lytte og nå hørte jeg oppriktigheten i min egen stemme, den slående ektheten i mine egne rapporter. Jeg kunne ikke betvile deres sannhet.

Dette arbeidet vekket i meg en ny forpliktelse til å tro — til å ha tillit til det Guddommelige i Bestemødrene og til å stole på min tilknytning til dem. Selv om jeg raskt utviklet en tillit til Bestemødrene hadde jeg fremdeles vanskeligheter med å stole på meg selv — at jeg, denne helt vanlige kvinnen, var verdig til å motta det de hadde å gi. Etter som tiden gikk lærte jeg meg imidlertid to ting; For det første å høre etter sannheten slik den ble formidlet til meg og ikke slik jeg forventet at den skulle høres ut. For det andre å stole på min evne til å oppfatte den. Bestemødrene var tålmodige overfor min mangel på tillit, og sakte men sikkert lærte jeg meg å følge dem hvor enn de ledet meg.

Gang på gang spurte jeg meg selv "Hvorfor kom de til meg?" inntil jeg en dag husket en drøm jeg hadde hatt seks uker før de viste seg. I drømmen hadde jeg besøk av en hellig mann, kledd i en lang okergul kjortel. Han hadde ved flere tidligere anledninger dukket opp i drømmene mine. Denne gangen var han rett på sak. Han kom bort til meg mens han så meg rett inn i øynene og sa **"Hva er det du ønsker deg?"**

Selv i drømmen ble jeg overrasket over spørsmålet hans. Han hadde vært min følgesvenn gjennom flere år, både i meditasjoner og drømmer, så han kjente godt til hva som bodde i mitt hjerte. Men da jeg i drømmen svarte "Men det vet du, jeg ønsker Guds nærvær" så han bare på meg før han fortsatte "**Hva annet enn Guds nærvær ønsker du deg?**" Jeg var målløs. Hva mente han med "Annet enn Guds nærvær?" Hva annet fantes det? Hele livet hadde jeg lengtet etter Gud. Men han ga meg bare et megetsigende blikk som sa "Tenk over det." Deretter forsvant han og jeg våknet opp helt opprevet. Spørsmålet "Hva annet enn Guds nærvær ønsker du deg?" ble nå mitt Zen koan som pirret, frustrerte og åpnet meg opp for helt nye betraktningsnivåer. Borte var det fredfulle livet jeg hadde ført før denne drømmen.

Innimellom hadde jeg en følelse av at det *var* noe annet som kalte meg, i tillegg til Gud. I lang tid hadde jeg hatt en vag følelse av at det var et spesielt arbeid som ventet meg. Dette fikk meg til å innse at et så sterkt ønske måtte bety at det ikke bare var Guds nærvær jeg ønsket. Jeg var ennå ikke klar for den himmelske salighet.

Drømmen fikk meg til å gruble og jeg ble klar over at mitt liv i flere år hadde føltes en smule tomt. Jeg ble ikke brukt til det fulle og jeg visste det. Jeg var vant til å oppnå ting — og det ganske raskt. Jeg hadde oppdratt mine barn mens jeg underviste på skolen og tok min videreutdannelse. Deretter hadde jeg vært travelt opptatt med min egen private praksis. Etter mer enn tyve år som praktiserende psykoterapeut var jeg ikke lenger så oppslukt av arbeidet. Selv om jeg de siste årene hadde videreutviklet meg, lært stadig flere behandlingsmetoder, og til og med blitt sertifisert som Reiki Master var det fortsatt noe som manglet.

Jeg hadde vært på utkikk etter noe som virkelig utfordret meg. Nå forsto jeg hvorfor den hellige mannen hadde stilt det spørsmålet han gjorde. Han visste at jeg var klar for noe mer. Etter at jeg forsto hans intensjon begynte jeg å be om å få et arbeid som gjorde bruk av hele meg.

Så mitt mantra ble «Gi meg en oppgave som krever *alt* av meg." Ved stadig å gjenta dette ble ønsket om å bli brukt til noe mer stadig sterkere. Det var i slutten av juli at den hellige mannen spurte hva jeg ønsket meg. Innen midten av august hadde jeg begynt å be om å bli gitt en oppgave. Bestemødrene viste seg første gang for meg i den andre uken av september. De var svaret på min bønn.

I november det samme året lærte jeg også en annen viktig lekse. Selv om den ikke hadde en direkte forbindelse med Bestemødrene ble denne lærdommen som omhandlet sannhet, ærlighet og viljens kraft en viktig del av mitt arbeid med dem.

En dag, før jeg hadde møtt Bestemødrene, hadde jeg lunsj med noen venner, og ett av de temaene vi snakket om var sannhet. Mens vi diskuterte gikk det opp for meg at selv om jeg alltid hadde ansett meg selv for å være ærlig var ikke dette alltid tilfellet. Dette uroet meg siden et ønske om å leve i pakt med Gud allerede hadde slått rot i hjertet mitt. Nå begynte jeg å granske alt ved min oppførsel som hindret meg i å nå dette målet.

Mens jeg lyttet til mine venner resonnerte jeg meg frem til at for å leve i harmoni med Gud var det nødvendig for meg å oppføre meg slik jeg trodde at Gud ville ha ønsket. Det var på tide å slutte å opprettholde vaner som jeg visste var feil. Etter at vi hadde tatt farvel med hverandre funderte jeg over hva dette ville innebære.

Det var på tide for meg å slutte med enhver form for juksing eller løgn, uansett hvor små de måtte være. Ingen flere overdrivelser for å fremstå som bedre enn andre eller omskriving av min egen oppførsel for å vinne en krangel med min mann. Ingen juksing.

Jeg bestemte meg for å forenkle livet ved å kutte ut enhver form for falskhet. Hvis jeg tok meg selv i å pynte på sannheten stoppet jeg opp, og fortsatte så ærlig som jeg kunne, selv om dette kunne gjøre vondt. Jeg holdt fast med min beslutning — i alle fall det meste av tiden.

Min endelige beslutning om å leve i sannhet tok jeg imidlertid mens jeg var på et av Meinrad Craigheads seminarer i Mexico. Hennes livsførsel og kraften i hennes budskap beveget meg så sterkt at jeg tok mitt ønske om sannhet ett skritt videre. Mens jeg sto der i hagen hennes avga jeg et løfte om å leve helt i sannhet. Der og da ba jeg om at all falskhet skulle bli tatt fra meg. Jeg husker at jeg følte en viss redsel da jeg gjorde dette. Det var et stort skritt å ta, og jeg visste det.

Etter at jeg hadde kommet hjem begynte det plutselig å verke i den venstre fortannen min. Dette var en gammel krone som i over tretti år ikke hadde voldt meg noen problemer i det hele tatt. Men nå banket det i den.

Etter hvert som den fortsatte å verke begynte jeg å uroe meg. Ville det bli nødvendig med en rotfylling? Så en dag mens jeg kjørte hjem etter et ærend kom jeg på å spørre om hvorfor tannen verket slik. Jeg hadde ikke før stilt spørsmålet før jeg så meg selv i Meinrads hage mens jeg avga mitt løfte og ba om at all falskhet skulle fjernes fra livet mitt.

Jeg hadde hørt ordtaket "Vær forsiktig med hva du ønsker deg for det kan være det går i oppfyllelse" og ble plutselig ganske overveldet. Mitt ønske var blitt tolket bokstavelig.

Straks jeg forsto hva som hadde skjedd reformulerte jeg mitt løfte og innen neste dag var over var smerten borte. Da jeg avla mitt løfte var det med tanke på all falskhet knyttet til tanker, ord og gjerninger, men fordi jeg ikke hadde uttrykt meg krystallklart ble det tolket til å inkludere all falskhet — inklusive tannen.

Denne opplevelsen lærte meg på en meget anskuelig måte viktigheten av et klart fokus. Det var denne typen fokus jeg kom til å trenge i arbeidet med Bestemødrene.

Bestemødrene er godheten og renheten selv. Jeg gjenkjente umiddelbart disse kvalitetene i dem og ønsket selv å tilegne meg noen av disse. De hjalp meg i riktig retning ved stadig å frustrere meg hvis jeg kom til dem med et spørsmål som ikke var godt nok gjennomtenkt, eller en uklar intensjon. De ville ganske enkelt ikke vise seg for meg hvis mitt ønske om hjelp var intellektuelt motivert og ikke kom fra hjertet. I begynnelsen var jeg så ivrig, så travel etter å få kontakt med dem at jeg ikke forsto viktigheten av å reise med en ren intensjon. Jeg skulle lære fort.

KAPITTEL 3

Skjønnhet/Styrke er ett og det samme

"Styrken er i vingene"

Etter at sjamanen hadde lært meg hvordan jeg skulle reise var jeg ivrig etter å dra til dem en gang til. Så allerede neste dag samlet jeg opp nok mot til å reise til Bestemødrene på egen hånd. Jeg la et teppe på soveromsgulvet og tok på meg hodetelefonene slik at jeg kunne høre på opptaket av sjamanens tromming. For å gjøre et opptak av reisen skrudde jeg på nok en båndopptager. Da alt var klart la jeg meg ned og kastet meg like etter ut fra det samme treet som jeg hadde klatret opp i dagen før. Til min store glede steg jeg nok en gang til værs, men denne gangen gikk det raskere enn forrige gang.

Før jeg visste ordet av det fôr jeg opp og gjennom det fjellet hvor jeg hadde møtt vismannen. Farten var så stor at jeg ikke engang fikk et glimt av ham. "Før meg til Bestemødrene, før meg til min åndelige hjelper" ropte jeg ut der jeg fôr oppover, stadig oppover, oppmuntret av min suksess på langt.

Etter at jeg hadde brutt gjennom det samme skylaget som dagen før trådte jeg inn i et tomt, hvitt landskap. Jeg så meg rundt etter en åndelig hjelper, usikker på hvilken form den ville ha. Plutselig, som ut av det tomme intet, sto det en ørn i luften, helt ubevegelig, med vingene vidt utspent.

"Å, Ørn! Ørn" ropte jeg ut "er *du* min åndelige hjelper?" Latteren hans runget utover mens vingene hans slo i luften. Den store fuglen sto faktisk der og smilte! Han løftet meg opp på ryggen sin og så drog vi avsted. Vi var høyt oppe, så jeg la fort merke til hvor tynn og kald luften var rundt oss. Men da jeg foldet både armene og bena tettere om ham for å holde varmen steg vi enda høyere.

"Å Ørn, min åndelige hjelper, ta meg med til Bestemødrene ropte jeg ut i glede. Nok en gang bare lo han til svar. Flere tanker fôr gjennom hodet mitt. «Han er en av Bestemødrene. Han er ett med Bestemødrene.» Til slutt snudde jeg meg mot ham og sa, «Jeg vet ikke hva forbindelsen mellom dere er, men vil du uansett være så snill å ta meg med til Bestemødrenes Råd. Han humret over mitt «vær så snill.»

Så snart vi hadde landet la jeg merke til hvordan han ikke bare gikk, men faktisk spankulerte, for å vise at han behersket landjorden like godt som luften. Jeg hadde vansker med å holde følge med ham. Mens jeg hastet avgårde kastet jeg et blikk på oss og var overrasket over å oppdage at vi har like store. For en stor fugl han var, nesten to meter høy, og med et kraftig bryst og et stort hode. Mens vi gikk la jeg dessuten merke til vingene hans og mønsteret i de brune, grå og sorte fjærene. Han var storslagen.

Vi gikk gjennom en åpning, inn i en sirkel som nærmest vibrerte av lys. Den var veldig lys, veldig hvit, der den lå i en lysning midt i den tette furuskogen. «Hva er dette for et sted?» spurte jeg, og ut av luften hørte jeg, **"Dette er Rådets møtested."** Men jeg så ingen. Litt frustrert sa jeg igjen, "Ørn, ta meg med til Bestemødrene."

Men han oppførte seg som om han ikke hørte meg og sto rolig ved min side. "Hva er det han gjør?" sa jeg til meg selv. Men da jeg nok en gang kikket meg rundt oppdaget jeg at det var faktisk der vi var — på Bestemødrenes rådssted. Siden Bestemødrene ikke hadde vært synlige hadde jeg ikke gjenkjent stedet, men nå ble jeg oppmerksom på deres tilstedeværelse. Den var i konsentrasjonen av lys. En sterk kraft fylte hele stedet.

Siden Ørn så ut til å vente tålmodig gjorde jeg det sammen. Jeg kunne like godt sette meg ned. Ikke før hadde jeg gjort det før jeg kjente hvordan den kraften som gjennomsyret hele stedet også steg opp fra bakken, opp gjennom hoftene og baken min. Mens jeg satt slik og ble fylt av denne kraften ble jeg klar over hvor viktig det var for meg å lære

Skjønnhet/Styrke er ett og det samme

å hvile i stillhet. "Ikke flere anstrengelser" sa jeg til meg selv. "Ikke mer forutinntatthet. Bare ta imot." Jeg satt i stillhet mens jeg lukket øynene og konsentrerte meg om styrken som bygget seg opp inni meg.

Da jeg åpnet øynene så jeg til min overraskelse Ørn som danset midt i lyssirkelen. Sammen med ham var mange vingepar, strukket mot himmelen. Sammen beveget de seg som i en dans. Jeg så på mens vingene åpnet seg og avslørte Bestemødrene som nå viste seg i ørners skikkelse mens de dannet sirkelen av lys. Da jeg raskt kikket ned hadde jeg også fått vinger som holdt meg oppe. Jeg satt på bakken, men på grunn av de foldede vingene satt jeg helt rakrygget.

Sammen danset de. Mens jeg så på begynte de å bevege seg på en måte som jeg drog kjensel på. Indianerne beveget seg slik når de danset ørnedansen. Idet tanken fòr gjennom hodet kjente jeg et stikk av lengsel i hjertet og en dragning mot å reise til Sørvest Amerika.

Nå hadde trommeslagene forflyttet seg over i kroppen min og vibrerte i brystet og magen, og overførte ørnens kvaliteter til meg. Hvert trommeslag banket inn i kroppen og hodet mitt en følelse av fryktesløshet og en majestetisk ørneaktig følelse. "Jeg er ørn" utbrøt jeg med stolthet.

Jeg så bort på sirkelen en gang til og så at Bestemødrene fortsatt danset med Ørn. Men nå beveget de seg ikke lenger som ørner men som kvinner. Det flagret i fargerike skjørt og armene deres løftet og senket seg i dans. De var unge disse Bestemødrene — unge og grasiøse. Ikke unge slik et barn er det, men unge i sine bevegelser, unge til sinns.

Mens jeg så på hørte jeg meg selv si, "Jeg ønsker å bli styrket," og fortsatte, "det må jeg bli for å gjøre dette arbeidet. Jeg må bli styrket hvis jeg skal være et eksempel på Bestemødrenes budskap — for kvinner og for jorden. I det jeg sa, "Jeg ønsker å bli styrket" var det noe som begynte å gli gjennom luften i min retning. Flere farger — sort, hvitt, brunt og grått — ørnens farger — beveget seg mot meg.

Plutselig danset jeg også. De kraftige klørne mine stampet i bakket, og da vingene mine slo ut hørte jeg **"Å danse er å bli styrket."** "Jeg er en ørnedanser" sa jeg. "Jeg er en ørn som danser."

"Hva må jeg lære?" ropte jeg ut til Bestemødrene. "Hva trenger jeg for å forankre deres budskap på jorden?" **"Styrke! Styrke!"** sang de. Åh som vingene mine slo.

"Bestemødre, jeg ønsker å motta den styrken jeg trenger. Jeg er villig. Lær meg. Vis meg. Gi meg styrken." Jeg ba og gråt om hverandre mens oppmerksomheten min ble forflyttet tilbake til vingene mine, og jeg kjente dragningen i dem der de slo opp og ned.

"Den er i vingene" sa Bestemødrene, **"kraften er i vingene, beve-**

gelse er i vingene." Det var mine egne vinger som spredte seg utover og løftet meg mens de utvidet brystet og hjertet mitt. Følelsen av den stadig økende styrken i vingene var så kraftig at jeg nesten ikke klarte å holde på den. Jeg klarte ikke å romme den. Jeg var så overveldet av alle vingene, både mine egne, Ørns og Bestemødrenes, samt av rytmen i dem at jeg besvimte.

Da jeg våknet spurte jeg, «Er det noe mer jeg må gjøre for å bli en verdig budbringer?» Som svar viste Bestemødrene meg et bilde av meg selv som en indianer, mens jeg danset ørnedansen. Når jeg snudde meg mot venstre gikk den venstre skulderen ned og når jeg snudde meg mot høyre gikk den venstre vingen min opp. Jeg var litt forvirret over all denne dansingen og spurte, «Er det noe mer dere ønsker at jeg skal gjøre, annet enn å danse?» **"Dans"** sa de, **"dans og hør etter. Lytt til vinden og til de underliggende kreftene. Lytt til hvordan ting faktisk skjer."**

Etter et øyeblikks stillhet ropte jeg ut "En fallos!" Jeg kunne knapt tro hva jeg så. Først slo jeg øynene lynraskt ned, men deretter så jeg tilbake mot Bestemødrene som sto ærverdige i en stram posisjon. Foran seg holdt de en diger steinfallos og skrotum. De løftet dette monumentale symbolet på maskulinitet opp mens de så betydningsfullt på meg og sa, **"Bestemødrenes Råd bærer i seg både maskulin og feminin energi."**

Jeg var så sjokkert at jeg bare fortsatte å stirre. "Disse Bestemødrene" mumlet jeg for meg selv, "er ikke bare noen søte, vennlige gamle damer. De er kraftfulle vesener." De strakte og dro litt i vingefjærene mine, spesielt de store ved skuldrene og i nakken min, og forsterket dem — alt mens jeg fortsatte å danse. Jeg hadde danset hele tiden. Jeg klarte ikke å stoppe og hadde ikke lyst til det heller. De så på meg og jeg fortsatte å danse inntil trommeslagene endret rytme og varslet om at det var på tide å dra.

"Styrke er skjønnhet.
Skjønnhet er styrke."

Etter denne reisen gikk det opp for meg at jeg trengte å forstå innholdet i den styrken som Bestemødrene hadde å gi. Da de viste seg for meg første gang på turen langs klippene ved stranden hadde de også snakket om skjønnhet og styrke, men på det tidspunktet hadde jeg ikke skjønt hva de mente.

Tidlig en desember morgen våknet jeg og husket at jeg hadde drømt om Bestemødrene. Umiddelbart slo jeg opp notatblokken som lå på nattbordet mitt og begynte å skrive. Det var som om jeg tok diktat: Bestemødrene snakket fortsatt, selv om jeg var våken.

"Skjønnhet/Styrke er ett og det samme, ikke to forskjellige ting" sa de. "Vi har kommet for å gjenopprette menneskene til sin fulle kraft og styrke. Verden vil ikke være i stand til å komme i balanse før menneskene hedrer sin styrke og verdsetter sin individuelle skjønnhet.

"Styrke er skjønnhet.
Skjønnhet er styrke.
"Styrke/Skjønnhet er å leve ut sin essens. Det er ikke å være "sterkere enn" eller "sterkere for å». Det er å være seg selv 100 % og i sannhet leve som den man er. Siden skjønnhet er den ytre manifesteringen av den enkeltes essens er hver enkel skapning vakker når den uttrykker sin essens.

«Skjønnhet/Styrke er det levende livet» sa de. "Det er i sannhet livets eget uttrykk."

Jeg innså at ordene deres hadde flere betydninger. "Hvis jeg klarer å forstå dette" sa jeg til meg selv, "vil jeg se verden på en ny måte."

"Å dømme ut i fra ytre utseende, er å se verden med yang øyne" sa de. "Det er handlings- eller produktorientert og er ikke i tråd med uttrykket for den livskraften som finnes i deg."

"Dere har blitt opplært til å vurdere og måle hverandre, og det er helt i strid med den livskraften dere besitter. Denne måten å leve på har ført til unødvendige lidelser. Den er destruktiv og ikke livsbejaende.

«Dere lever i en verden der dere blir bedømt og på samme måte bedømmer hverandre — ofte veldig strengt. Det er sjelden dere aksepterer hverandre slik dere er — etter den enkeltes særskilte «essens.» De så meg rett inn i øynene mens de fortsatte, "For øyeblikket er det hinsides deres fatteevne å kunne leve på en ikke-fordømmende måte."

"Ingen av dere lever i en verden som er fri for bedømmelse. Kvinner har i flere tusen år blitt bedømt som "mindre enn" eller "underlegne" og er vant til å bli nedvurdert. Kvinner har blitt vant til at den kunnskapen de instinktivt besitter har blitt nedvurdert. Kvinners intuisjon eller indre kunnskap blir avfeid som en spøk." Mens de ristet bedrøvet på hodet sa de, "Dere har blitt bedømt ut fra en maskulin skala og kommet til kort. Man kan derfor ikke forvente annet enn at kvinner så vel som menn ser på styrke i relasjon til "sterkere enn", siden det er den eneste styrken dere kjenner til."

De snakket om forskjellen mellom yin og yang, og refererte til den gjengse verdensanskuelsen, definert av yang energier. Bestemødrene bruker "yin og yang" for å beskrive den tilstanden som råder på jorden i dag. Websters ordbok beskriver dem slik; yin tilsvarer det feminine og passive prinsippet i naturen. I den kinesiske kosmologien finnes dette i det mørket, kulden eller fuktigheten som sammen med yang skaper alt som blir til. Yang er det maskuline, aktive prinsippet i naturen som viser seg i lys, varme eller tørrhet, og som sammen med yin skaper alt som blir til.

"**Vi bruker uttrykkene yin og yang for å omtale en virkelighet som er større og mer kompleks og sammensatt enn ord kan beskrive**" sa de. "**Yin og yang er heller ikke perfekte beskrivelser, men det er de som passer best. Både det enkelte menneske og alt som lever på jorden lider av for mye yang og ikke nok yin.**"

Devalueringen av kvinner og av det feminine prinsippet er så gjennomgripende og inngrodd i vår verdensanskuelse at vi anser at det faktisk er slik. "**Kvinner blir rasende over hvordan menn undervurderer og noen ganger fornedrer dem,**" fortsatte Bestemødrene, "**men hvor mange av dere blir opprørt over hvordan kvinner devaluerer andre kvinner? Det ekstreme fokus på maskuline verdier har ført til at kvinner, så vel som menn, i økende grad har blitt intolerante overfor sine søstre.**" Vi har alle etter hvert kjøpt argumentasjonen om at mennesket er skapt for å «produsere, konkurrere og vinne». De som ikke gjør dette har ikke noe her å gjøre. Av samme årsak har heller ikke de feminine verdiene fått sin plass.

"**Denne yang tilbøyeligheten har også påvirket holdningene til hva som er vakkert, og gjort skjønnhet til en ettertraktet vare som man kan anskaffe seg. Kvinner vet instinktivt av skjønnhet og styrke hører sammen. Derfor strever de etter skjønnhet for å oppnå den styrken de søker. Men skjønnhet uten styrke vil alltid bli utnyttet, enten av andre eller av en selv. En vakker kvinne eller mann som ikke har en indre styrke er helt prisgitt verdens spill.**" Vakre kvinner eller menn blir ofte jaktet på og vil i sin tid jakte på de som har makt og innflytelse. Vakre unge mennesker får ofte sine liv ødelagt av for mye oppmerksomhet og grov smiger.

"**Dere søker ytre skjønnhet ved å bruke mye tid og penger på frisyrer, klær, og til og med plastisk kirurgi,**" sa de. "**Dere søker etter ytre styrke gjennom å streve etter mer penger, innflytelse og berømmelse. Det er synd, siden ingenting av dette vil gi dere tilfredsstillelse. Dere vil finne ut at dere alltid kommer til å fortsette å søke og alltid vil bli skuffet.**

"**Ikke kast bort tiden med å lete utenfor dere selv etter det dere tror dere behøver. Vend istedenfor oppmerksomheten deres innover mot den kilden til styrke som ligger latent i dere. Vi lover dere at når** dere begynner å lete i dere selv vil dere finne ut at styrke og skjønnhet faktisk *er* ett og det samme.

"Når du har det riktige forholdet til Selvet ditt, ditt høyere selv, vil styrke og skjønnhet smelte sammen og bli ett og det samme, som to sider av samme mynt. Skjønnhet/Styrke kommer innenfra og handler om å blomstre som den blomsten du er og ikke å streve etter å ‹gjøre› eller å imponere.

«Å leve i pakt med denne styrken er den rette måte å leve på. Den vil ikke gjøre dere til tyranner som prøver å dominere andre. Nei! Den vil gjøre dere mer effektive i hverdagen og mer fulle av omsorg for hverandre. Det er ikke noe å frykte i denne styrken. Tvert imot er det helt naturlig for alle å omfavne den kraften som er det Feminine Prinsippet. Det er omfavnelsen av denne kraften som gir dere mulighet til fullt ut å gi uttrykk for deres naturlige egenart.»

Jeg skrev så fort jeg bare kunne, og da jeg senere leste hva de hadde diktert ble jeg forbløffet over dybden i deres visdom.

KAPITTEL 4

Et annerledes rike

"Gjennom å være den man er født til å være gjør hver enkelt noe viktig "

Tre dager senere reiste jeg tilbake for å lære mer. Denne gangen hadde jeg ikke før kastet meg ut fra toppen av treet før Ørn sveipet inn og nesten tok pusten fra meg idet han tok tak i meg via en sele som var knyttet rundt livet mitt. Slik hang jeg trygt mens jeg dinglet i luften under ham. Mens jeg svingte frem og tilbake under ham skuet jeg utover denne forunderlige nye verden jeg fikk oppleve.

Jo høyere vi klatret, jo villere slo vinden mot meg, og mens jeg hang der i løse luften slo det meg at noe av den lærdommen jeg ble gitt kom fra Ørn og fra selve flyvningen. "Den er i det å fly" sa jeg, og bestemte meg for å følge nøye med, for å føle det Ørn følte der han fløy. Mens jeg hang slik i selen forsøkte jeg å spre armene mine utover for å imitere ham der han begynte å sirkle oppover.

Armene mine ble til vinger og etter en liten sveip nedover klatret jeg raskt til værs og fløy ved siden av ham på egen hånd. Nå når selen var borte følte jeg vinden ruske i fjærene mine. Midt i luften stoppet vi opp, både Ørn og jeg, og ansikt til ansikt tok vi noen små dansetrinn. Så sa han, **"Jeg lærer deg om fryktesløshet. Bevisstheten din klarer ikke å slippe tanken på at du kan falle og disse tankene kommer i veien for læringen."**

Han hadde rett. Selv om jeg ikke hadde sagt noe hadde jeg hver gang jeg reiste kjempet med frykten for å falle. Jeg trodde jeg hadde klart å holde frykten ganske godt skjult, mens jeg prøvde å overvinne den på egen hånd. Men ørn beroliget meg med et klapp på skulderen mens han forsikret meg, **"Dette er et annet rike."** Her skulle han lære meg om frykt og *fryktesløshet.*

Trommene dundret seg vei inn i bevisstheten min mens de fortalte meg at jeg holdt på å lære en *ny måte å leve på*. Dette var en annerledes virkelighet hvor jeg kunne se ting med nye øyne.

"Å hjelp» gispet jeg i det jeg plutselig ble klar over størrelsen på all den frykten jeg hadde båret på. Det var ikke bare frykt for å fly, men frykt som jeg hadde båret i meg hele livet. Jeg så at den satt sammenkrøpet langt inne i kroppen min, og var så kjempestor at den overskygget meg helt. Jeg holdt pusten i frykt, helt fjetret av denne enorme mengden frykt som nå ble synlig.

Før jeg rakk å falle sammen i frykt grep Ørn meg i selen. Denne gangen bar det avsted gjennom en barriere så høyt oppe i atmosfæren at jeg kunne se skyene der de drev under oss. Vi seilte rolig avgårde mens vi gled på vinden. Selv om jeg svakt kunne erindre at det akkurat hadde skjedd noe som jeg ikke likte, klarte jeg ikke å konsentrere meg nok til å huske hva det var. I stedet tenkte jeg på at jeg skulle se Bestemødrene igjen. Jeg ønsket å vite om jeg klarte meg bra og å lære hva mer jeg skulle gjøre. I mellomtiden var jeg lykkelig over å fly avsted, å seile avgårde mens jeg hang i løse luften.

Over skyene var luften klar og kald, og da jeg så meg rundt oppdaget jeg at jeg var helt alene. En enslig ørn som gled og klatret. «En enslig ørn» tenkte jeg, og hørte **"Som rett er."**

Farger gled over i hverandre og skapte en regnbueeffekt som både ble reflektert av og filtrert gjennom vingene mine; jeg badet i soloppgangens og solnedgangens farger. Jeg så dem endre seg da de gled over fjærene mine og noen sa, **"Kilden til alt lys og all skjønnhet er her. Dette er solkraft, Guds kraft."**

"Alt dette er på vingene mine" undret jeg, og idet jeg beveget meg forover drog jeg kraften med meg. "Hvordan kan en slik ting være mulig" spurte jeg, samtidig som jeg innså hvor rett det føltes at denne strålende kraften fløt gjennom meg. **"Dette er som det skal være"** sa stemmen.

Jeg sirklet rundt, mens jeg steg videre oppover. Det var som å danse i luften mens jeg gled fremover. Mens jeg hang der i det tynne, kjølige lyset var det ingenting å se på, eller behov for å se på noe. Jeg hvilte. Mens jeg fløt fredfullt på luftstrømmen, sa en stemme, **"Over det hele."**

"Jeg er nesten ett med solen" sa jeg og hørte **"Solen er den beste venn. Ørnen og solen er bestevenner."** Og etter en liten pause **"De har i sannhet et *virkelig* forhold seg imellom."** Jeg gjenkjente en dyp sannhet i disse ordene men var for oppslukt av det jeg opplevde til å reflektere over det.

Mens jeg gled gjennom den tynne luften drog jeg farger etter meg — et slep av skjønnhet. Hjertet mitt svulmet i ærefrykt for det jeg sanset og jeg ropte, "Å lær meg, min åndelige hjelper, lær meg og gjør meg verdig."

Plutselig kom Ørn farende, snudde seg mot meg med en voldsom kraft, og holdt meg fast med klørne og blikket mens han ropte, **"OPPRETTHOLD INTENSJONEN! IKKE MIST FOKUS! IKKE MIST FOKUS! "Hold på denne intensiteten"** beordret han. **"Ikke la deg distrahere."** "Ja, Ørn" sa jeg, og svelget hardt mens jeg fulgte med på alle hans bevegelser. "Lær meg hvordan. Lær meg." **"Ikke se ned"** sa ham. Jeg klatret opp på ryggen hans og mens han fløy fokuserte jeg blikket forover akkurat som ham. Da jeg kom til å kaste et blikk nedover så jeg at det ikke var noe der.

Plutselig slo han om og begynte å dale. Jeg så den velkjente hvite sirkelen nærme seg. Ørn krenget i siste øyeblikk og landet ubesværet midt blant Bestemødrene. Jeg steg av, og mens jeg tok noen steg fremover spredte jeg ut vingene mine for dem og bukket grasiøst. "Bestemødre, lær meg, helbred meg, gjør meg verdig, klar og i stand til å utføre det arbeidet dere har gitt."

De rakte ut armene, og drog meg til seg opp på podiet en gang til. Der satt vi sammen, i stillhet. Mens vi satt slik uten å bevege oss gikk det opp for meg at selv om det virket som om det ikke skjedde noe der vi satt, rolig sammen på denne måten, så gjorde det allikevel det. Jeg betraktet meg selv som på avstand, og så at jeg var fullstendig avslappet, som om jeg hadde sittet og meditert en lang stund.

"Gjennom å være den man er født til å være gjør hver enkelt noe viktig " sa de, og brøt stillheten. Jeg kunne helt fysisk føle dette "født til å være" som de snakket om, særlig i den nedre delen av kroppen. Det virket som det var en sprekk i podiet hvor jeg var plugget inn, via klørne (mine ekstremiteter) og gjennom halen. Det var meningen at jeg skulle være i denne sprekken. Gjennom å være her var alt komplett, og alt fungerte. Det var godt å sitte slik. Jeg var som en brikke som endelig hadde funnet sin plass i puslespillet.

Plutselig kom jeg til å tenke på noen ørner jeg en gang hadde sett i zoologisk hage. Så trist det var at disse store fuglene ikke kunne spre vingene sine og fly. "Så galt det er å sperre dem inne," mumlet jeg, "det er så mye av denne galskapen på jorden." Men der jeg var nå var det annerledes. Dette var det *riktige stedet å være*. Det påkalte "riktighet", at ting skulle være det de var, hver på sitt sted, på sin perfekte måte.

Ikke før hadde denne tanken slått meg før Bestemødrene talte. **"Vi kaller nå alle skapninger til å leve i tråd med sin natur"** sa de, "også menneskene. At alle finner roen i seg selv og står på rett sted. Hver enkelt er perfekt i seg selv."

"Hva du føler er gjenopprettelsen av riktigheten i livet." Dette var dype ord som sendte en dirrende følelse gjennom kroppen. Men før de kunne fortsette endret rytmen på trommeslagene seg. Jeg kastet et spørrende blikk på dem, men det var ikke mer tid. Jeg måtte vende tilbake til den ordinære virkeligheten.

"Smerte og sykdom oppstår der ny energi møter gammel energi"

Senere samme dag vendte jeg tilbake. Selv om jeg var trøtt følte jeg meg uferdig med morgenens reise og ønsket å dra tilbake. "Ørn, kom!" ropte jeg idet jeg kastet meg ut fra treet mitt.

Nesten umiddelbart så jeg fjellet foran meg og var overrasket da jeg ikke måtte gå via det. I stedet steg jeg raskt til værs. Jeg hadde ikke kommet høyt da noe skremmende kom farende mot meg — mørkt og truende. Hjertet mitt dundret og jeg følte håret reise seg på hodet. Siden jeg ikke visste hva dette mørket var for noe gjorde jeg som sjamanen hadde instruert meg. «Er du min åndelige hjelper» ropte jeg. Umiddelbart forsvant det.

Selv om jeg var lettet over at det var forsvunnet var jeg nå virkelig skremt. Denne skapningen hadde ment å skade meg. Det var jeg overbevist om. «Ørn» ropte jeg, og følte umiddelbart hans nærhet. Mens han sto i luften foran meg erklærte han, **"Dette var en test på fryktesløshet."**

Jeg skalv. Hvorfor trengte jeg en slik test? Jeg visste det ikke, men jeg trodde allikevel på ham. Denne tingen hadde forferdet meg så kraftig at den hadde fått min fulle oppmerksomhet. Hvis noen del av meg hadde vært ubevisst før dette møtet var det ikke lenger tilfellet. Ørn klappet meg på ryggen for å berolige meg og gjorde tegn til at jeg skulle følge etter ham.

Det føltes så mykt og lett å sveve ved siden av ham. Jeg pustet dypt ut og lot meg selv slappe av og nyte flyvingen. Han startet med å lære meg å stupe. Jeg elsket følelsen av ynde og kraft der jeg suste med vinden, svevde og stupte, svevde og stupte. Midtveis i timen følte jeg imidlertid et stikk av bekymring. I bakhodet hadde jeg bevisstheten om at jeg bare hadde en tilmålt tid per reise, kun et gitt antall trommeslag for hvert besøk til dette riket. Jeg ønsket å bruke tiden min godt, for å lære alt jeg kunne.

Til slutt avbrøt jeg flyvingen vår. "Jeg ønsker å være sammen med deg Ørn" sa jeg, "men jeg ønsker også å være sammen med Bestemødrene. Jeg tror jeg burde ...."

"SLAPP AV" sa han, og jeg utbrøt "Åh," idet jeg ble tatt av en luftstrøm og trukket enda høyere til værs. Jeg pustet dypt og han sa, **"Alle ting skjer til sin tid."** Ettersom ordene hans sank inn måtte jeg nesten le høyt fordi jeg hadde oppført meg som om denne opplevelsen var mitt ansvar. "Hvorfor uroer jeg meg?" spurte jeg meg selv. "Jeg har ikke ansvar for dette. Alt skjer i tråd med Bestemødrenes agenda, ikke min."

Jeg ble nå mer bevisst på trommingen. Selv om rytmen på trommeslagene ikke hadde endret seg hadde det skjedd en endring i vibrasjonene, og nå var jeg et annet sted, på vei fremover mot en åpning. "Er dette inngangen til Bestemødrenes sirkel?" spurte jeg. Det så kjent ut, men det var noe ved den som ikke var riktig. "Åh!" ropte jeg plutselig.

På begge sider av åpningen lå det drager på lur. De var både skremmende og monsteraktige, der de truet meg og prøvde å blokkere veien. Men når jeg utfordret dem med spørsmålet "Er dere mine åndelige hjelpere?" forsvant de med en gang, og jeg kunne gå inn via buegangen dekket av trær og grønt. Nok en gang sto jeg i Bestemødrenes hvite sirkel, og så dem sitte på podiet og vente på meg.

«Mm-m-m..» nynnet jeg og merket at kroppen min hadde forandret seg og at jeg var mer enn mitt vanlige selv. Inni meg hadde jeg en bevissthet om min menneskelighet, men også om min ørneidentitet. Jeg kjente klørne og kraften der jeg gikk som en ørn med et gjennomtrengende blikk. **"Vi ble avbrutt tidligere, Datter"** sa Bestemødrene. **"Kom frem."** Og mens jeg gikk frem mot dem var det både som en person og som en ørn.

Jeg knelte, spredte vingene mine og de drog meg inn til seg. De omfavnet meg med vingene sine og begynte å jobbe med skuldrene mine. De spredte fjærene mine mens de justerte og pusset på dem. Jeg sto helt stille mens de sjekket alt, rettet på, rufset opp og glattet over vingene og fjærene. **"Alt skal være i orden"** sa de mens de så over meg.

Mens de jobbet hørte jeg dem si **"Ørnunge"** og skjønte ut i fra ordet og måten de sa det på at jeg var ung og flott i deres øyne. **"Du klarer deg helt utmerket"** forsikret de meg mens de strøk meg kjærlig. Jeg hadde en god, stolt følelse inni meg, en spirende barskhet. Dette, gikk det opp for meg, var hvordan ørner følte seg. "Tusen takk for min ørnelærer" sa jeg. **"Den er i tråd med din natur"** svarte de.

"Bestemødre, lærdommen deres hviler på meg på en vidunderlig, forventningsfull måte. Jeg lengter etter å spre vingene mine og spre budskapet deres." Jeg startet å gråte, så beveget ble jeg av å si dette. De tok alle et skritt frem og plasserte en amulett rundt halsen min; et symbol som en betegnelse for mitt arbeid, min hensikt med dem. Amuletten var både rød og prøyssisk blå, og da jeg kjente den mot huden ble jeg klar over at denne dype blåfargen også var overalt rundt oss. Den fylte atmosfæren og gjennomsyret luften vi pustet i. Amuletten var en betegnelse på rang av ett eller annet slag. På en eller annen måte hadde jeg oppnådd en rang. Og vingene mine! Åh vingene mine. Det var slik en utvidelse og dragning i dem!

"**Vi ønsker å se vingene dine**" sa de. Jeg åpnet dem i en bue, fulgte Bestemødrenes blikk, og så at .... jeg hadde store hvite vinger nå — hvite ved skuldrene i alle fall. Vingene mine løftet seg helt av seg selv og jeg begynte å danse; det vil si vingene danset med meg, og løftet meg opp og ned i luften. "Åh-åh-åh" ropte jeg og besvimte nesten der jeg ble kastet fremover og bakover, opp og ned av disse vingene.

"**Det er på tide at du danser slik på jorden**" sa de. I stua, i åsene bak huset mitt må jeg danse. De gned en salve på leddene ved vingefjærene ved skuldrene mine og på nakken, hvor vingene var festet til kroppen. De instruerte meg til å puste dypt, først inn og så ut, og viste meg at deler av hodepinen jeg opplevde kom av mine forsøk på å integrere denne stadig voksende styrken. "**Smerte og sykdom oppstår der ny energi møter gammel energi**" sa de. "**De stedene i kroppen hvor du har vondt er 'de svakeste punktene' som merkes som følge av endring og vekst. Vi vil hjelpe deg.**"

Mens de fortsatt holdt seg svevende slo de ring rundt meg, og danset rundt og rundt med utspredte vinger. Deres vinger brakte kraft til mine. Mens jeg danset alene i sentrum av deres bevegelige sirkel snudde jeg meg og så på hver enkelt Bestemor etter tur. Bølger av energi strømmet over meg fra rytmen av deres dansende vinger. Jeg steg oppover, og fløy i sirkel over hodene deres mens de fylte meg med energi.

Jeg sirklet oppover til jeg nesten ikke kunne se de gylne nebbene og de mørke fjærene på kroppen deres. Da jeg steg ennå høyere ble de til små prikker. Jeg følte kulden i den klare luften da jeg et øyeblikk hang helt stille. Så begynte en grasiøs nedtur rundt og rundt der jeg gled og sirklet, sirklet og gled helt til jeg kom tilbake til midten av Bestemødrene der de sto helt ubevegelige.

Mens de ledet meg inn midt iblant dem dekket de meg med vingene sine uten å si et ord, og jeg ble fylt av en stor ro, av en stor velsignelse. De bøyde seg over meg og børstet meg kjærlig over hodet og skuldrene. Det føltes som om de kysset meg med vingene sine. "**Ta det med ro nå**" sa de. "**Ikke gjør noe mer arbeid de neste par dagene, lille ørnunge.**"

KAPITTEL 5

For Mye Gjøren

Jeg fulgte Bestemødrenes anvisning og tok en hel ukes pause fra reisingen. Disse timene var de mest forbløffende og mest utmattende jeg noen gang hadde opplevd, og to reiser på en dag hadde vært for mye for meg. Selv om det tok flere dager før jeg følte meg "normal" igjen var jeg så opprømt over det jeg lært fra Bestemødrene at klarte knapt å vente på å vende tilbake.

Dette arbeidet krevde mer tid og energi enn jeg hadde trodd. Jeg hadde et tett program hvor jeg klemte reisene inn mellom klienter og oppgaver i hjemmet og for familien. Jeg oppdaget at det krevdes en god del disiplin for å klare å avstå fra å reise før jeg hadde skrevet av den siste opplevelsen med Bestemødrene. Jeg visste at det var viktig å skrive ned hvert eneste ord av deres lære, men jeg var så ivrig etter å lære mer at jeg ønsket å tilbringe all min tid med å reise.

Da uken endelig var over forberedte jeg med på å dra tilbake, og ikke før hadde jeg løftet meg opp fra treet før Ørn kom flygende mot meg. Jeg steg oppover i kjølevannet hans og denne gangen så jeg at Bestemødrene sto rett over Himalaya, på høyde med det høyeste fjellet i fjellkjeden. "Hvilket er det som er Everest?" spurte jeg meg selv.

Ørn fløy ikke direkte til dem, men landet et lite stykke unna slik at han kunne danse opp til dem *med stil*. Han utstrålte mye mer kraft enn jeg tidligere hadde sett i ham. Han nøt stor respekt, denne luftens konge, og beveget seg grasiøst og heltemodig. Jeg må ha fulgt hans eksempel, for også jeg var full av selvtillit der jeg skred frem og sto foran den høyeste av Bestemødrene. Hun var en kongeørn med et intenst uttrykk og et naglende blikk. Jeg kommuniserte at jeg mente alvor mens jeg så inn i disse øynene: "Jeg er dedikert til dette arbeidet."

Hun slo ut vingene sine og nikket for å vise hvordan jeg skulle spre mine vinger. Gjennom denne bevegelsen sa hun også **"Ja"**, hun godtok min dedikasjon.

Mens jeg spredte vingene mine sa hun **"Tre til en. Hvis du ønsker å arbeide med oss vil du ha behov for flere reiser som fokuserer på din egen helbredelse, ikke bare kosmiske sannheter. Du vil ikke være i stand til å bevare og bruke den kunnskapen vi gir deg før du selv er fysisk sterk."**

Jeg sa meg enig med henne og Bestemødrene smilte gjenkjennende og nikket medfølende på hodet mens jeg innrømmet overfor dem hvilken fulltids "gjører" jeg alltid hadde vært. Hvordan jeg følte at jeg måtte gjøre alt selv, hvordan jeg tok ansvar for alt som skulle gjøres, bekymret meg over det, og deretter beordret andre rundt. For en byrde og en vond vane dette hadde vært for meg og alle andre. **"Vi har sett hvordan du har slitt deg helt ut"** sa de. **"Vi har sett at du har vært på randen av utmattelse. Dette kommer av en entusiasme som du ble født med, samt en vane med å streve for mye.** *For mye gjøren.***"**

Fra nå av skulle jeg reise tre ganger til den nedre verden for å få helbredelse for hver gang jeg kom til den øvre verden for læring. De pekte mot området på baksiden av halsen hvor jeg hadde kroniske smerter og sa, **"Å komme hit er ganske tungt for kroppen. Derfor skal det være tre til en — tre helbredelser for hver utvidelse."**

Flere av dem lente seg forover. Mens de holdt vingene utspent plukket og rettet de på fjærene mine. Mens de rufset på nakkefjærene sa de, **"Ta tre helbredelsesreiser til den nedre verden for hver utvidelsesreise til den øvre verden. Du trenger å være sterkere og ha mere krefter hvis du skal gjøre dette arbeidet. Vi gir deg kraft og vil fortsette med det, men hvis ikke du gjør det nødvendige helbredelsesarbeidet vil den kraften vi har å gi deg ikke ha noe sted å bo."**

Jeg måtte styrke kroppen min slik at deres visdom kunne "bo" i meg. Jeg hadde allerede lært fra sjamanen hvordan jeg skulle reise til den nedre verden, så min neste reise skulle være dit. Vi så på hverandre og nikket for å si at vi var enige. Vi hadde kommet frem til en viktig forståelse og da jeg sa farvel følte jeg meg veldig glad. Jeg var klar for å vende tilbake til den ordinære virkeligheten og ivrig med tanke på arbeidet som lå foran meg.

"Den feminine styrken har ikke vært legemliggjort på jorden på lang tid."

Ikke lenge etterpå overrasket Bestemødrene meg med å vise meg mine unge år, og særlig min streben etter å bli en kvinne. Scener fra barndommen viste seg for meg mens jeg både så og følte hvordan jeg hadde det da — ikke bare som et minne men som en gjenopplevelse. Ti år gammel var jeg engstelig og redd da jeg gikk ned kjellertrappa. Tretten år gammel satt jeg på huska i lønnetreet, og så nedover veien mens jeg lengtet etter at noe bedre skulle komme inn i livet mitt.

Det å gjenoppleve både smerten og motet fra den tiden ga meg mye medfølelse for mitt unge jeg. **"Da du vokste opp måtte du lære deg selv opp til å bli en sterk kvinne"** sa de. **"Kvinnene i din mors generasjon og i generasjonene før hennes fikk ikke utviklet sin kvinnelige styrke. Hvis unge jenter ikke har opplevd at en kvinne står støtt og er komfortabel med sin egen styrke vil ideen om en sterk kvinne være fjern og kanskje til og med skremmende for dem. Den feminine styrken har ikke vært legemliggjort på jorden på en lang tid."**

Da de viste meg mitt unge selv så jeg hvor *hardt* jeg hadde jobbet med alt og hvor *sliten* jeg var. I min streben etter å bli "sterk" hadde jeg sjonglert mellom universitetet, en lærerjobb, stell av to barn og mann, og nesten alltid gjort to eller tre ting samtidig.

Da jeg så hvordan jeg spøkefullt hadde kalt dette å «misbruke meg selv» begynte jeg å gråte. For mye mas og strev, for mye yang energi, og det medfølgende stresset hadde gjort meg syk. Over tid hadde jeg utviklet kronisk hodepine, vondt i ryggen og utmattelse.

Etter å ha levd flere år med slik endeløs «gjøren» var jeg nå et eksempel på hva de kalte «en yang ubalanse». Dette var grunnen til at jeg nå måtte reise til den nedre verden. Jeg lengtet så desperat etter å leve et balansert liv, at jeg begynte å gråte når de sa, **"Livet ditt vil bli en glede etter hvert som yin energiene vil fylle deg."**

Jeg hadde levd livet med å prøve å være alt for alle. Allikevel hadde all min streben etter å bli "sterk" gjort meg svakere og ikke sterkere. Om og om igjen hadde jeg prøvd ut yang modellen for styrke, bare for å oppdage at den ikke passet. Så jeg visste instinktivt hva de mente da de sa, **"Kvinner lider under sin egen impotens på grunn av verdens nåværende overskudd på yang og underskudd av yin."**

"Solen skinner på alle og berører alt i tråd med sin natur."

Av gammel vane forberedte jeg min første reise til den nedre verden med å tenke, "Hvis jeg legger opp et tett nok program kan jeg rekke en eller to turer til Bestemødrene hver uke." Jeg ønsket å lære hele tiden — ikke å *kaste bort tiden* på helbredelse og den nedre verden. Jeg kunne se hvor avhengig jeg var av å «gjøre ting» men var ennå ikke klar for å endre min oppførsel.

Bestemødrene hadde vært klare på hva de forventet av meg: de hadde sagt «tre til en». Men selv om jeg var fast bestemt på å følge de instruksene de gav meg var jeg fortsatt overbevist om at jeg kunne gjøre dette på min måte. «Jeg kan bare reise hver dag,» sa jeg til meg selv. «Da kan jeg klare det.» Så ubalansert og så full av yang energi jeg fortsatt var.

Min inngang til den nedre verden viste seg å være gjennom et hull i bakken. Jeg hadde håpet på et litt mer dramatisk inngangspunkt for å komme til den nedre verden — en hule, et blåsehull, noe litt spennende. Men da jeg spurte om å bli vist mitt inngangssted åpnet det seg et muldvarplignende hull i bakken. Idet jeg sto og stirret på hullet og forberedte meg på å hoppe nedi, hørte jeg ordet «sipupu» inni hodet. Det gikk flere måneder før jeg lærte at sjamaner bruker dette ordet for å omtale en åpning til den nedre verden.

Jeg hoppet nedi og falt hals over hode ned i den mørke jorden. Jeg snurret og falt mens jeg rutsjet nedover, og det pep rundt ørene mens jeg følte det som om jeg sank flere kilometer ned i jorden. Nå og da skimtet jeg øyne som myste mot meg i mørket.

Endelig skimtet jeg rennende vann. Det var en elv. En kano lå inne på grunna, og før jeg visste ordet av det satt jeg i kanoen og padlet nedover elven. Trommeslagene slo kraftig i ørene mine mens jeg fòr fremover, på leting etter min åndelige hjelper. Jeg padlet så raskt jeg kunne inntil jeg kom frem til en sandbanke.

Jeg var kommet til kanten av det som så ut som en jungel. Lyset forandret seg og det var ikke så mørkt lenger. Men det ikke var noen på elvebredden så jeg måtte dra videre innover for å finne min åndelige hjelper. Jeg banet meg vei gjennom den tykke undervegetasjonen til jeg fant en åpning i skogen.

Jeg så til venstre, og der foran meg sto det en enorm bjørn og tronet høyt på bakbena. «Er du min åndelige hjelper?» spurte jeg nervøst. Samtidig merket jeg varmen som strømmet fra ham og fikk en tilsvarende følelse av varme i brystet. "**Ja**," sa han. Han var min åndelige hjelper. Veldig stor, og veldig mørk. Han tok hånden min i poten sin og begynte å gå sakte og rolig bortover. «Jeg ønsker å bli styrket og helbredet,» sa jeg mens jeg studerte hans brannete skikkelse.

Han svarte meg ikke, og jeg skjønte at reisens arbeid hadde begynt. Jeg pustet dypt mens jeg så meg oppmerksomt rundt, samtidig som jeg sentrerte, og sentrerte meg.

Vi klatret opp på en steinhylle. Hånden min lå i poten hans mens han ledet vei. Fra steinhyllen var det et bratt stup ned til en dyp elvedal. Vi fulgte stien som snodde seg oppover langs fjellsiden. Stien var bratt og steinete, og jeg var overrasket over at jeg ikke følte noen fysisk tretthet. Selv om det var en krevende tur ble jeg ikke trøtt av å klatre. «Dette er den ikke-ordinære virkeligheten» minnet jeg meg selv om.

Solen sto midt på himmelen, like foran oss og litt til venstre. Da vi kom opp til toppen satte jeg meg ned på en fin stein og skuet utover panoramaet foran oss. Jeg kunne kjenne at dette var et sted man fikk styrke.

Bjørn sto bak meg og roterte labbene sine i en halvsirkel fra midt på ryggen min og opp til hodet. Rundt og rundt, med klokken, mens han fulgte trommenes rytme. Det han gjorde beroliget meg og fikk meg gradvis til å falle til ro mens jeg slappet av til trommenes rytme. Overflaten på steinen var varm. Jeg fikk styrke fra den, kraft og fasthet. Og mens jeg satt slik ble jeg klar over at dens mineraler styrket meg. Jeg ble også klar over at Ørn var tilstede. Han svevde over og bak Bjørn og meg.

Plutselig la jeg merke til at jeg spurte det samme spørsmålet om og om igjen. «Er det noe spesielt jeg må gjøre? Er det noe jeg skulle spørre om under denne reisen?» Jeg fortsatte inntil Bjørn sa, "**Hysj!**" Til slutt tidde jeg, ga slipp på mine forventinger og ga meg selv over til opplevelsen. Jeg ble så avslappet at jeg duppet av og falt i søvn helt til Bjørn klappet meg forsiktig på skulderen. Hele tiden satt Ørn stille ovenfor oss, og så på mens den skuet ut over elvedalen.

Da jeg til slutt spurte, "Hva er meningen med denne opplevelsen?" hørte jeg "**Vær som steinen — stø og ubevegelig,**" og på en eller annen måte forsto jeg hva det betød. Steinen ser alt. Fra sin posisjon ser den ut over alt.

En ilende smerte ved ribbena krevde all min oppmerksomhet. Da jeg fokuserte på smerten la jeg samtidig merke til noen skyer som drev forbi. "Skyer som driver forbi." hørte jeg. «**Skyer som driver forbi,**» og innså at smerte er nettopp det — skyer som driver forbi. Vi satt der sammen på steinen, Ørn, Bjørn og jeg, mens vi så på skyene. Og plutselig var smerten borte, mens stenen fortsatt var varm.

Jeg begynte å puste inn steinens energi. "Jeg er villig til å bli like stødig som denne steinen" sa jeg og innså at denne egenskapen var noe jeg ønsket for min egen del. Så snudde jeg meg mot Bjørn og spurte, "Er det noen annet det er meningen jeg skal gjøre her?"

Steinen ble forvandlet til en stol — en lenestol eller en trone, høyt oppe på fjellet, og jeg satte meg godt til rette i den. Bjørn sto bak meg og Ørn satt over oss mens en stemme sa, **"Herre over alt du ser."**

Vi ble sittende slik lenge — fjellet, dyrene og jeg, inntil Ørn brøt stillheten og ropte, **"Se!"** Da jeg så utover i horisonten ble øynene mine dratt til de mangefargede lagene som dannet veggene på elvedalen. Jeg betraktet deretter de frodige grønne dalene som bølget innover i elvedalen før de forsvant i horisonten. **"Det er noe av alt her; tørt, goldt, frodig — *det er noe av alt her*,"** sa Ørn og Bjørn. Min jobb var å betrakte variasjonen i alt dette. Fra der jeg satt så jeg at alt var vakkert.

"Åh!" utbrøt jeg. Dette er hvordan Ørn ser det. Det er derfor han ba meg om å **"Se."** Fra toppen av fjellet var *alt* bare dét det *var*, perfekt i seg selv. Ørn ser langt. Han betrakter verden fra sin stabile posisjon, høyt oppe. I dette øyeblikket gjorde jeg det samme.

Jeg var så takknemlig for at jeg ble vist livets perfeksjon på denne måten at jeg bøyde meg ned i ærefrykt og ga en særskilt takk til fjellet og steinen under meg. Mens jeg gjorde det ble jeg bevisst fjellets egen stolthet over seg selv. Det var en god stolthet, ikke overdreven, for fjellet var i sin natur godt.

Jeg så i takknemlighet på skjønnheten foran meg. Bjørn var sammen med meg, ved min side, og støttet meg på en nær og kjærlig måte. Ørn støttet meg også på en kjærlig men litt mer distansert måte. "Det er slik de er," sa jeg til meg selv. "Dette er deres vesen." **"Solen skinner på alt,"** hørte jeg, **«og berører alt i tråd med sin natur. Ikke alt krever den sammen mengden sol, eller har behov for det.»**

Sakte, og med armene strukket til værs, beveget jeg meg i en sirkel mens jeg lovpriste solen og de fire himmelretningene, nord, sør, øst og vest. Mens jeg gjorde dette følte jeg steinens kraft i føttene mine og i sentrum av kroppen min. Steinen pustet meg inn. Jeg pustet inn steinen og steinen pustet inn meg og slik kom jeg i harmoni med fjellet. "Tusen takk," sa jeg til Bjørn, til Ørn og til fjellet mens trommeslagene endret rytme.

Etter denne reisen var jeg roligere inni meg. Jeg var overraskende rolig i både kropp og sinn, og følte ikke noe umiddelbart behov for å vende tilbake til den nedre verden.

Da jeg skrev ned opptaket jeg hadde gjort fra denne reisen ble jeg slått av de ulike betydningene som jeg først hadde gått glipp av. Jeg ble spesielt rørt da jeg hørte følelsen i stemmen min da jeg sa, **"Solen skinner på alt og berører alt i tråd med sin natur."** "Selvfølgelig forholder

Ørn seg til meg på en annen måte enn Bjørn gjør," sa jeg til meg selv. "Mitt forhold til Bjørn føles personlig, mens forholdet til Ørn føles mer upersonlig. Dette er som det skal være. Jeg trenger ikke samme type eller samme mengde energi fra alle." Jeg fikk mye ut av dette sitatet. Hver gang jeg leste gjennom denne reisen oppdaget jeg noe nytt som jeg tidligere hadde gått glipp av, akkurat slik det også var med reisene til Bestemødrene. Sakte åpenbarte det seg lag på lag med nye tolkninger.

Etter flere dager gikk det opp for meg at hvis jeg planla å følge Bestemødrenes befaling om "tre til en" burde jeg vende tilbake til den nedre verden. Men jeg reiste ikke hver dag slik jeg hadde trodd. Jeg hadde ikke trang til det. Kanskje min gamle vane med å streve var i ferd med å endre seg.

"Den store Moder ... venter tålmodig."

I det jeg kastet meg ned gjennom åpningen til den nedre verden ropte jeg ut, "Bjørn, kom nå. Ta meg med til et sted hvor jeg kan bli helbredet." Ikke før hadde jeg padlet inn til land og banet meg vei gjennom bladene i jungelen før han var der. Han sto på bakbena og brølte med vidåpen munn. Han var enorm, og den røde, vidåpne munnen hans gjorde meg skrekkslagen! Men så husket jeg sjamanen som sa, "Et brøl fra en dyrehjelper er en hilsen, ikke et angrep." Så jeg trakk pusten dypt og fremførte min forespørsel. "Vær snill å gi meg mental klarhet, kroppslig styrke og et rent hjerte slik at jeg kan utføre Bestemødrenes arbeid.» Hjertet hamret i brystet mitt. «Godt sagt,» sa han med et kort nikk.

Vi sto og så på hverandre med armene/labbene foldet over brystet og så bukket vi for hverandre. Deretter gikk vi arm i arm bortover mens vi fulgte rytmen i trommeslagene. Vi gikk side om side oppover stien, som et gammeldags kjærestepar. Da vi rundet en sving la jeg merke til at vi klatret opp på et nytt fjell. Dette tronet over en bølgende, grønn dal med mosekledde steiner og minnet om Irland.

Vi begynte å klatre oppover langs fjellet. Nå gikk det bratt oppover og det var virkelig hard klatring. Bjørn gikk på alle fire og det samme gjorde jeg. Vi søkte etter et sted å holde oss fast, ett sted å sette foten der, mens vi heiste oss selv oppover i et stadig mer goldt landskap.

Vi kom opp på et platå, og der, ved siden av stien så vi en kampestein med et vindusliknende hull. Åpningen var ikke stor, men Bjørn klarte likevel enkelt å klatre inn gjennom den. Jeg fulgte etter ham, ned en passasje i dette mørke hullet. Jeg var litt skremt av det totale mørket, men selv om jeg ikke kunne se ham foran meg kunne jeg kjenne at han var der. Jeg orienterte meg også ved å ta på veggene i hulen. Veggene var kjølige og tørre, mens gulvet i hulen var dekket av pels.

Dette var hiet hans, hans «betraktningssted». Han klappet meg på skuldrene til velkomst og trykket dem samtidig nedover for å signalisere at jeg kunne legge meg ned. Jeg fant en bekvem stilling og la meg godt til rette.

Jeg lå på ryggen og så opp gjennom et hull i taket hvor jeg kunne se stjernene. Det må ha vært nattestid for himmelen var helt full av dem. Mens jeg tittet ut krøp jeg inntil Bjørn og tenkte, «Frem til nå har denne hulen bare vært hans, men nå er den, takket være ham, også litt min. Dette er et spesielt sted, hvor man drar for å være helt alene på en veldig god måte — uten å være ensom.»

Bjørn slappet av ved siden av meg, og jeg skjønte at han kom hit ofte. Han var helt komfortabel med å være alene. Mens han nikket et bekreftende «Ja» la han en pote på pannen min for å oppfordre meg til å lukke øynene. Jeg lukket dem. Når han var sammen med meg var jeg trygg og sikker.

Med øynene lukket var det kun trommeslagene som bar reisen fremover. "**Årstidene kommer og går**" sa de. "**Verden utenfor endrer seg, men dette stedet forblir det samme. Det er godt å være i hulen. Alle de bekymringer du gjør deg har ikke noen plass her.**" Jeg innså at dette var et sted som hadde i seg en uendelighet, en indre helligdom, og fra ett eller annet sted i kroppen min kom forståelsen at det holdt yin, den ettergivende kvaliteten som kvinner innehar.

Trommeslagene ble mykere og nå var det en kvinnelig stemme som snakket, "**Store Mor er full av liv**" sa hun. "**Hun er tålmodig og venter, fordi alt liv vokser naturlig.**" "Det er Gaia som snakker" sa jeg. "Hun snakker om alle kvinner."

"Alt rundt meg er brunt og grønt. Jeg er dekket av all frodigheten på jorden." Gradvis ble jeg bevisst en følelse av utvidelse og en økende dybde, bredde og volum i meg selv. "Jeg *synker inn i HENNE!*" ropte jeg. "Jeg synker inn i Moder Jord — og blir helt massiv!"

"Jeg ser og føler meg helt annerledes enn jeg har gjort før" sa jeg i undring. "Jeg er så mye større! Moder Jord er ett med alle sjeler. Hun er ett med bevisstheten hos alle dyr. De er her!" ropte jeg. "De er her i denne hulen." Jeg hulket nå, så overveldet var jeg av følelser.

Da jeg nok en gang tittet opp på taket i hulen så jeg ikke lenger stjerner, men dyr. Hele taket var dekket av tegninger av dyr. De var forbundet med hverandre, smeltet sammen og gikk over i hverandre. "Her er en mammut og en kvinne," sa jeg "som er tegnet slik at de nesten har samme form. Og denne haren er forbundet med denne hesten."

Tegningene overlappet hverandre på en så fantastisk måte at jeg ikke kunne være helt sikker på hvor den ene sluttet og den andre begynte. Hver figur var en del av den neste. Kunstneren hadde tegnet livet slik det smelter sammen og vokser frem igjen, en form etter en annen.

Tårene strømmet nedover kinnene mine mens jeg så på, og for hvert minutt som gikk ble jeg stadig større. Jeg vokste dypere og ble stadig utvidet helt til jeg hørte meg selv rope, "Jeg er ett med HENNE!" Jeg hadde smeltet sammen med Moder Jord.

"Å Bjørn," gråt jeg mens jeg lente meg på den pelskledde skulderen hans. «Takk for at du tok meg med hit.» Hodet mitt var så opphovnet av tårer at det banket av smerte i den venstre tinningen min. Mens han klappet meg forsiktig, vugget han meg frem og tilbake i de digre armene sine og mumlet, «Sov.»

Jeg var så søvnig og hadde så vondt i hodet at jeg knapt klarte å holde øynene åpne. Men selv om jeg ønsket å legge meg ned var jeg urolig. Hvordan skulle jeg finne veien ut av denne hulen hvis trommene signaliserte at det var på tide å vende tilbake? Hva hvis jeg ikke klarte å vende tilbake til den ordinære virkeligheten tidsnok? Bjørn klappet meg, brummet, og lagde små gryntende lyder mens han klukklo av min lineære tankegang.

Jeg så opp på hans tillitsvekkende ansikt og innså at dette *var* ganske morsomt. Han var tross alt min åndelige hjelper. Det var *han* som hadde tatt meg med hit. Dessuten var jeg nå ett med Henne, ett med Moder Jord. Dette var den siste tanken min før jeg falt inn i en velkommen søvn.

Noen øyeblikk etter ble jeg vekket av en melding. Det var Gaia som veldig mykt sa, **"Jeg fryder meg over alle dyrene."** Da jeg åpnet øynene igjen så jeg lys som skinte fra tegningene på huletaket. "Disse dyrene er hellige — en del av den Store Moren," sa jeg idet det demret for meg. "Åh," sa jeg idet det gikk opp for meg at de dyrene som er fanget i bur eller inngår i den industrielle kjøttproduksjonen ikke er helt levende. De er ikke seg selv fullt ut, slik de opprinnelig var tenkt å være. De har blitt homogenisert, formet av menneskene og er ikke i tråd med den guddommelige planen. Det er de ville dyrene som er virkelige. Enorme bølger av kjærlighet skylte over meg da jeg ble klar over hvor *glad* jeg faktisk var i dem.

"Jeg er *dem* og de er meg," sa jeg.

Jeg var nå så i ett med livet at det ikke var noen som helst form for frykt igjen i meg. Gleden skyldte over meg. Jeg var *i live* og i ett med ikke bare *meg* selv men med *alle* former for liv.

Denne følelsen av enhet ble umiddelbart vekket i meg, helt krystallklart. Jeg hadde aldri sett noe gløde på en slik måte som det livet jeg så beskrevet i taket av denne hulen. Jeg hadde aldri før følt en slik kjærlighet for noe. "Tusen takk Bjørn" sa jeg til min nære og stadig kjærere følgesvenn da trommerytmene endret seg. Jeg snudde meg for å gå, og Bjørn tok meg i hånden og viste vei.

Bestemødrene og åndene i den nedre verden fortsetter stadig å overraske meg med sine uortodokse læringsmetoder. Maleriet i taket på Bjørns hule er noe jeg aldri vil glemme. Jeg hadde nå et bilde, en prototype i hodet mitt på at "vi er alle ett."

Det er sjelden at Bestemødrene forklarer meg noe og lar det være med det. Når man jobber med dem må man alltid forvente det uventede. Det er veldig sjelden at de og dyrehjelperne utelukkende benytter seg av ord. De gir meg en opplevelse før jeg har skjønt hva som skjer. Og hver gang har dette overraskelsesmomentet sørget for å omgå forsvarsverket mitt og formidle lærdommen deres rett til hjertet mitt.

Jeg har aldri noen gang reist og visst hva jeg hadde i vente. Men fordi lærdommen som gis er så enestående vet jeg alltid at det ikke er hjernen min som finner på disse historiene. Jeg hadde aldri klart å finne på de tingene som de gjør. **«Vi gir deg lærdommen på denne måten for å skape en endring i perspektivet ditt. For å bryte opp fastgrodde tankemønstre,»** sier Bestemødrene.

"Ingenting skjer kun i en drøm, eller kun i den fysiske verden, eller kun på det mentale plan."

Bestemødrene hadde helt rett i at jeg trengte å reise til den nedre verden. Jeg hadde ikke så sterk hodepine lenger og smertene i ryggen var mindre. Da jeg ble klar over fordelene ved å jobbe med de åndelige dyrehjelperne holdt jeg meg til deres tre til en formel i flere måneder. Det som etter hvert viste seg mest overraskende ved disse «helbredende» reisene var hvor mye jeg lærte fra dem. Hver dag satte jeg et merke i notatene mine for å markere om hensikten var helbredelse eller læring. Da jeg senere gikk gjennom notatene så jeg at mange av de dypeste lærdommene kom til meg på disse helbredende reisene.

Ofte var det slik at de åndelige hjelperne mine tok meg til en dyp elvedal i jordens indre hvor de dekket meg med en rødfarget leire mens de sa, **"fall til ro nå, og bare la deg bli stelt med. Ikke arbeid nå.»** De hørtes ut akkurat som Bestemødrene.

Den røde leiren var beroligende og fikk meg til å slappe av som om jeg skulle vært på et spa. Det hendte jeg begynte en reise med dundrende hodepine, men da jeg kom tilbake var hodepinen borte. «Hvordan kan det skje?» spurte jeg meg selv. «Hvordan kan en reise til den ikke-ordinære virkeligheten påvirke meg i den vanlige virkeligheten?»

En dag tok Bestemødrene opp dette spørsmålet. Jeg hadde akkurat ankommet og sto foran dem da jeg kjente en skarp smerte i hjertet mitt som syntes å komme og gå på en helt uvilkårlig måte. Det lignet litt på halsbrann, men fordi det skjedde i den øvre verden skjønte jeg at det måtte være noe mer. "**Du har helt rett**," sa de der de leste tankene mine. "**Smerten du føler er ikke bare fysisk.**" De strøk meg beroligende mens de fortsatte, "**Det er ingenting som kun er endimensjonalt. Ingenting skjer kun i en drøm, eller kun i den fysiske verden, eller kun på det mentale plan.**"

Selv i det ordinære liv hadde jeg lagt merke til hvordan universet aldri lar en sjanse gå fra seg. Så snart ett område i livet mitt endret seg, ville denne endringen gjøre om på andre deler av livet mitt også. Mens jeg sto der foran Bestemødrene med den hamrende følelsen i hjertet, forsto jeg at det foregikk en smertefull endring på ett eller annet nivå. Kanskje det var fysisk, kanskje følelsesmessig, kanskje spirituelt, eller alle disse på en gang.

Det hendte ofte at Bestemødrene koblet sin undervisning i den ikke-ordinære virkeligheten til noe jeg senere ville høre og se i dagliglivet. Disse tilsynelatende «tilfeldighetene» sjokkerte meg først, men etter som tiden gikk skjønte jeg at dette var en måte de brukte for at jeg skulle få tillit til dem og deres lære.

Selv det å reise fikk en ny og spennende dimensjon siden jeg aldri visste hva jeg kunne komme over som ville bekrefte en av lærdommene de hadde gitt. De åndelige hjelperne i den nedre verden hadde brukt en rød, helbredende leire, som jeg kom til å assosiere med den ikke-ordinære virkeligheten. Det var før jeg drog til Chimayo.

Den første januar måneden etter at Bestemødrene hadde vist seg, kjørte min mann og jeg for å se på en relikvie i Santuario i Chimayo, i New Mexico. Vi ankom midt under en gudstjeneste, så vi gikk stille inn i et lite rom på siden av helligdommen. Rommet var fult av folk som sto bøyd og gravde med skjeer i et lite hull i kirkegulvet. Jeg knelte ned for å se hva det var de gravde opp. Det de hadde kommet for var rød jord. Jeg hadde ikke vært klar over at pilegrimer kommer fra hele verden for denne røde helbredende jorden. Men da jeg trakk meg litt tilbake og så på alle de som gravde klang Bestemødrenes ord i hodet mitt: "**Rød jord er hellig for Moderen.**"

I april 1998 tok en venn og jeg en tur og besøkte den franske landsbygda. I Dordogne regionen kjørte vi til den forhistoriske hulen Peche Merle, som hadde blitt oppdaget av noen lokale guttunger i 1920 årene.

Det å tre inn i det kalde mørket i denne underjordiske verden var som å gå tilbake i tid. Da guiden lyste med lommelykten på veggene kom maleriene av de galopperende hestene til liv. På veggene var det håndavtrykk etter dem som en gang hadde brukt denne store labyrinten og i ett av hulrommene hadde avtrykket etter en menneskefot stivnet i leiren for flere millioner år siden.

Vi var nesten helt på slutten av omvisningen da guiden ledet oss til en liten hule. Lommelykten hans lyste opp en tegning i huletaket. Blant alle linjene og strekene så jeg okser, hjort, buffalo, hester, en hare og en hårete mammut.

Han pekte også på en spesiell del av tegningen og sa at noen trodde det var en hårete mammut og noen trodde det var en kvinne med langt hår. Han snakket fransk, så jeg hadde ingen ide om hvordan jeg forsto det han sa, men da han lyste med lommelykten på tegningen begynte jeg å skjelve. Mens jeg stirret på den langhårede mammuten/kvinnen gjenkjente jeg den figuren som jeg hadde sett over ett år tidligere, inni hulen sammen med Bjørn.

Nok en gang blandet formene seg med hverandre. Dyr, planter og mennesker var tegnet sammen i en stor tegning, akkurat slik de hadde vært det i hulen under min reise med Bjørn.

Ett år senere og mange hundre mil hjemmefra følte jeg igjen den ærbødige sammensmeltingen, hvordan alt i livet henger sammen, og at fantasiverdenen og den materielle verden viste seg som en og den samme. Tårene strømmet nedover ansiktet mitt mens jeg sto der i hulen og Bestemødrene sa, «Alle de opplevelsene du har hatt med oss til nå og de du vil ha med oss i fremtiden er virkelige. Har vi ikke sagt deg? Vi er ikke begrenset og det er i sannhet ikke du heller. Ulike virkeligheter kan overlappe hverandre og noen ganger bli en og det samme.

KAPITTEL 6
Vi vil fylle deg full

"Det var akkurat dette du trengte for å komme over frykten for å eksponere deg selv"

Jeg hadde frem til nå bare fortalt om Bestemødrene til to av mine sjelsfrender. Jeg var fast bestemt på ikke å fortelle mine kolleger om opplevelsene mine. Hvis jeg kom til å la noen av disse opplysningene lekke ut ville jeg miste troverdighet som terapeut. Hvem ville, hvis de visste det, henvise klienter til noen som foretok "reiser til Bestemødrene?"

Det hadde til og med vært vanskelig å fortelle min mann om hva jeg gjennomlevde. Jeg hadde delt noe av det jeg opplevde med Bestemødrene med ham, men ikke for mye. Jeg ønsket ikke å skremme ham.

Det jeg lærte var dyrebart for meg. Dessuten var jeg usikker på meg selv. Alt jeg gjorde var for eksempel å nevne noe fra en reise når Roger og jeg snakket sammen. Det var omtrent som å strø litt salt i suppen. Jeg kunne for eksempel si noe om de endringene som holdt på å skje i forholdet mellom yin og yang, og så holde pusten mens jeg ventet på om jeg fikk noen respons. Men selv om han var glad for å se at jeg var opprømt over dette arbeidet forsto han ikke hva jeg snakket om.

Det hadde jeg stor forståelse for. Mine forklaringer på ubalansen mellom yin og yang og styrken i det feminine prinsippet var ikke klare, der jeg strevde med å kommunisere det jeg holdt på å lære. Det var vanskelig nok å forstå det, om ikke jeg skulle forklare det også. Det var en stor kløft mellom det jeg begynte å forstå og det jeg kunne formidle. Barna mine var bare høflig interessert i Bestemødrene og jeg var ikke sikker på om mine gode venner ville være noe mer interessert. Jeg var i en ganske ensom posisjon.

Jeg gjennomlevde noe som opplevdes ganske privat, og jeg følte meg ofte overveldet. Tidvis kunne jeg spørre meg selv; "Hva er det jeg driver på med? Skjer dette virkelig?" Det var vanskelig å tro at ting faktisk hadde skjedd slik de hadde; at Bestemødrene hadde vist seg under turen langs stranden, at en ørn hadde sittet på toppen av gardintrappen i bakhagen, og at jeg nå jevnlig reiste både til den øvre og den nedre verden. Det hørtes ganske sprøtt ut, selv for meg, og noen dager, når jeg kunne se det humoristiske i det hele, kunne jeg le til jeg begynte å gråte.

For å sikre meg et solid fotfeste i den virkelige verden leste jeg på nytt det jeg hadde skrevet etter at Bestemødrene viste seg for første gang. Hver gang jeg leste det jeg da hadde skrevet innså jeg med fornyet klarhet at disse ideene ikke kom fra meg. Det hjalp.

Bestemødrene var tålmodige med min mangel på tro og fikk meg til å le av behovet mitt for å sette ord på alt. **"Vi vet at det er vanskelig for menneskene å tro på noe som ikke er av den materielle verden,"** sa de. **"og du er ikke noe unntak."** På en forsiktig måte kunne de gjøre narr av min vantro og himle med øynene som for å si **"Ikke nå igjen."** hver gang jeg ble dratt ned i tvil og motløshet.

Ikke lenge etter turen til Chimayo begynte jeg å føle en trang til å dele deres budskap, selv om jeg fortsatt var redd for de reaksjonene det kunne vekke. Akkurat hvor denne holdningsendringen kom fra vet jeg ikke. Kanskje jeg rett og slett var trøtt av å holde alt for meg selv. Uansett var jeg ikke sikker på hvordan jeg skulle stå frem med deres budskap. Derfor begynte jeg å be om ørnens mot og målrettethet, samt de rette menneskene å dele det med. Ikke lenge etter ble jeg bønnhørt, men ikke på den måten jeg hadde trodd.

Muligheten kom i form av et lunsjmøte som min venn Carol inviterte meg til å delta på. Det var med noen venner som hadde dannet en åndelig støttegruppe. Det var i alle fall det jeg trodde hun sa.

Carol kjente allerede litt til Bestemødrene og hadde lyst til å vite mer. Siden hun hadde invitert meg til å være med i denne gruppen antok jeg at disse kvinnene også ville være interessert. Dette var muligheten jeg hadde ventet på. Når den hadde budt seg var jeg ivrig etter å dele med meg om Bestemødrene. Endelig ville jeg få litt støtte i dette arbeidet.

Når jeg sitter og skriver disse ordene ser jeg hvor lite modig jeg var på det tidspunktet. Faktisk var det slik at jeg ventet at støtten skulle komme til meg fra de andre. Heldigvis var det slik at Bestemødrene skjønte nøyaktig hva jeg trengte, selv om jeg ikke gjorde det selv.

Det var en nydelig dag og da vi samlet oss rundt piknikbordet syntes alle å være omsorgsfulle og interessante. Vi skulle spise lunsj, og en etter en dele våre opplevelser med hverandre. En kvinne snakket før meg, men historien hennes om noen opplevelser hun akkurat hadde hatt virket ikke særlig åndelig på meg. Når det ble min tur til å dele mine opplevelser kastet jeg meg allikevel inn i en beskrivelse om mitt møte med Bestemødrene.

Mens kvinnene satt der og lyttet så jeg at uttrykkene deres endret seg. Jeg syntes de så litt anspent ut men antok at dette bare var fordi de trengte en tydeligere forklaring. Så jeg prøvde enda hardere.

Jeg skulle akkurat til å gå litt mer i detaljer da en av dem annonserte at hun hadde hørt nok. Så begynte hun å *skrike* til meg. Hvem trodde jeg at jeg var? Og hva i huleste var det jeg snakket om?

Skrekkbølgen som vokste over meg mens hun skjelte meg ut var ENORM. Jeg praktisk talt ristet der jeg satt i stolen, mens jeg grep i kanten av bordet med fingertuppene mine. Hva hadde gått galt? Jeg stirret tvers over bordet mens ansiktet hennes ble rødere og rødere og skjønte at jeg virkelig hadde valgt den gale gruppen å dele *dette* med.

Senere lot Bestemødrene meg få vite at det verken hadde vært den gale gruppen eller at det hadde vært en dårlig opplevelse. **"Langt ifra,"** forsikret de meg fornøyd, **"Dette var nøyaktig det du trengte for å komme over frykten for å eksponere deg selv."**

Bønnene mine hadde blitt hørt. Det jeg fryktet mest hadde skjedd meg. Jeg hadde eksponert meg selv og *var* blitt avvist og gjort til latter. Jeg så aldri noen av disse kvinnene igjen, men flere måneder senere da Carol og jeg satt og lo av det som hadde skjedd den dagen, fortalte hun meg at en av kvinnene hadde delt sin bekymring for meg med henne. Jeg drev åpenbart og hadde "syner". Carol sa jeg hadde misforstått hensikten med lunsjgruppen. Det var slett ingen åndelig gruppe, bare et sted hvor kvinner kunne komme sammen å prate.

Da jeg ble klar over de uriktige forventningene jeg hadde hatt, lo jeg så hardt at tårene trillet nedover kinnene mine. Bestemødrene hadde lekt med meg og gitt meg en god lekse ved å pense meg inn på det sporet jeg trengte å være på.

"Alt som er nødvendig for at en kvinne skal motta vår oppvåkning til den indre kraften (empowerment) og at en mann skal motta trivselens kappe er et oppriktig hjerte og ønsket om å motta det vi har å gi."

Den neste gangen jeg reiste til Bestemødrene sa jeg, "Jeg trenger å snakke med dere Bestemødre. Når jeg gjør arbeidet deres ønsker jeg å være uklanderlig. Jeg ønsker å gjøre det helt riktig." Jeg innrømmet min frykt for å bli kritisert, og de smilte forståelsesfullt mens de skakket på hodet og sa, **"Det vet vi."**

"Tro på Selvet, med stor S!" understreket de. **"Hver gang du snakker med mennesker må du huske at menneskene ikke lever i tråd med Selvet med stor S, men i tråd med selvet med liten s. Det er**

vanskelig for dem å ta inn over seg budskapet fra Selvet, så ikke hør på hva de sier. Hold fokus på målet ditt."

"Å Bestemødre, jeg er så glad for å være sammen med dere,» sa jeg. Det er ingen på jorden som forstår alt dette. Jeg har ingen jeg kan snakke med og jeg har behov for noen av mitt eget slag.» **"Vi vet det,"** sa de mens de tok hendene mine i sine.

Da de slapp hendene mine løftet armene mine seg og ble til vinger, dekket av kraftige og fyldige fjær. Det å se disse fjærene minnet meg om hvor underlig livet var blitt og hvor utenfor jeg nå følte meg i mitt dagligliv. Jeg husket plutselig følelsen av å være en ensom ørn som svevde avgårde, og styrken og riktigheten i Ørns væremåte. **"Ørnen er ikke et dyr som lever i flokk,"** sa Bestemødrene. "Jeg forstår," svarte jeg "og godtar det."

"Hvordan ønsker dere at jeg bringer videre deres oppvåkning til den indre kraft (deres empowerment)?" spurte jeg. Og de svarte, **"Kall sammen gode, spirituelle mennesker som søker etter noe mer. Gjør dette hjemme hos deg selv."**

Selve seremonien for å vekke den indre kraften (empowerment seremonien) skulle foregå i en skyggefull del av bakhagen min. Jeg hadde likt bedre om det kunne foregå der ørnen hadde landet, men det var mer privat under nåletrærne. **"Den skyggefulle plattingen under nåletrærne vil fungere helt fint."** sa de, og la til **"Ild."** Umiddelbart så jeg for meg en flamme. Jeg skulle tenne et lys som en del av seremonien. **"Gå ut når dere skal gjennomføre seremonien,"** sa de. **"Energien i trærne vil bidra til å gjøre det til et hellig sted."**

«Alt som er nødvendig for å motta vår oppvåkning til den indre kraften (vår empowerment) er et oppriktig hjerte, og et ønske om å motta det vi har å gi. Selv om det strengt tatt ikke er nødvendig med en seremoni vil den hjelpe deg til å erkjenne det du har mottatt.»

«Seremonien vil stagge sinnets ustoppelige strøm av tanker. Derfor vil det å motta vår oppvåkning til den indre kraften på en seremoniell måte gjøre at hinnens/den beskyttende auraens gave vil trenge dypere inn i kropp og sinn.» For å sjekke at jeg virkelig hadde forstått fortsatte de, **"For å ha en maksimal effekt er det nødvendig at denne opplevelsen er inderlig, både følelsesmessig og mentalt."**

"Lag et alter ved nåletreet," fortsatte de. "Stå der sammen, og påkall alle former av det Guddommelige. Hver og en skal stå oppreist for å motta hinnen eller trivselens kappe. La hver enkelt føle føttene sine mot bakken. Mens de kommer frem mot ilden kan de jorde seg gjennom føttene sine for så å motta. Deretter kan gruppen omringe dem. Når vi omfavner dem vil du også omfavne dem," forklarte de. "Begynn allerede nå å etablere dette som et hellig sted."

"Før seremonien begynner skal du snakke og forklare ting. *Vi* vil snakke" sa de. De ville snakke gjennom meg. "**Du skal ikke bekymre deg for dette**" sa de. "**Du skal bare dele sannheten om det storslagne yin, at kvinner er blitt atskilt fra sin essens, at mennene er blitt skilt fra sin kilde til støtte og hva dette har gjort med verden. Fortell dem hvordan mennene lider som følge av sitt eget tyranni og følelsesmessig distanse og hvordan kvinnene lider som følge sin egen impotens."

NB! Da de uttalte den siste setningen trodde jeg først de sa "moralsk fordervelse" (depravation). Flere måneder senere fikk jeg imidlertid vite at de hadde sagt og ment "følelsesmessig distanse" (deprivation), siden menn er frarøvet den myke, nærende yin energien.

Mens de rettet seg majestetisk opp sa de, "*Nå er det tid for at den Store Moder skal vende tilbake til jorden.* Jorden har behov for moderlig omsorg nå." Og etter et øyeblikks pause fortsatte de, "La hver og en være åpen for den Store Moderlige Omsorgen og så være stille." Denne stillheten vil gjøre at gaven som hver enkelt har mottatt vil synke dypere inn i den enkeltes hjerte.

"Det er en latent gnist i hvert enkelt menneske, og det er denne gnisten som vil bli tent som følge av vår innvielse. Denne gnisten vil forvandles til en flamme etter som den enkeltes innerste vesen blir tent. Dette innerste vesen er noe som har ligget latent i hver enkelt frem til dette øyeblikket. Dette er hensikten med vår oppvåkning til den indre kraften.

"Etter at de har blitt vekket til sin indre kraft vil hver enkelt begynne å blomstre på sin måte. De vil blomstre som den blomsten de er, og alltid har vært. Ingen blomster er like. Derfor vil fargen på hinnen eller trivselens kappe som den enkelte mottar være ulik alle andres."

De så min bekymring for alt ansvaret jeg synes jeg fikk i dette arbeidet og sa; "Det arbeidet du skal gjøre er lett. Alt du trenger å gjøre er å gi videre denne gnisten fra oss til dem." De smilte bredt mens de fortsatte, "Gjør dette arbeidet med glede, som en som tenner gnisten." De tok tak i hendene mine mens de hvisket, "Ikke vær redd. Det arbeidet du utfører er godt. Etter hvert som du får større tiltro til det og stoler på oss vil det gi deg mye glede. Denne gleden vil gjennomsyre livet ditt."

"Vi vil alltid gi deg den styrken du trenger til å utføre dette arbeidet. Ikke mer. Hvis du fikk for mye ville det overvelde og støte andre. For mye styrke ville heller ikke vært bra for deg. Men du skal ikke være bekymret. Du kommer til å få det du trenger. Den styrken vi gir vil hele tiden øke etter behov og alltid være tilpasset det arbeidet du skal gjøre."

"Vær så snill å hjelp meg slik at jeg gjør dette riktig,» sa jeg. Øynene deres fòr over meg mens de sa, "**Hver gang du får en sterk fornemmelse, hver gang du kjenner noe både følelsesmessig og i kroppen, så følg den følelsen.** Hvis den er et resultat av tankene dine" sa de og løftet en finger i været, "**skal du vite at det ikke er en sann følelse.**"

"**Hvis du føler en motvilje mot noen, stol på den følelsen. Da er det noe som ikke stemmer.**" For å forklare dette enda tydeligere sa de, "***Fysiske og følelsesmessige reaksjoner kommer ikke fra egoet; Det gjør imidlertid de reaksjonene du får når du gir deg over til tankenes krumspring og diskusjoner med deg selv.***"

Jeg sendte ut invitasjoner til den første seremonien for oppvåkning til den indre kraften som skulle finne sted den 22. januar. Fordi jeg ennå ikke forsto at Bestemødrenes gave også var for menn sendte jeg dem kun ut til kvinner. Det gikk flere år før menn begynte å delta på Bestemødrenes møter.

Da dagen for seremonien opprant begynte jeg å fundere på om det var noe annet som Bestemødrene ønsket at jeg skulle si eller gjøre. Var det noe jeg ikke hadde tenkt på? Jeg var så nervøs at to timer før kvinnene skulle komme tok jeg på meg hodetelefonene og reiste.

Ørn fløy mot meg idet jeg kastet meg ut fra treet mitt. Han plasserte vingene sine under meg, og beskyttet og støttet meg hele veien til Bestemødrene. I det jeg foldet vingene og bøyde meg ned foran dem, følte jeg en voksende styrke i vingene, og da jeg så nøyere etter oppdaget jeg at undersiden av vingetuppene var blitt mørkere.

Jeg sto foran dem, og munnen min var helt tørr av forventning da jeg sa, «Bestemødre, i dag er dagen jeg skal gi videre til den enkelte deres oppvåkning til den indre kraften vi alle har i oss (deres empowerment). Er det noe mer dere ønsker å si meg?»

"**Den plassen under nåletreet, som du har arbeidet for å gjøre hellig, vil i dag være knyttet sammen med denne sirkelen,**" sa de. Dette skulle jeg huske, særlig idet jeg gjennomførte seremonien for å vekke den enkelte til sin indre kraft. De viste meg forbindelsen mellom nåletreet i hagen og deres egen sirkel i den øvre verden. Jeg kjente at de var forbundet, at det var en dragning mellom dem. Bestemødrenes sirkel svevde i luften rett over det stedet i hagen der vi skulle samles. "**Husk dette,**" sa de.

Jeg ble besnæret av ideen om disse virkelighetene som gled over i hverandre, men nok en gang ble min oppmerksomhet dratt mot vingene mine. Ikke bare var de blitt mørkere og sterkere. De hadde nå et større spenn enn før. Mens jeg betraktet disse endringene begynte vingene mine å utføre sin egen lille dans. Først bøyde den ene seg innover, deretter gjorde den andre det samme, før de begge strakte seg oppover. De slo frydefullt opp og ned og begynte å løfte meg til værs. Jeg lo mens jeg ble løftet opp og seilte ned igjen. Det var som om jeg danset med vingene mine mens Bestemødrene så på og klappet i hendene av fryd.

Det var så mye glede! Da jeg så meg rundt la jeg merke til at luften dirret av fryd. Bestemødrene så ut som de videreformidlet masse kjærlighet mens de strålte mot meg. "**Du hadde aldri trodd du kunne være så glad, gjorde du vel?**" spurte de meg.

Jeg var målløs og full av lykke. Men det var mer. En følelse av fylde og liv boblet opp inni meg og jeg gispet, *"Dette* er Guds tilstedeværelse!" og da jeg så ned visste jeg at *Gud var tilstede i vingene mine.* Nå overlappet de hverandre, og ble duplisert igjen og igjen av enda større vinger. Sirkler av lys i guddommelige farger fór opp og ned, og dupliserte seg slik at det så ut som vingene mine strakte seg inn i evigheten.

Farger av gull, gult, oransje, blått og mange fler sprang ut av vingene mine mens de slo opp og ned, helt til himmelen var fylt av disse fargene. "**Dekk hele jorden,**" hørte jeg en stemme si mens vingene fortsatte å slå. Bevegelsen skapte en følelse av glede i kroppen min som spredte seg videre ut over hele verden.

Jeg var helt oppløst i tårer. Skjønnheten var så stor at den helt overveldet meg. «Bestemødre, jeg har ikke mer jeg trenger å spørre om,» hulket jeg. Vi omfavnet hverandre i stillhet og da jeg fløy ut fra dalen deres fulgte Ørn etter meg. "**Farvel lille fuglunge**" ropte han ut.

Elleve kvinner kom til hagen den kvelden. Jeg hadde invitert tretti i alt, men det var elleve som kom. Elleve usedvanlig vakre kvinner — vakre gjennom sin kjærlighet til Gud og til menneskene. Inklusive meg var det tolv av oss. "Tolv kvinner," skrev jeg inn i notatboken min, "akkurat som det er tolv som inngår i Bestemødrenes råd. En lovende begynnelse."

Bestemødrene var tilstede under hele seremonien, akkurat som de hadde lovet. Og alle kvinnene kunne føle dem. Mens jeg forklarte deres budskap var det en del av meg som tok et skritt tilbake i undring. Det *var* virkelig Bestemødrene som snakket. Ordene deres fløt fra munnen min og rett til hjertet av hver enkelt, og deres kjærlighet vellet frem gjennom meg i endeløse mengder. Jeg ble veldig ydmyk over å ta del i noe så hellig.

Da seremonien var over lurte jeg på hvor godt jeg hadde klart å forklare Bestemødrene til dem. Jeg hadde i alle fall ikke sjokkert eller såret noen. Seremonien for å vekke den indre kraften vi alle har i oss føltes fantastisk å være med på, men jeg var glad da det hele var over. Da alle var tilstede var jeg fylt med en uendelig mengde energi, men etter at den siste kvinnen gikk ut av døren stupte jeg i seng.

"Det er essensielt å tro på Selvet. Vi tror på deg."

Måten Bestemødrene hadde jobbet på mens vi var samlet var overveldende. Så store krefter hadde bølget gjennom meg at jeg var helt gira — i kontakt med selve Kilden. Kroppen min klarte imidlertid ikke å mestre all denne energien, så jeg falt helt sammen. Etterpå var jeg så sliten at jeg bare ønsket å slappe av. Jeg brukte en hel uke på å integrere denne opplevelsen og være klar for ytterligere arbeid.

Da jeg til slutt tok min neste tur til den øvre verden, fulgte jeg i dragsuget fra Ørn. Vi hadde imidlertid ikke flydd lenge før jeg la merke til at jeg strevde for å holde tritt med ham. "Hvordan har det seg?" undret jeg meg.

Ørn så at jeg stadig falt etter og løftet meg opp på ryggen sin. «**Bare nyt flyturen,**» sa han. Jeg tok ham på ordet og la meg ned på ryggen hans i noen minutter. Da jeg følte meg sterk nok lot han meg prøve å fly på egen hånd, men han spredte ut vingene sine under meg — sånn i tilfellet.

"**Du har vært borte altfor lenge,**" sa Bestemødrene mens de løftet meg opp på podiet. Slik de sa det skjønte jeg at de mente at jeg skulle komme til dem når jeg ble trøtt, i stedet for å trekke meg tilbake i meg selv.

Mens de samlet seg tett rundt meg så jeg at noen av dem hadde kjoler på seg mens andre var sitt ørneaktige jeg. "Jeg er bare så glad for å være sammen med dem, uansett hvordan de ser ut," sa jeg, og før jeg visste ordet av det hadde de dannet en sirkel rundt meg. De holdt armene opp i været mens de tok et skritt mot meg. I det armene/vingene deres svingte ned danset de bort fra meg. De danset på denne måten, inn og ut, og det var akkurat som de trakk trøttheten ut av meg mens de tilførte styrke. Inn og ut, inn og ut. Jeg følte det mer enn jeg forsto det.

Bølger av styrke feide over meg mens de gikk rundt meg. Jeg ble fylt. Samtidig stelte de med vingene mine, og børstet og rettet opp fjærene mine.

"**Du må være sammen med dine egne,**" sa de. "**Du må komme til oss oftere.**" De så intenst på meg mens de sa, "**Du må ikke prøve å gjøre dette alene. Kom til oss. Alt vil skje i *vårt* tempo. Du trenger ikke å skynde deg.**" Da jeg snudde meg mot dem var det tolv par øyne som så på meg. "**Det er essensielt å tro på Selvet. Vi har tiltro til deg.**

Vend deg til oss, så skal vi hjelpe deg lære å tro på deg selv." Jeg skulle ikke bare komme til dem for å få lærdom, slik jeg tidligere hadde trodd. De ville også helbrede meg, akkurat som åndene i den nedre verden — men det var en annen slags helbredelse.

Vi stilte oss i en sirkel og gikk rundt, medsols. Da jeg avbrøt dansen for å spørre etter mer informasjon for de fremtidige oppvåkningene til den indre kraften ropte de, **"Ta imot. Vi kan ikke lære deg noe på tom tank. Vi gir ikke noe når du ikke er fullt tilstede.** *Du har glemt at du er en av oss.* **Dette må rettes opp først."**

Mens de gjorde sirkelen enda mindre og danset tett sammen rettet ryggraden min seg opp helt av seg selv. Ut fra det intense uttrykket de hadde i ansiktet skjønte jeg at de kom til å gjøre noe viktig.

Plutselig var jeg helt massiv. Føttene mine var fast forankret til jorden, kroppen min var rett og sterk. Jeg var helt i ett med *dem*. Jeg så kraften som steg opp av jorden, mens de innlemmet meg med dem selv og med jorden. På den måten ville jeg ikke kunne flyte avsted, og bli borte i verdensrommet og glemme hvem jeg var. **"For at du skal gjøre dette arbeidet"** sa de, **"er det nødvendig at du smelter sammen med oss og med jorden. Dette vil forankre deg men det vil på ingen måte begrense deg. Du kan fortsatt forflytte deg over i andre riker."**

Jeg var helt kompakt, og forankret, men allikevel ikke begrenset. Faktisk var det slik at selv om kroppen min følte seg forankret til jorden så jeg meg selv sveve høyt oppe i luften. Jeg var så høyt over bakken at jeg følte jeg kunne se inn i evigheten. Når jeg var smeltet sammen med Bestemødrene på denne måten så jeg alt. Min kunnskap var uendelig og samtidig var jeg forankret på jorden.

Gjennom å være i ett med jorden ble jeg samtidig ett med andre dimensjoner også. Jeg var forankret til Moder Jord og samtidig utvidet slik at jeg fylte hele galaksen. Og alt skjedde akkurat *nå*. Da jeg snudde meg mot dem for å få en bekreftelse på dette sa de bare, **"Ta imot."** Jeg var totalt tilstede i øyeblikket. Vanligvis var det en del av meg som var i andre tanker eller som holdt noe tilbake. Nå var jeg *tilstede*.

Bestemødrene tok vekk flere blokkeringer. Jeg så på mens de strakte seg inn og drog gamle holdninger og oppfatninger ut av hodet og psyken min. Inn og ut bevegelsen fungerte som en magnet og trakk all trøtthet og psykisk søppel ut av meg.

Mens de danset passerte glimt av gamle minner og smerte forbi, for deretter å falme og bli erstattet av en følelse av letthet og fred. "Vær så snill, ta alt sammen," sa jeg. "Ta all tilbakeholdenheten. Ta alt."

"Vi vil fylle deg full. La oss få lov."

Etter at jeg hadde foretatt en reise til den nedre verden drog jeg igjen tilbake til dem. Denne gangen ønsket jeg å vite hvordan jeg kunne være mer forankret, mer effektiv og ha tiltro til Selvet. Jeg kastet meg ut fra toppen av treet mitt mens jeg erklærte min intensjon. Da jeg brøt gjennom skydekket og steg inn i det første nivået i den øvre verden kom Ørn seilende inn fra venstre og så på meg med et morsomt og intenst uttrykk og sa, "**Jeg kan ikke være særlig til hjelp med forankringen.**"

Side om side fløy vi oppover, og da vi nærmet oss Bestemødrenes hvite sirkel lærte han meg hvordan jeg skulle gjøre en feiende landing. Det var mye lettere denne gangen, omtrent som å stå på ski i luften. Jeg gikk bort til dem mens hjertet mitt sang, "Glad, glad, glad for å være her."

De sto i en slik formasjon at vingene deres strakte seg over hele jorden, dekket den og støttet den nedenfra. "Dette," sa de "**er den nærende kraften fra oven og kraften nedenfra som holder alt støtt. Det du ser er speilbildet på hvordan Moder Jord holder jordkloden innenfra.**" Mens de sa dette kom jeg til å tenke på det Hermeneutiske fortolkningsprinsipp, "Som oppe, så nede; som nede, så oppe." Var dette den samme tankegangen? "**Ja,**" nikket de.

"Bestemødre," sa jeg, "For øyeblikket er det vanskelig for meg å føle meg fredfull, og at jeg hører til på jorden. Jeg har vanskeligheter med å forankre meg selv." De lo hjertelig til svar og sa, "**Du må ikke tro du bare hører til på ett sted!**"

"Jeg synes det er vanskelig å leve et normalt liv akkurat nå," sa jeg og prøvde å forklare det litt bedre. "Helt siden dere kom den morgenen i september har jeg ikke følt det som jeg hører til på jorden. Jeg vet ikke helt hvordan jeg skal forholde meg til hverdagen." Jeg ventet, og håpet at de ville gi meg et svar, men de sa ingenting. De så ikke engang på meg. Så oppmerksomheten min vendte seg fra ansiktene deres og innover i meg selv.

Som på avstand sto jeg og betraktet meg selv, og så denne "meg" gå avgårde i dyp snø. Jeg hadde tatt på meg ørnens skikkelse, og da jeg tok et skritt fremover ble jeg fascinert av mine store fugleføtter. Hvis jeg inkluderte klørne hadde de nesten samme størrelse og fasong som truger. For hvert skritt sank hele den store foten gjennom snøen og videre ned gjennom de ulike lagene i jordens indre. Hodet mitt var fortsatt høyt oppe i skyene selv om føttene mine trengte ned i jorden. Jeg var oppe, og jeg var nede. Jeg var i alle verdenene på en gang.

"**Ingenting er endimensjonalt,**" klang det i ørene mine mens jeg tok nok et skritt og så foten min med alle klørne der den sank inn og ned gjennom jorden. Nedover og nedover gikk den. "**Hvert skritt er** ikke lenger bare på overflaten," sa Bestemødrene. "Nå er det en dyp kontakt."

"Tenk på hvem du ER!" ropte de og naglet meg fast med blikkene sine mens de fortsatte, "Tenk på storheten i det du er, ikke ditt lille selv, men ditt store Selv, det som er ett med kilden til alt." Jeg konsentrerte meg om ordene deres, og spurte om de kunne gi meg en opplevelse av dette Selvet. Umiddelbart begynte jeg å svelle og svelle.

Jeg var fremdeles bevisst på min egen kropp, men dette "jeget" var så mye større, og så mye mer enn denne kroppen, at det gjorde meg helt svimmel. "Bestemødre, hjelp meg!" ropte jeg ut.

De kastet et strengt blikk på meg mens de sa, "**Du trenger å dra oftere til den nedre verden — for å helbrede, forankre og orientere deg selv. Det er den eneste måten du kan gjøre dette arbeidet på.**"

Denne utvidelsen var nesten mer enn jeg klarte å holde ut. Jeg følte meg svak, og begynte å bebreide meg selv for å slurve med deres tretil-en oppskrift. Jeg hadde begynt å ta pauser fra reisingen, og vendte ryggen til den ikke-ordinære virkeligheten hver gang jeg følte meg overveldet. Når jeg gjenopptok reisingen hadde jeg dratt til Bestemødrene for å få mer kunnskap, i stedet for å dra til den nedre verden for helbredelse. Jeg hadde jukset, men nå kunne ikke komme unna med det lenger. Den energien de akkurat hadde gitt meg var mer enn jeg kunne bære.

"OK, Bestemødre. Jeg vil følge deres ordre til punkt og prikke. Men siden jeg nå først er her, kan jeg spørre noen spørsmål knyttet til arbeidet deres? Arbeidet vårt," korrigerte jeg meg selv fort. "**Bra!**" sa de og foldet vingene over brystet mens de så på meg og moret seg over min stahet.

"Burde jeg skrive en bok om dette?" spurte jeg. "**Vi vil skrive boken,**" sa de. "**Dette er det arbeidet du skal gjøre,**" fortsatte de som for å bekrefte at vi skulle arbeide sammen. "**Gjør det. La knoppen slå ut i blomst, la kvisten bli til en gren. Vi vil lede deg. Hold troen oppe og gjør det.**"

"Finnes det noen innsikt som kan understreke det dere har lært meg?" spurte jeg. "Er det noe som andre trenger å høre?" Jeg hadde spurt det samme spørsmålet på en tidligere reise, men det bare ramlet ut av munnen min en gang til.

De var stille, så jeg var også stille. Da jeg vendte oppmerksomheten min innover ble jeg overveldet over å oppdage at Moderen hadde tatt plass i meg. Kjærligheten hennes fløt gjennom kroppen min. *Hun* hadde tatt bolig i *meg*. Og fordi hun var i meg kunne jeg se at jeg var del av noe stort og overveldende.

Kjærligheten fløt først inn og så ut av meg, men jeg ble på ingen måte tømt av denne utøsingen. For denne kjærligheten var ikke min. Den var Hennes, bare Hennes. Det var ikke noe skille mellom hva som var Henne og hva som var meg. Mens kjærligheten først fylte hele kroppen min, og deretter flommet ut av den, talte de til meg. **"Nedvurderingen av selvet inntreffer når du tror at du, det lille deg, blir tømt, eller mindre, av å gi."** Mens de smilte et hemmelighetsfullt smil fortsatte de, **"Det er i sannhet ikke slik."**

"Først må man bli fylt" sa de. **"La det lille selvet bli fylt av det store Selvet. Dette er det første som må skje. Sett av tid til dette. La det å bli fylt komme først, og la det være fullstendig. Da vil det å gi skje uten anstrengelse, og helt ubevisst. Det knytter seg ingen karma til denne måten å gi på, ingen forpliktelser. Denne måten å gi på er like enkel som å puste,"** smilte de.

Foran meg dukket det opp et nydelig rom. Morgenlyset strømmet gjennom de smårutete vinduene og ned på et bord som var dekket til frokost. På bordet sto det en overdimensjonert mugge. Den var bred og robust, og hadde en stor tut og nydelige kurver. Muggen var fløtefarget, og solen skinte på den slik at den glødet og gav et inntrykk av overflod. Det gylne lyset skinte gjennom vinduet og fikk alt i rommet til å framstå som om det var fylt opp og laget av lys.

Da jeg så nøyere etter så jeg at muggen var fylt av noe mer enn bare lys. Den var ikke bare fylt med noe som hadde samme farge som fløte, den *var* fylt av fløte. Tykk og fyldig fløte vellet opp helt til toppen. Ved siden av muggen sto det en porselenskopp, og lysstrålene strømmet inn over den også.

Mens Bestemødrene helte fløte fra muggen og ned i koppen ble muggen på magisk vis fylt opp igjen. Kanskje var det solskinnet som gjorde at den holdt seg full, men uansett hvor mange ganger de helte fra muggen var den fortsatt fylt til randen av fløte.

"Tenk på denne koppen og muggen. Vi vil fylle deg full. La oss få lov." sa de lykkelig, mens de holdt hendene bøyd ved siden av hverandre for å vise hvordan vi skal ta imot. **"Ved å tenke på oss og på Lysnettet som du er en del av, vil vi fylle deg og alltid sørge for at du er fylt."**

De hadde vist meg muggen og koppen, men hva var dette Lysnettet som de hadde snakket om? De ville ikke fortelle det, men ropte i stedet ut; **"Ikke noe mer tomhet! Og fra *denne* tilstanden av fylde skjer det å gi. Det er så lett at du ikke engang vil tenke på det som å gi. Det er så lett at det ikke vil oppleves som om det er noen avstand mellom giver og mottaker. Det å gi vil være helt naturlig."** De strålte av glede og la til, **"Naturlig fordi du er en del av den energien som flyter fra livets kilde.**

"Når du er fylt oppheves all følelse av å være skilt fra kilden. Da opphører alle tanker om å være liten, om behov, eller om at en er mindre enn. Det er borte,» sa de. "Det er kun opplevelsen av å Være Full som er igjen, og fra en slik tilstand vil alt flyte lett."

«Nyt dette,» sa de, "og livet ditt vil bli lettere og lettere — slik det skal være! Vel, du kommer til å ha dine problemer," lo de. "Ting kommer til å skje." De dro på skuldrene som for å si, "Vel, hva hadde du forventet?" "Det er en del av din vekst. Men det vil ikke bli flere byrder. Du skal ikke lenger være brydd med å måtte bære tungt."

De så på meg, først litt alvorlig. Deretter fikk ansiktene deres et skøyeraktig uttrykk da de sa, «*Vi gir og du lever.*» (*We do the giving. You do the living.*) Jeg kjente igjen den strofen. Det var fra en gammel Elvis Presley sang! Jeg stirret på dem med store øyne og de brøt ut i en fornøyd latter. Jeg klarte så vidt å si, "Bestemødre, dere er virkelig noe for dere selv" før de ble alvorlige igjen. "**La oss få gi gjennom deg**," sa de. "**Nyt det!**

"Denne måten å gi på vil fylle deg med glede. Du vil føle at vår tilstedeværelse og vår kjærlighet vil strømme gjennom deg. Det vil ikke lenger være slik at man føler seg tom av å gi. Det er den gamle måten å gi på," sa de og ristet på hodet i avsky. "**Den måten der kvinnen fikk rollen som den som skulle gi. Samtidig ble hun helt utkjørt fordi hun var avskåret fra sin egen kilde til kraft.**" De tok en pause og sto i dype tanker før de fortsatte, "**Dette er ikke den sanne måten å leve eller å gi på. *Du Er Ikke Avskåret*! Du er en del av kilden.**"

"Du er en juvelbesatt fasett av kilden, som vil manifestere seg overalt hvor du er. Tenk på deg selv som den muggen som det helles fra, og vit at forsyningene aldri vil ta slutt." Mens de holdt pekefingrene opp i luften fortsatte de, "Ikke gå rundt og gi bare for å gjøre det. Du skal ikke engang *tenke på* å gi."

«I stedet skal du åpne deg for oss. Du skal alltid være åpen for oss. Be om det du trenger. Det vil bli gitt deg,» lovet de, "På denne måten vil alt du gir flyte uanstrengt fra deg, og med glede."

"Tusen takk, Bestemødre" sa jeg mens jeg bøyde meg for dem. "**Det er vi som skal takke *deg*,**" sa de. "Hvorfor takker de meg?" mumlet jeg, og de forklarte hvordan de er "**Ett**" med alle som de kaller "**juvelbesatte fasetter. Vi er takknemlige for hver eneste fasett av det Guddommelige som nå trer frem for å gjøre vårt arbeid på jorden.**"

Jeg ble oppromt over tanken med å gi med lekende letthet. Jeg hadde lyst til å vite mer om disse såkalte "juvelbesatte fasettene", men de ville ikke si noe mer. Samtidig endret trommeslagene rytme og signaliserte at det var på tide å vende tilbake.

KAPITTEL 7

Den feminine kraften er overveldende sterk

"Fordi du er et menneske har du en begrenset forståelse av "maskulin" og "feminin" styrke"

Jeg var alltid full av spørsmål og drev konstant å funderte over noe Bestemødrene hadde sagt eller vist meg. Nå hadde jeg gjennomført seremonien for å vekke den indre kraften for tre grupper av kvinner, og spurte meg selv om dette var den beste måten å få spredt deres budskap på. Dessuten var jeg nysgjerrig på det de kalte *"å gi uten å anstrenge seg"*. Det var så mye jeg ønsket å vite. Og selv om hver reise besvarte noen spørsmål så brakte den samtidig med seg flere nye.

Ørn var på min høyre side der vi fløy avgårde, og mens vi steg oppover i en formasjon (selv om vi bare var to) lot han meg ta ledelsen. «Ørn, hvorfor er du av hannkjønn?» spurte jeg mens jeg kastet et blikk over skulderen min. «Bestemødrenes arbeid er hovedsakelig knyttet til kvinner, så hvorfor er du en «han»?» **"Fordi jeg er det,"** svarte han.

Kanskje var det slik at jeg trengte hans maskuline styrke for å klare oppgaven det var å fly, eller hans innbitte innstilling for å gjøre dette arbeidet. Hva som enn var årsaken ville han ikke si noe mer.

Vi nærmet oss Bestemødrenes sirkel og svevde høyt over den før jeg dukket raskt ned. Jeg krenget over i siste øyeblikk og så nesten ut som en tegneseriefigur der jeg holdt vingene høyt til værs idet klørne mine tok bakken.

Jeg landet lett, og var ganske stolt av meg selv der jeg spankulerte mot dem på samme måte som Ørn. I det jeg klukket fornøyd over min oppførsel kom jeg til å bøye hodet fremover og ble oppmerksom på kroppen min. Hva var dette? Både brystet og magen min var hardt og flatt. Det hang en penis langs det ene benet mitt, og bena mine var rette og sterke, og endte i to store og kraftige føtter. Det var ingenting ved denne kroppen som var avrundet eller mykt. Jeg hadde antatt en mannlig skikkelse.

Jeg følte meg annerledes også. Målbevisst, kraftfull og utålmodig kunne jeg føle min egen iver etter å sette i gang. Jeg var en hann, akkurat som Ørn. Jeg ble et øyeblikk ganske skremt før jeg kom på at alt som skjer i løpet av en reise er del av en læringsprosess. «Vent et øyeblikk,» sa jeg mens jeg tenkte over det. «Er jeg en hann, eller er det slik at jeg legemliggjør maskulin styrke?»

«Bestemødre,» ropte jeg, og så snart jeg hadde kalt på dem sto de foran meg i sine ørneskikkelser. «Hva er det med denne maskuline kraften som jeg har? Hva er tilknytningen mellom det å ha maskulin kraft og å formidle styrke til kvinner?»

"Fordi du er et menneske har du en begrenset forståelse av hva "maskulin" og "feminin" styrke er," sa de. "Menneskene vet ikke hva disse begrepene egentlig betyr, og derfor bruker dere bare "mannlig", "kvinnelig", "maskulin" og "feminin" til å kategorisere ting." De smilte og moret seg over min uvitenhet mens jeg nok en gang studerte kroppen min. "Lær meg, Bestemødre. Lær meg om kvinners sanne styrke.

"Den er overveldende sterk" sa de. "Den feminine kraften er ikke til å spøke med.» Mens de ristet på hodene sine fortsatte de, "Den er ikke slik som dere tenker på den her på jorden — ærbødig, kokett og manipulativ. Den er ikke slik," utbrøt de i avsky. "Det er en kraft som bærer i seg en enorm VERDIGHET." Jeg kunne se hvordan de følte dette gjennom den måten de rettet seg opp, lik dronninger. "Det er på tide at jeg også innehar noe av denne verdigheten," tenkte jeg, "slik at jeg klarer å formidle deres budskap på en bedre måte. "

Nå sto jeg foran dem som en kvinne, høy og full av tiltro. Dette 'jeg'et' var grasiøst, sikker i sine bevegelser og sin tale, og mest av alt sikker på sin hensikt. Jeg hadde aldri tenkt på meg selv som verdig. "Det må du bare bli vant til," lo de. "Det er din skjebne."

De smilte og lo mens de forsikret meg, "Du kan fremdeles ha det gøy — det er ingen gledesdreper. Du er verdig, alltid verdig, selv når du har det gøy. Verdighet har å gjøre med å være den du er." De boret øynene sine i meg mens de befalte: "Aldri, ALDRI skal du glemme det! Du er *verdig*."

"Bestemødre" sa jeg, "jeg antar at jeg skal spre deres budskap og formidlingen av deres styrke, samt alt dere har fortalt meg, på samme måte som dere fremstår nå. Stemmer det?" "Ja," sa de, og jeg så tolv ørnehoder som nikket,

"Som dere vet har jeg arbeidet med grupper av kvinner." "Det er for øyeblikket helt som det skal være" sa de. "Det er under utvikling, og det vil lede deg videre, slik at du vet hva du skal gjøre. Du vil lære etter hvert som det utvikler seg."

"Bør jeg tilby dette til kvinner på en jevnlig basis?" **"Ja, ja,"** svarte de ivrig, **"og la det vokse seg større. Det er måten å gjøre det på. Budskapet vil spre seg."**

De tok et skritt tilbake for å inspisere meg. Øynene mine fulgte deres, og når jeg nå så ned for å undersøke kroppen min så jeg at jeg var mitt vanlige, kvinnelige jeg. Da jeg raskt tittet opp igjen så jeg at de også hadde gått ut av sine ørneskikkelser. "Hm," tenkte jeg, "Disse skikkelsene er som et antrekk, nyttige for å understreke eller illustrere noe. Bestemødrene smilte og nikket. Deretter drog de meg inntil seg mens de plasserte hendene mine over hjertet mitt og løftet frem brystet mitt mens de sa, **"Med hevet hjerte."**

Jeg bøyde hodet for å se hva de gjorde. Foran meg så jeg et lys som skinte fra brystet mitt. Det skjøt ut fra hjertet mitt. Lysforsyningen så til å komme fra dem.

"Det hevede hjertet," sa de, mens de fylte hjertet mitt med lys fra sine hjerter. "Åh, nå kan jeg kjenne det," gispet jeg mens styrken bredte seg ut gjennom brystet mitt og fikk meg til å åpne meg opp som en rose i fullt flor. Som i et skinnende mønster skjøt lyset frem og tilbake mellom oss. Det var en toveis kanal av lys og styrke — fra mitt hjerte til deres, og fra deres tilbake til mitt.

"Jeg ønsker å tro mer på Selvet, Bestemødre — med stor S," sa jeg. "I kroppen min," sa jeg og pekte på meg selv. "Jeg ønsker å tro på Selvet. Jeg ønsker tillit til mine tanker, til hvordan jeg fremstår, til alt. Vær så snill og hjelp meg." De flokket seg rundt meg, puslet med meg her og der, rettet opp og forlenget ryggraden min og sa, **"Sikkerhet i hvordan man fremstår er viktig."**

Jeg så på dem mens de gikk i en rekke foran meg. Hver Bestemor bar noe tungt på hodet sitt. De viste meg hvordan jeg skulle bære en byrde på en grasiøs måte. Jeg fulgte etter dem og jeg etterlignet deres bevegelser mens jeg også bar en urne med vann på hodet mitt. **"En rak ryggrad gjør alt enklere,"** sa de og kastet et blikk bakover. **"Husk det."**

Jeg tok blikket fra stien et lite øyeblikk, og da jeg så ned igjen var urnene borte. Armene og hendene var igjen frie. Vi begynte øyeblikkelig å le, og virvlet rundt mens vi begynte å danse. Jeg nøt den deilige følelsen av letthet men så endret trommeslagene rytme. Dansen stoppet umiddelbart opp, og jeg snudde meg og tok farvel.

KAPITTEL 8
Du Må Vokse i Ånden

"Vi viser deg yang energien slik den er på jorden i dag .... helt ute av kontroll"

Jeg fortsatte å leve i to verdener — i den ikke-ordinære virkeligheten sammen med Bestemødrene og i hverdagen med hus, klienter, og venner. Jeg la imidlertid merke til at forskjellen mellom de to verdenene ikke lenger var så skarp. Selv om jeg ikke snakket om Bestemødrene hverken med klienter eller til de fleste av vennene mine, begynte Bestemødrenes budskap å gjennomsyre livet mitt. Yin energien hadde fått hjertet mitt til å utvide seg og slipt vekk noen av de harde kantene mine. Jeg ble ikke så lett rammet av sinne, og var mer åpen ovenfor alle.

Det meste av tiden var jeg beruset av Bestemødrenes arbeid, men det var stunder da det føltes som om det var for mye informasjon, for mange endring, rett og slett *for* mye. Det var i stunder som dette at jeg tok meg selv i å lengte etter et "vanlig" liv.

Første gang jeg opplevde dette var flere måneder etter at jeg hadde begynt å jobbe med Bestemødrene. Etter å ha reist nesten daglig, ble jeg etter hvert overveldet av omfanget på informasjonen jeg mottok, og begynte å roe ned tempoet med tre til en reisingen. Jeg reiste bare når jeg følte for det.

Å jobbe med denne dimensjonen av ikke-ordinære virkeligheten var besnærende men krevende. Noen reiser brakte frem minner eller følelser jeg ikke hadde visst at jeg hadde. Når dette skjedde tok det meg litt tid å fordøye de følelsene som disse minnene brakte opp i meg. Andre reiser var så fulle av uortodokse ideer og bilder at intellektet mitt gjorde opprør mot alt det rare i dette. Men å prøve å få kontroll over mine opplevelser med Bestemødrene var som å kjempe mot vindmøller.

Det var ingen jeg kunne dele alt dette med. Etter noen sporadiske forsøk gikk det opp for meg at inntil jeg i sannhet forsto hva Bestemødrene drev og lærte meg, ville ingen andre forstå det heller. Selv mine åndelige venner ville ikke forstå disse greiene før, eller så sant, jeg var tydelig. Min mann var ikke interessert i slike underlige opplevelser, så jeg levde i en privat multi-dimensjonal verden, mens jeg fortsatt så ut og oppførete meg som en normal person.

Å forsøke å roe ned denne prosessen var som å forsøke å dytte tilbake en bølge på havet. Hver gang jeg følte meg overveldet av arbeidet og tok en pause i reisingen, fortsatte Bestemødrene å dukke opp i bevisstheten min, gav meg små dytt og underviste meg mens jeg holdt på med mine dagligdagse gjøremål. Bjørn dukket stadig opp i drømmene mine. Jeg fortsatte å holde den ikke-ordinære virkeligheten på en armlengdes avstand helt til den dagen jeg kom på hva jeg hadde sagt da astrologen fortalte meg om arbeidet som ventet meg; "Hvis jeg gir etter for den frykten jeg har for det ukjente vil jeg aldri kunne tilgi meg selv." Jeg kunne ikke stoppe nå.

Kanskje, hvis jeg klarte å skille klart mellom mine egne tanker og de Åndelige beskjedene jeg mottok, ville jeg ikke føle meg så overveldet over alt som dukket opp under reisene. Jeg ønsket å være mer objektiv, ikke så personlig påvirket av dette arbeidet.

Da jeg tok fatt på min neste reise til den øvre verden så jeg omtrent ut som statuen ved Albuquerque flyplass. Den forestiller en sjaman som holder i en ørn. Av en eller annen grunn prøvde jeg ikke engang å fly på egen hånd. Istedenfor strakte jeg hendene opp og tok tak i Ørns føtter. Han kastet seg opp i luften og jeg holdt godt fast mens kroppen min hang under ham. «Det må være fordi jeg har vært ganske utslitt i det siste,» sa jeg til meg selv.

Ørn holdt meg slik hele veien til vi kom frem til Bestemødrene. Han slapp meg forsiktig mens han gled over sirkelen deres, og sendte meg samtidig et medfølende blikk. «Det må være noe galt med meg i dag,» tenkte jeg. «Ørn ser aldri på meg på den måten.»

Jeg bøyde meg ned foran dem i noe som var tilnærmet lik en fosterstilling mens jeg gispet, «Bestemødre, ånden min (my spirit) har blitt såret, det viste Ørn meg.» Ordene datt ut av munnen min før jeg i det hele tatt hadde fått tenkt tanken. Ånden min hadde blitt såret. Det var dette Ørn hadde sett.

Jeg så ned på meg selv og oppdaget at jeg nok en gang var ikledd en mannlig skikkelse. Denne gangen var jeg imidlertid en såret indianer, men allikevel flott med naken overkropp og et lendekle.

Bestemødrene sendte meg et langt, fast blikk og sa **"Du prøver å gjøre for mye. Vent. Du må vokse slik at du blir den du skal være."** Jeg skulle ikke lenger gjøre ting på egenhånd. Jeg hulket frem, "Bestemødre, jeg ønsker å la dere lede, ikke kjempe og streve så mye. Jeg ønsker å leve ut i fra et åndelig perspektiv." De så på meg med sine kloke øyne og sa, **"Det er den eneste måten du kan fly så høyt på."**

Jeg hørte sannheten i disse ordene og spurte, "Hva *er* den beste måten å bruke det dere har gitt meg?" **"Bare sitt med det i stillhet,"** sa de. **"Vent. Den neste bølgen vil komme fra ditt eget indre, men du må vente på den. Nå er det tid for å bygge opp reservene dine. Deretter vil du ha mer å gi."**

"ARBEIDET SKAL VÆRE HELT UANSTRENGT," sa de. **"Hvis det ikke er uanstrengt er det ikke *oss* som jobber, men intellektet ditt."** Det gikk opp for meg at **"arbeidet"** ikke bare refererte til dette arbeidet men til *alt* arbeid.

"Ubesværetheten i arbeidet vil fortelle deg hvorvidt det er Ånden som jobber gjennom deg eller om det bare er intellektet ditt som holder på. Det beste du kan gjøre med det vi har gitt deg er å være et eksempel på vårt budskap. Det er det høyeste, dypeste og beste du kan gjøre, og alt annet vil skje med utgangspunkt i dette. Ikke prøv å søk etter noe, bare vent."

«Kjenn etter i kroppen din» fortsatte de. **"Kroppen er ditt kompass. Både fysiske og emosjonelle følelser blir registrert i kroppen. Det er noe i denne måten å oppfatte ting på som er mer troverdig enn å oppfatte ting via intellektet. Du vil FØLE sannheten!**

"Intellektet vil ikke gi deg en klar følelse," sa de. **"Det vil snøre seg sammen i tvil og bekymring. Det vil bruke mange ord og gjøre bruk av mentale bilder, men det vil ikke gi deg en tydelig følelse."** Mens jeg reflekterte over ordene deres gikk det opp for meg at de hadde gitt en nøyaktig beskrivelse av intellektet mitt. **"Stol på følelsene"** sa de. **"Hva føler du? Så enkelt er det."**

Ordene deres ble en prøvestein, et mantra. Jeg syntes det ble lettere å holde hodet klart, og å beholde kontakten med meg selv hvis jeg husket å spørre meg selv, "Hva føler jeg?"

Etter en kort stillhet sa jeg, "Bestemødre, kan dere si noe om hodepinen jeg pleier å ha? Gjennom å spørre spørsmålet, "Hva føler jeg" hadde jeg kommet i kontakt med hopepinen min. De sto helt stille, så jeg fortsatte, "Er det noe som vil hjelpe meg med å mestre eller frigjøre denne smerten?"

Jeg håpet de ville fortelle meg årsaken til hodepinene mine, at de kom av en dyptliggende holdning eller en traumatisk opplevelse, noe som ville gjøre at jeg kunne forstå denne kroniske smerten. "Jeg er villig til å gjøre hva som helst for å bli kvitt den," sa jeg. Deretter ble jeg stående og vente i flere minutter

Jeg var nær ved å gi opp da de kom fremover og strakte frem hendene for å åpne opp kroppen min. Da jeg så hodeskallen og ryggraden min, og det punktet hvor de to var knyttet sammen hvisket jeg, "Det er noe der som ikke ser ut som det hører til i kroppen." Jeg så fascinert på mens de jobbet. Hva det nå enn var, så var denne tingen festet til ryggraden min. Før jeg rakk å spørre hva det var sa de; **"Du gjør de rette tingene."** Jeg hadde et sunt kosthold, jeg fikk nok mosjon, og jeg mediterte. "Ja," sa jeg, "men jeg har allikevel vondt."

"Oj," ropte jeg ut da jeg så en rad med kroker som var stukket dypt ned i både kjøttet som lå rundt og i selve benet på ryggraden min. Bestemødrene drog i dem, og løsnet dem langs hele den høyre siden. Da de gjorde det fikk jeg en stikkende følelse som gikk opp og ned langs ryggen min. Musklene mine i dette området var helt røde og betente. "Takk, kjære Gud," ropte jeg mens de dekket ryggen min med et rykende grøtomslag.

"Må jeg sitte fast i de krokene?" klynket jeg. **"Vi kan ikke gjøre mer for øyeblikket"** sa de. **"Tiden er ennå ikke inne for å frigjøre deg."** De tørket tårene mine mens de trøstet meg, **"Den vil komme."** "Men Bestemødre, hvordan skal jeg håndtere smerten frem til frigjøringen kommer?" **"Vi er her,"** sa de mens de vugget meg i armene sine.

Jeg lå så deilig mens de holdt om meg. Solen flommet over oss og gav oss lys og varme, og til slutt ble jeg rolig. De hadde sagt at etter hvert ville jeg slippe smertene og jeg trodde på dem.

Da jeg atter så ned på meg selv hadde jeg fått tilbake ørneskikkelsen min. "Hm-m-m," sa jeg funderende, "Da jeg kom hit i dag hadde jeg en manns skikkelse, og var såret og nedbrutt. Nå er jeg en ørn. Bestemødre, hvorfor var jeg en mann da jeg kom?" «**Du var totalt yang,**» sa de. **"Yang energien gjorde at du var helt på randen av utmattelse."** Det var all prøvingen min, all bekymring knyttet til det å gjøre ting helt riktig, de siktet til. Dette var alle symptomer på for mye yang, og jeg hadde hatt dem lenge. Det var ikke rart jeg hadde sett ut slik jeg gjorde.

De tok meg med til kanten av sirkelen deres og pekte ut i horisonten hvor jeg kunne se noe som beveget seg. Støv ble virvlet opp og dannet en sky over det som beveget seg. Da jeg kom nærmere kunne jeg skimte at det var et dyr av et eller annet slag, bundet til en påle. Dyret likte ikke å være tjoret og sendte en sky av støv og sand opp i luften mens det galopperte frem og tilbake.

Jeg hadde ikke lyst til å komme for nær dette dyret. Fra der jeg sto så det ut som en vill okse. Den peste, og fråden sto rundt munnen mens den løp fra side til side. Den rykket i tjoret mens dampen sto fra ryggen dens.

Den virket både skremmende og utslitt på en gang. Hver gang den kastet seg bort fra pålen ble lærstroppen den var bundet fast med strukket litt lenger og tjoret ble stramt. Dette hadde tydeligvis pågått en stund for nå var det bare så vidt tjoret holdt.

Mens jeg undret meg over hvorfor Bestemødrene viste meg dette sa de, "**Yang energien holder på å gå amok. Vi viser deg yang energien slik den er i dag.**"

Oksen som sloss fordi den var begrenset av tjoret representerte yang. Akkurat da dundret oksen forbi oss, helt manisk, og den hadde et så vilt uttrykk i øynene, at jeg måtte hoppe bakover. Bestemødrene signaliserte at jeg skulle stille meg bak dem og sa, "**Yang er fullstendig ute av kontroll.**"

Vi sto sammen mens beistet nok en gang kastet seg bortover så langt det kom. Deretter kom det stormende tilbake den veien det hadde kommet og raste mot den andre enden av tauet. "**Det er ingen kraft på jorden som er sterk nok til å danne en motvekt til denne yang energien slik den nå er helt ute av kontroll,**" sa de. "**Yin er helt tappet for styrke og ute av stand til å stagge denne yang kraften, som har blitt stadig villere og mer voldelig. Alle menneskene som lever i denne tiden som preges av denne krasse ubalansen har begynt å tro at det er slik livet skal være — fylt av en overveldende voldsomhet. Denne ubalansen mellom yin og yang, hvor yang dominerer, har gjort at dere har fått et forvridd syn på livet. Det har ført til at dere tror at denne volden er uunngåelig.**»

«Yin,» nynnet de, "**er å vente. Yin er å holde,**" sang de og la trykket på "**holde**". "**Yin er en container, en container vi kan fylle. Vi vil fylle deg.**" Da jeg kom til dem i dag var jeg en såret mann, utslitt av å ha prøvd for hardt. Halvhøyt mumlet jeg, "Dette var hva jeg trengte — å la dem fylle meg." Den maniske okselignende yang energien hadde utmattet meg fullstendig.

"**Pass på at du ikke farer avgårde på egen hånd nå,**" sa de, "**og prøver å gjøre alt selv. Det er den gamle måten,**" sa de og ristet på hodet i avsky. De boret meg fast med alvorlige blikk og sa, "**La oss fylle deg.**"

Mens jeg satt der på podiet i ørneskikkelsen følte jeg meg så mye bedre enn da jeg begynte på denne reisen. Jeg hadde allerede gjenvunnet noe styrke, og kunne nå bevege både hodet og vingene mine. Uten at jeg en gang hadde spurt hadde Bestemødrene svart på spørsmålet mitt om hvordan jeg skulle skille de beskjedene som hjernen gav meg fra de beskjedene jeg fikk fra dem. Jeg måtte kjenne på følelsene mine.

"Bestemødre," sa jeg, "det kjennes så deilig å være sterk igjen, å sitte slik godt forankret. Tusen takk," sa jeg og bøyde det fjærkledte hodet mitt. "Tusen takk til deg også, Ørn," sa jeg og snudde meg rundt for å anerkjenne min eskorte og min venn.

På vei tilbake til den ordinære virkeligheten tenkte jeg over denne reisen. Intellektet mitt som hadde giret meg opp til å gjøre ting som jeg kunne se var meningsløse. Disse meningsløse tingene som tankene hadde vært opptatt av hadde sugd all energi og selvtillit ut av meg. På samme måte som oksen hadde hodet mitt blitt helt utkjørt av alle disse tankene som ikke hadde noen hensikt eller mening. Jeg hadde blitt drevet frem av yang, og lik oksen hadde tankene mine rast frem og tilbake, uten mål og mening. På den måten hadde jeg såret hjertet mitt som kun hadde behov for å kunne motta. Dette var yang-tyranniet i arbeid. Jeg kjente godt til det. Jeg hadde levd med det hele livet. Men jeg ønsket ikke lenger å ha det på denne måten.

KAPITTEL 9

Lysnettet

"Dette er Nettet som vil holde jorden sammen"

Jeg var lei av det smertefulle overskuddet av yang og trengte å finne en måte å forankre meg i yin energien på, men hvordan skulle jeg få til det? Dette var spørsmålet jeg ville stille på min neste reise, men da jeg sto der foran Bestemødrene, klar til å spørre var det de som snakket. **"Vær glad i døtrene og sønnene, på samme måte som du er glad i Moren,"** sa de. **"De er alle hennes barn. Fortell dette videre, til de yngre, til de eldre, og til andre som ikke vet det. Spre det videre."**

Jeg antok at den første setningen betydde at jeg skulle være like glad i alle menneskene som det jeg var i Gud Moder, siden alle er hennes barn og del av den samme familien. Men hva mente de med **"Spre det videre?"** Bestemødrene ignorerte imidlertid mitt spørrende ansikt og fortsatte å snakke med stor autoritet.

Jeg satt der og lyttet til dem, da to søstre som forrige måned hadde kommet til seremonien for å vekkes til den indre kraften plutselig dukket opp foran meg. Selv om jeg visste at begge to var i India for øyeblikket så jeg dem like klart som om de hadde sittet rett foran meg. Bea hadde på seg en blå kjole og smilte sitt brede smil, mens Peggy sto like bak henne, holdt hodet litt på skakke og smilte et lurt smil som for å si, "Dette hadde du nok ikke forventet." En tynn tråd av lys forbandt dem med meg, og meg med dem. **"Dette er den tråden av lys som knytter sammen alle de kvinnene som har tatt imot vår oppvåkning til den indre kraften,"** sa Bestemødrene.

Jeg så på mens de brakte frem foran meg hver enkelt kvinne som hadde deltatt i seremonien for å vekke vår indre kraft. På bakken foran oss var det spredt utover et lysende nett. Hver enkelt sto på et sted i nettet hvor to av lystrådene krysset hverandre, og dannet enten et kors eller en x. Dette nettet spredte seg langt avgårde i horisonten og det virket som det ble holdt på plass og opplyst av disse kvinnene.

Det var også andre mennesker som var en del av Lysnettet, men de var lenger borte, og jeg klarte ikke å se ansiktene deres. Bestemødrene sa, "**Sammen danner dere et nett, et Nett av Lys. Dette er et nettverk, et kjærlig Nett, og alle i dette Nettet er i familie med hverandre.**" De rettet seg majestetisk opp som de dronninger de er og kunngjorde, "**Dette er Nettet som vil holde jorden sammen. Det Nettet,**" gjentok de, "**som vil holde jorden sammen.**"

Dette var det samme Lysnettet som de hadde nevnt tidligere. En essensiell del av deres budskap, for dette Lysnettet gir oss en mulig å støtte hverandre og til å støtte jorden. Det lyset som beveger seg i hver tråd er en visuell bekreftelse på kjærlighet. I Nettet er lys synonymt med kjærlighet. Fordi dette Nettet jobber direkte med kjærlighet vil vi bli redskap for positive endringer på jorden når vi er forbundet med det.

De første årene var det bare kvinner som kom sammen for å gjøre Bestemødrenes arbeid. Etter hvert som det begynte å komme menn til møtene våre gav Bestemødrene meg seremonien for å gi dem trivselens kappe. På den måten kan menn så vel som kvinner bli en del av Lysnettet og ta del i det å bringe yin energien tilbake til jorden.

Det er essensielt at vi på dette tidspunktet i jordens historie aktiverer dette Lysnettet. Nettet er en strøm av energi og en metafor for den kjærlighetsfulle forbindelsen som holder og opprettholder jorden. Mens jeg stirret på dette nettverket av kryssende streker foran meg sa Bestemødrene, "**Mediter over dette Lysnettet. Bruk det til å støtte hverandre, til å støtte jorden, og for å styrke yin energien på jorden.**"

"**Ikke ta tilsynelatende små gjerninger som dette for gitt,**" fortsatte de. "**Enhver endring i den menneskelige bevisstheten, uansett hvor ubetydelig den måtte virke, bærer i seg vidtrekkende implikasjoner.** "

"For en gave dere gir oss, Bestemødre," sa jeg. "**Det er *vår* gave,**" sa de, og ut i fra trykket de la på "vår" skjønte jeg at de på sin sjenerøse måte inkluderte alle når de refererte til det å gi. "**Det er *vår* gave til hverandre og til HENNE, som vi alle er en del av.**"

I det de sa, "***Henne* som vi alle er en del av,**" ble vi vår tilstedeværelsen fra Gud Fader/Moder, den Elskede. Luften dirret av lys idet bølger av kraft skylte over meg, og selv om jeg fremdeles var midt i reisen min til Bestemødrene, var jeg også i India med Bea og Peggy. *Jeg var overalt.* Bestemødrenes ord om å, "**Dekke hele jorden.**" dukket opp i hodet mitt i det jeg følte meg ett med Gaia, den fantastiske Moder Jord. Jeg vokste og vokste til jeg ble så enorm at jeg holdt jorden tett til hjertet mitt med uendelig store vinger/armer (jeg vet ikke hva de var).

Den ømheten og kjærligheten som jeg følte gjorde nesten vondt. "Jeg klarer ikke å holde denne ærefulle følelsen i kroppen min," hulket jeg. **"Nyt den gaven du har fått."** sa de, mens øynene deres strømmet over av kjærlighet. **"Gled deg over den."** Jeg hadde aldri før sett slike blikk.

Etter hvert ble jeg rolig, og tilbrakte resten av reisen med å nyte den kjærligheten som omga meg. Da trommeslagene endret rytme og jeg bega meg tilbake til den ordinære virkeligheten var jeg så fyll av kjærlighet at kroppen min skalv og føltes som om den var opplyst. Resten av dagen var jeg så fredfull at jeg ikke sa et eneste ord.

"Lysnettet arbeider gjennom deg. Alt godt og all godhet flyter gjennom det."

Etter et par reiser til den nedre verden, drog jeg tilbake for å lære mer om Lysnettet. Bestemødrene hadde bedt meg om å «gi det videre», men hvordan skulle jeg gjøre det?

I dag viste de seg i menneskelig form. Etter at de hadde plassert meg midt i sirkelen ba de meg om å snu meg sakte rundt — bare noen grader av gangen. Mens jeg roterte fylte hver enkelt Bestemor meg med styrke. De sendte den til meg både bak, foran og på sidene helt til jeg summet av energi.

"**Hver person er en juvel i Lysnettet,**" sa de, "**og hjelper til å holde Nettet sammen.**" Nok en gang så jeg alle kvinnene som hadde mottatt deres oppvåkning til den indre kraften. Det glødet av dem, og bak dem sto det rader på rader av mennesker. Mens jeg så på dem fortsatte Bestemødrene, "**Den gløden du ser i Nettet er som lyset fra juveler.**

"**Du skal vite at dette Nettet er virkelig. Gjennom å vite om det og å være ett med det gjør du noe uvurderlig godt.**" Jeg lyttet. "**Uten å måtte tenke, uten noen form for anstrengelse, uten å være bevisst på at det skjer, men bare ved å være ett med styrken i Lysnettet, gjør du noe uvurderlig godt.**

"**Først skal du tenke på Lysnettet. Deretter skal du tenke på deg selv som et skinnende lyspunkt i Nettet. Dette vil gi deg fred, glede og tro på Selvet, med stor S!**" sa de.

"**Lysnettets arbeid skjer gjennom deg. Det gjøres i stillhet. Hjernen kontrollerer ikke dette. Dette arbeidet gjøres gjennom den juvelen som er i hjertet ditt, gjennom den du *Er*. Alt det gode og all godhet kommer fra dette.**

"**Dere har en tilknytning til oss og til hverandre gjennom dette Lysnettet,**" sa de. "**Fryd dere over det. Det er en spesiell velsignelse** å være del av dette Nettet, og ingen tilfeldighet." Deretter viste de meg at jeg skulle formidle Lysnettet videre til andre gjennom en guidet meditasjon.

Jeg var rørt over sjenerøsiteten i dette Nettet, men jeg var også ganske rystet over kraften i dets potensial. Bestemødrene hadde aldri vært mere veltalende, og jeg hadde lyttet med store øyne mens munnen min hang åpen i ren ærefrykt.

De lo, og gjorde narr av meg på en mild måte, fordi jeg fortsatt næret en ærbødighet for dem. De ertet meg for hvordan jeg fortsatt så på meg selv som et barn og dem som voksne. De ristet på hodene sine som for å si, "Når har du tenkt å komme deg over det stadiet?" mens de overøste meg med kjærlighet.

"Universets veldige overflod ønsker seg et sted det kan manifestere seg. Det kan det kun gjøre i et åpent hjerte."

Jeg ga Lysnettet videre til mange grupper og vi øvde oss på å sende Nettet ut til alle på jorden som lengter etter en tilknytning. Etter hvert var det imidlertid flere kvinner som spurte, "Kan menn være med i Lysnettet?" Jeg visste ikke svaret på dette, men det gjorde Bestemødrene.

"Det er ikke mange menn som vil bli tiltrukket av ideen om et Lysnett," sa de. **"Hvis de er det, er de velkommen, men det vil bare være menn som allerede har en god balanse av yin og yang som vil føle seg tiltrukket av det. Det er ikke så mange av dem,"** sa de. **"Det som holder Nettet oppe er hovedsakelig yin energien i kvinnene. Menn er velkommen i Nettet,"** sa de, **"men det er få slike menn."** Menn er i sin natur mer yang, mens kvinner er mer yin. Det er lettere for kvinner å forholde seg til Lysnettet fordi det i seg selv er en yin konstruksjon (nærende og støttende), og fordi kvinner bærer i seg mer yin enn yang.

"Når du sender lys ut i Nettet så send det primært til kvinner," sa Bestemødrene. **"Nettets primærfunksjon er å støtte jordens oppbygging. Dets sekundærfunksjon er å redde og støtte enkeltmennesker."** De forklarte videre, **"Send det til kvinnene først siden det er dem som bryr seg mest om Nettet, som tror på det og vil forholde seg til det.**

"For de fleste menn vil Lysnettet hovedsakelig virke som en ide. Siden de ikke forstår det vil de ikke forholde seg til det. Alle menn vil nyte godt av Nettet, akkurat som alt som lever vil det, men når du sender ut Nettet så fokuser hovedsakelig på kvinner." Jeg hørte hvor riktig, hvor økonomisk det var det de sa. For at en yin konstruksjon (Lysnettet) skal fungere effektivt trenger det en yin operatør (en kvinne).

«Er det noe mer dere ønsker å si om Lysnettet, slik at jeg kan forklare det bra,» spurte jeg. "Stol på at det å gi alltid er det samme som å få," sa de. "*Når du begynner å gi fra hjertet* vil det alltid føre til at du vil få mer tilbake. Andre former av å 'gi' er ikke å gi i det hele tatt. Det er kun fra hjertet at vi virkelig gir.

"Universet vil gi støtte til et åpent hjerte. Universet *venter* på et åpent hjerte. Universets veldige overflod ønsker seg et sted det kan manifestere seg. Det kan det kun gjøre i et åpent hjerte." De ristet på hodet i undring. "Dere har ingen ide om hvor mye glede det er i himmelen når ett hjerte åpner seg. Den veldige overfloden vil umiddelbart fylle dette hjertet.

Fulle av lidenskap fortsatte de, "Du ville bli gitt så mye mer, så *mye, mye* mer, hvis du bare ville åpne deg! Det er som å fylle på fra en pumpe. Selv om du bare heller ut litt av vannet i hjertet ditt vil du få en flom av vann tilbake." De lo mens de fortsatte, "Det er ingen som forstår dette." De holdt seg for magen av latter mens de frydet seg over den overraskelsen vi har i vente når vi forstår det.

"Hjertet ditt mottar en gave når det gir gjennom Lysnettet, og denne gaven kommer til deg via sansene dine. Den kan komme som et vindpust, omfavnelsen fra en venn, duften av blomster, av havet eller av furu. Vakre farger, lyder, noe vakkert å se på, og smaker — å, det er så mange gaver som gis til deg. Du har ingen aning," lo de, og fortsatte, "Vær oppmerksom, disse gavene er utallige."

Strømmen av informasjon overveldet meg, men de var ikke ferdige ennå. "Du lever nå i denne veldige overfloden," sa de. "Dette er," sa de og tok en pause som for å lete etter det riktige ordet ..."en hemmelighet. Det har *blitt* en hemmelighet," korrigerte de seg selv. "Det er ingen som anerkjenner at vi alle i dette øyeblikket lever i denne veldige overfloden." Mens de så meg inn i øynene ba de meg/oss innstendig, "Åpne opp hjertene deres! Gi! Send lys, slik at mer kan strømme til deg."

"Disse meditasjonene sikrer at arbeidet vi gir går inn i margen, inn i kropp og sjel, og forblir der, slik at det blir til sannhet."

Da jeg spurte hva de ellers ønsket at jeg skulle videreformidle sa de, "Vi gir dere disse meditasjonene og visualiseringene for å forankre vårt budskap. De sikrer at det arbeidet vi gir deg går like inn i margen, inn i kropp og sjel og forblir der, slik at det blir til sannhet. Du vil kjenne denne sannheten," sa de, "den er ikke noe som bare vil som passere gjennom hodet ditt.

"Lysnettet er et eksempel på en slik meditasjon. Start med å tenke på det som et opplyst fiskegarn. Hver enkelt tråd blir holdt oppe av den enkelte person. Den blir ikke holdt gjennom en bevisst handling fra den enkelte, men gjennom det at man lever. Det er de kvinnene som har mottatt oppvåkningen til indre kraften og de mennene som har mottatt trivselens kappe som lyser opp Nettet sterkest. Fra dem spres det videre til andre.

"Lysnettet skaper et paradigmeskifte, en endring i bevisstheten som vil utvikle seg og føre til fysiske endringer (en endring i materien). Det lyset som skinner ut fra hver enkelt person går nedover, ned i jorden, og spres overalt." Mens de snakket så jeg at det skjedde. Jo flere mennesker som tok tak i det, jo sterkere glødet Lysnettet. Det var akkurat slik Bestemødrene hadde sagt; trådene i Nettet spredte seg utover og dekket hele verden.

"Du vil kjenne det sprudlende livet i Lysnettet i årene dine og oppleve at lyset strømmer fra hjertet ditt. Det lyset som blir sendt fra hjertene deres vil komme tilbake til dere gjennom øynene, ørene og pusten deres." Mens de snakket begynte det å strømme en energi ut fra hjertet mitt, samtidig med at sansene mine våknet til liv. Pusten min ble dypere.

I flere minutter hørte jeg bare denne dype pustingen. Så sa de, **"Det å kunne gi og få gjennom Lysnettet er en kjempeopplevelse."** De hadde ofte snakket om det å utvide seg, og noen ganger hadde de gitt meg en smakebit av det, men det jeg følte nå var hinsides dette. Når jeg skuet utover så jeg hvordan menneskenes sjeler spredte seg ut over jorden på en måte jeg aldri hadde forestilt meg. Jeg kunne også føle hvordan jeg selv var utvidet. Jeg var allvitende og tilknyttet universet, og kroppen min bredte seg utover og dekket hele universet.

Jeg var så opprømt over det jeg så at jeg ønsket at alle skulle få del i det. "Folk kan tegne dette Nettet, eller til og med danse det," tenkte jeg. "Det ville gjøre det mer virkelig for dem." Helt umiddelbart ble jeg fylt av tanker og ideer om mennesker som skrev, sang og danset. "Er dette Bestemødrenes tanker eller mine?" undret jeg meg, og hørte dem svare, **"Er det noen forskjell?"**

Jeg ristet på hodet og så opp på dem der de sto og klukklo. Deretter strøk meg over ryggen mens de sa, **"Den gruppen du arbeider med vil utvikle seg. De vil bli sterkere."** De nikket klokt på hodet, mens de fortsatte, **"De vil gjøre mye godt — på mange ulike nivåer. På nivåer de ikke har noen anelse om. Dette,"** sa de, **"er potensialet som finnes i Lysnettet."** Deretter lo de for å bekrefte at det virkelig var dem, Bestemødrene, som snakket.

"Nettet er forankret i hver enkelt," sa de, "og prosessen med å holde jorden har allerede begynt. Det er ikke nødvendig at du *gjør* noe. Det følger ikke noe ansvar med dette arbeidet — annet enn å glede seg over det. Og jo mer du ønsker å delta i dette arbeidet jo mer vil du glede deg."

"De som gjør dette arbeidet," smilte de, "vil oppleve mer glede. De vil bære gleden i seg." Med eller uten hjelp vil Bestemødrene sørge for den nødvendige endringen på jorden. De som velger å ta del i dette arbeidet vil ha gleden av å være med på å redde planeten vår.

"Bestemødre," sa jeg, "før jeg drar er det noe jeg må spørre om. Jeg er fremdeles redd for å gå ut med budskapet deres. Vær så snill og hjelp meg." De begynte å snakke seg imellom før de snudde seg til meg.

"Det å overkomme frykten for å gå i oppløsning" sa de, "er knyttet til det å virkelig kunne forholde seg til hvor vidtrekkende hver og en av oss faktisk er. Klarer vi å forholde oss til det vil frykten umiddelbart forsvinne, siden frykt i sin natur er knyttet til sammentrekning. Frykt er den tilstand som oppstår når man er redd for å bli fanget i det lille selvet.»

Mens jeg strevde med å forstå hva de hadde sagt, strakte de seg opp i sin fulle høyde. **"Det at du identifiserer deg med ditt lille selv er det som skaper frykten i deg,"** sa de. **"Når du forstår dette vil frykten helt enkelt forsvinne. Dette lille, redde selvet vil "løses opp" når man utvider seg. På samme måte vil utvidelsen skje når det lille selvet oppløses."** Når bevisstheten min utvidet seg ville frykten og bekymringen min bli mindre, og ettersom frykten min ble mindre ville bevisstheten utvide seg.

"Nå sprer vingene seg lengre, videre og høyere," sa de. Jeg følte at jeg var tilbake i min ørneskikkelse. Fokuset mitt var nå på vingene mine som begynte å slå, og løfte meg oppover. Når de åpnet seg la jeg merke til at de utvidet hjertet mitt. **"Kjenn etter hvordan det føles!"** sa Bestemødrene. **"Ha den følelsen i kroppen!"**

Det gikk opp for meg at hver gang jeg ble oppmerksom på min egen frykt skulle jeg huske å åpne opp og spre vingene mine, hjertet mitt. Hvis jeg lukket øynene ville jeg huske det store Jeg'et, mitt ørne-jeg. I stedet for å sloss mot frykten og bekymringene jeg hadde skulle jeg bare holde fast ved dette Selvet. Da ville mitt lille selv oppløse seg. I bunnen av alt dette lå den gamle overbevisningen om at jeg *var* dette lille selvet.

Mens jeg pustet dypt hørte jeg meg selv si, "Jeg er fuglen med de å, å, å ......lysende vingene!» Jeg hadde antatt skikkelsen til et mytologisk vesen, og det var ikke lenger noen grense for hvor langt jeg kunne strekke meg. «De sprer seg utover, utover og *U-t-o-v-e-r*," nynnet jeg, mens jeg så vingene mine spenne seg ut over fjell og daler.

Jeg steg oppover i en ekstatisk følelse, helt til trommeslagene endret rytme. Dette brakte føttene mine tilbake til bakken, og mens jeg sto foran Bestemødrene bukket jeg dypt, før jeg vendte meg mot Ørn og begynte tilbaketuren. Følelsen av å være utvidet, av å oppleve dette store Selvet, forble i meg lenge etter at jeg vendte tilbake til den ordinære virkeligheten. Det tok flere dager før jeg "landet".

Å meditere over Lysnettet forankrer Bestemødrenes arbeid på jorden. Jeg måtte reise til dem flere ganger før jeg forsto meditasjonen godt nok til å kunne videreformidle den, men til slutt kalte jeg sammen alle som hadde mottatt en oppvåkning til den indre kraften og delte den med dem. Fra den dagen utgjorde de en gruppe; og samlet seg regelmessig for å praktisere det budskapet som Bestemødrene gav. Med tiden vokste denne kjernegruppen fra de første elleve som mottok Bestemødrenes oppvåkning til den indre kraften (empowerment) til over hundre.

Merknad: Nå, flere år senere, har flere tusen kvinner og mange menn mottatt Bestemødrenes oppvåkning til den indre kraften og trivselens kappe. Nå finnes det grupper over hele verden som leser og studerer Bestemødrenes budskap.

Gruppen i Laguna Beach er satt sammen av mennesker i alle aldre. Den yngste er i tyveårene mens den eldste er over åtti. De fleste kvinnene og mennene er midt i livet. Det er mange kvinner som har mottatt Bestemødrenes oppvåkning til vår indre kraft og et mindre antall menn som har mottatt trivselens kappe. De fleste av dem er spredt utover hele jordkloden. De som bor i nærheten av Laguna Beach har blitt en fast del i Bestemødrenes arbeid gjennom gruppen her. Etter oppvåkningsseremonien gjennomlevde noen av dem dramatiske endringer i livene sine, mens andre opplevde mindre, men mer dyptgående endringer. Det har vært en stor glede for meg å oppleve hvordan de har vokst.

Bestemødrene sier, "**Gruppearbeidet forankrer vårt budskap for alle som lever, og bringer yin energien dypt ned i jorden.**" Arbeidet i denne gruppen har gagnet ikke bare dem, men alle.

Like etter at de hadde mottatt oppvåkningen til den indre kraften begynte folk å fortelle meg om endringer som skjedde i livet deres. Mary, for eksempel, hadde akkurat blitt førti da hun kom til sitt første Bestemødremøte. Hun hadde prøvd å bli gravid i over fem år, og delte med oss både sin lengten etter å bli gravid og sin desperasjon over å ikke bli det. En måned senere, mens jeg holdt på med å gjøre klar innkallingen til det neste møtet, ringte hun meg og fortalte at hun var blitt gravid. "Jeg har aldri tidligere trodd på mirakler, men Bestemødrene har virkelig utført ett nå," utbrøt hun. Åtte måneder senere fikk hun en liten sønn.

Mary fikk sin sønn, Carolyn fikk for første gang i sitt liv et godt forhold til en mann, og Lori fant den rette jobben. Mikael, som er en flott vitenskapsmann, åpnet sitt hjerte, i tillegg til sitt intellekt, og begynte å jobbe med en oppfinnelse som skal gagne menneskene. Det er så mange suksesshistorier, som alle dukker opp like i etterkant av oppvåkningsseremonier.

Det kan høres enkelt ut å fortelle historier som dette, men sannheten var at etter at vi hadde mottatt oppvåkningen til vår indre kraft fra Bestemødrene var det slik at vi *faktisk* forandret oss. Vi så det i oss selv, og i hverandre. Hver gang vi møttes frydet vi oss over å dele disse gledene med hverandre. Undrene skjedde, og de skjedde raskt. Men uansett hvilken form de hadde var det en felles tråd i dem alle; en økt tillit til Selvet. Like etter at jeg møtte dem sa Bestemødrene, **"Hver enkelt person er ikke bare et lite og begrenset "selv" men er del av noe mye større."** Det var dette **"Selvet"** vi nå opplevde.

Connie, som var en mild og forsiktig dame med et kreativt sinn, la godt merke til denne økte Selvtilliten. Hun var en anerkjent maler allerede før hun mottok Bestemødrenes oppvåkning til vår indre kraft, men hadde en tendens til å unnskylde seg for arbeidet sitt. På sitt første møte snakket hun så lavt og forsiktig at jeg nesten ikke kunne høre henne. Etter bare seks måneder med Bestemødrene kunne hun si, "Jeg er bedre til å male enn noen gang.

"Min oppfattelse av den kunsten jeg lager er annerledes. Det er også min oppfattelse av livet. Helt siden Bestemødrene kom inn i livet mitt har jeg reagert mye mer positivt på alt. Selv om de utfordringer og problemer jeg har i livet har forblitt de samme *er jeg annerledes*." Vi som så henne kunne ikke annet enn å være enig. Bestemødrene hadde lovet oss at livene våre ville bli lettere etter hvert som vi åpnet opp for yin energien. Det virket som det var slik.

Lucile fortalte sin historie om hvordan Bestemødrene svarte på hennes bønn. "Like etter at jeg mottok deres oppvåkning til vår indre kraft, og mens jeg ennå ikke visste særlig mye om dem, begynte jeg å føle en merkelig depresjon. Dette var veldig uvanlig siden jeg nesten aldri tidligere hadde følt meg deprimert, og det var ingenting i livet mitt som tilsa at jeg skulle føle meg slik. Jeg funderte over alt som hadde skjedd i livet mitt, men kunne ikke skjønne hvor denne tunge følelsen kom fra.

"Etter at jeg hadde følt meg deprimert i flere dager gikk jeg en dag langs stranden. Jeg satt meg ned i sanden og kalte på Bestemødrene. Jeg husker at jeg sa, "Jeg vet ikke om dere er virkelige eller ikke, men hvis dere hører meg, vær så snill å ta dette bort!" Jeg brydde meg ikke om hvorfor depresjonen hadde dukket opp; jeg ønsket bare at den skulle forsvinne. Jeg hadde ikke før spurt før jeg følte meg annerledes. Det var en fysisk følelse, av at depresjonen var borte, — og det skjedde nærmest umiddelbart. Det er to år siden det skjedde, og den har aldri kommet tilbake."

Ann fortalte, "Like etter at vi hadde fått barn mistet min mann jobben sin. Plutselig var vi en veldig vanskelig økonomisk situasjon. Den samme dagen fortalte Sandra meg om Bestemødrene, og slik gikk det til at jeg kom.

"Umiddelbart etter oppvåkningsseremonien begynte jeg å kommunisere med Bestemødrene. Jeg syntes det var litt rart å spørre om noe materialistisk i en slik åndelig sammenheng, og jeg var ikke sikker på at det var den riktige tingen å gjøre, men fordi familien min var i en så desperat situasjon spurte jeg likevel.

"Jeg drog hjem fra møtet og følte meg ganske fredfull. Neste dag fikk mannen min og jeg en ide om å lage en brosjyre for å reklamere for jobben hans. Ideen syntes å komme ut av tomme luften. Vi lagde den så godt vi kunne, og ikke før hadde vi begynt å sende den ut før pengene begynte å komme inn. I løpet av to, tre uker ble hele vår økonomiske situasjon snudd på rett kjøl igjen. Selv om jeg aldri kan være sikker på hva som gjorde at hellet vårt snudde til det bedre er Bestemødrene de eneste jeg kan knytte det til."

Hver enkelt person utviklet sitt eget forhold til Bestemødrene. Rich kan kjenne at alle Bestemødrene står rundt ham på kontoret hans, spesielt når han jobber med en pasient. For noen er det en spesiell Bestemor som stadig vekk dukker opp. Stephanie har for eksempel en svart Bestemor som alltid er med henne, mens Helgas Bestemor ser ut som en indianer. Stephanie er ikke svart og Helga er ikke indianer, men slik er det bare. Noen føler at de har to eller tre Bestemødre rundt seg, mens andre opplever at hele gruppen er der. For noen er Bestemødrenes tilstedeværelse helt tydelig. Andre opplever dem litt mer vagt. De er imidlertid *tilstede*. Det er vi alle enige om.

Gjennom å dele disse inderlige erfaringene har det oppstått en følelse av nærhet i gruppen. Etter at vi har meditert ber jeg alle om å være stille, og å holde fokus innover i seg selv, men for mange er det vanskelig. Den gleden som veller frem i dem er umulig å holde tilbake. Det er vanskelig for dem å dra fra disse møtene, og mange av dem går ut til lunsj sammen for å holde på den gode følelsen så lenge som mulig.

Min mann spurte meg en gang om hvorfor folk fortsatte å komme til disse møtene. Da jeg la spørsmålet hans frem for gruppen svarte de, "Det fyller meg", "Det er som i kirken, bare mye bedre", "Det er kjærlighet", "Bestemødrene har forandret meg".

Selv om det ikke er mulig å understreke tydelig nok hvordan mennesker forbindes gjennom Lysnettet kan det kanskje best illustreres gjennom Shirleys historie. Shirley har vært med helt fra begynnelsen. Jeg ringte henne en morgen, og da hadde hun nettopp kommet hjem sykehuset. Selv om hun fortsatt var svak og holdt på å komme seg etter å ha vært kraftig nedkjølt, ønsket hun å fortelle meg hva som hadde skjedd med henne.

Det hadde vært en skikkelig varmeperiode, så hun hadde tatt med seg sin ti år gamle sønn og vennen hans på campingtur. Da de kjørte inn på campingplassen la hun merke til alle menneskene som var ute og badet i elven ved siden campingplassen. De hadde ikke før gått ut av bilen før de tok med seg de store baderingene og løp ned til elven de også.

De tre fløt rolig avgårde nedover elven, og lo når de fløt ned gjennom små stryk. For det meste fløt de bare med strømmen inntil de kom til et tre som var falt ned i elva under vårflommen. Et tre som ligger slik halvveis under vann i en elv kan være farefullt. Det var ikke Shirley klar over. Guttene hennes fløt rett forbi det, men før Shirley skjønte hva som hendte ble hun og baderingen tatt av strømmen og sugd inn under treet.

Kreftene som hadde sugd henne under vann presset henne mot trestammen i noe som virket som en evighet. Da hun endelig klarte å finne en åpning mellom grenene gjorde kreftene i vannet at hun nærmest ble låst fast til akkurat dette punktet. Hun hadde hodet over vann, og hun kunne puste, men hun klarte ikke å bevege seg.

Da sønnen hennes oppdaget at moren var borte klatret han ut av elven. Han så hodet hennes som dukket opp av vannet og løp til elvebredden for å redde henne. Hun var livredd for at han også skulle bli dratt under og skrek til guttene at de skulle løpe opp til veien for å hente hjelp. I mellomtiden tro hun vannet så hun holdt hun seg flytende og ventet.

Vannet i elva kom fra snøen som hadde smeltet i fjellene, og selv om det var midt på sommeren føltes det kaldt. Det ble etter hvert så kaldt at hun mistet følelsen i bena og skjønte plutselig at hun kanskje ikke ville overleve. Tanken sjokkerte henne så mye at hun ble helt tom i både kropp og sinn. Da hun prøvde å meditere eller å be klarte hun ikke å konsentrere seg nok til å gjøre noen av delene. Men hun var i stand til å tenke på gruppen som hun hadde deltatt i gjennom flere måneder. "Det var det som holdt meg oppe," sa hun. "Jeg tenkte på hvordan jeg var forbundet med hver og en av dere gjennom Lysnettet."

"Hele den tiden jeg lå i vannet var det en beroligende tilstedeværelse som var der sammen med meg. Den tok bort all frykt som jeg normalt ville ha hatt. Jeg ble helt overrasket over hvor rolig jeg var. Det var så enkelt. Jeg klarte ikke å tenke på noe annet. Alt jeg klarte å tenke på var gruppen og Lysnettet. Det var alt. Etter at jeg kom på dette følte jeg at jeg var forbundet, og overga meg til det som måtte skje." Hun ventet i det kalde vannet, og visste at hun kunne komme til å dø, men hun var ikke redd. Til slutt kom redningsmannskapet og dro henne ut av elven.

Jeg gråt da hun fortalte meg hva som hadde skjedd med henne. Det var tårer av takknemlighet overfor Bestemødrene som hadde gitt oss dette fantastiske verktøyet. Hennes forbindelse med Lysnettet hadde tatt bort den frykten hun hadde. Den hadde gitt henne fred midt i en ekstremt vanskelig situasjon. Jeg deler Shirleys historie med dere fordi den viser både kraften i Lysnettet og det intense båndet det skaper mellom dem som bruker det.

KAPITTEL 10
Tiden er kommet for at Yin og Yang skal flytte på seg

"Vi lever i en tid hvor menneskenes syn er fordunklet. Mange lever i frykt."

Selv om jeg var hundre prosent sikker på sannheten i det Bestemødrene fortalte hendte det stadig at jeg kom i veien for meg selv. Like etter at jeg hadde hørt alt det medlemmene i gruppen fortalte falt jeg nok en gang i tvil. "Jeg er glad for at disse kvinnene opplever styrken og roen fra Bestemødrene," sa jeg til meg selv, "men de er kun noen få." Intellektet mitt var travelt opptatt med å bagatellisere verdien av det arbeidet jeg holdt på med.

Denne negative tankegangen, der jeg ga etter for tvilen, begynte å komme ganske ofte. Selv om det ikke var noen grunn til at jeg skulle føle noe negativt knyttet til Bestemødrenes arbeid gjorde jeg det allikevel. Hvorfor det? Jeg funderte over årsaken, men fant ikke noen god grunn.

Så jeg bestemte meg for å legge dette problemet frem for Bestemødrene, men da jeg fløy oppover slo det meg at det var den hellige mannen jeg egentlig ønsket å snakke med. «Han har vært med meg lenge,» sa jeg. «Han er som en far, bare bedre.»

Så snart jeg tenkte denne tanken så jeg meg rundt, og der sto han. Det virket som han glødet. I stedet for å ønske meg velkommen tok han meg i hånden, og før jeg fikk sagt et ord marsjerte han meg avsted til kanten av en klippe. Mens han pekte ut i den fjerne horisonten sa han, **"Se!"**

Jeg så, men kunne ikke se noe særlig, bare et stort mørke. Gråe skyer hang over et mørkt landskap som strakte seg ut foran meg. Røyken og skyene som hang i luften fordunklet alt. **"Dette,"** sa han, **"er det mørket som dekker jorden og som truer med å dekke den enda mer. Og** *dette,"* sa han mens han pekte strengt på det, **"er det mørket som truer med å dekke deg!"** Han ga meg et skremmende alvorlig blikk mens han fortsatte, **"Du mister hensikten av syne."**

"Hva?" stammet jeg, men han ville ikke si noe mer. "Nei, vær så snill!" ropte jeg skrekkslagent. Umiddelbart hørte jeg, **"SKJÆR DET BORT!"** samtidig som en kniv fôr ned fra over hodet mitt og en mørk masse falt bort, først fra den venstre siden av kroppen min og deretter den høyre. Denne mørke massen hadde hengt fast i brystet mitt!

Den hellige mannen hadde laget et kutt langs brystbenet mitt, helt inntil huden, og dratt det av meg, både på høyre og venstre side. "Kjære Gud," klynket jeg, "jeg hadde aldri trodd at det var noe slikt. Jeg trodde at jeg hadde gjort noe galt. Det var derfor jeg kom i dag. Jeg trodde at jeg *selv* hadde forårsaket min egen motløshet. Jeg trodde at det var innstillingen min det var noe i veien med, på grunn av meg at ......"

"Nei, nei," sa han og viste meg at det jeg hadde trodd var *'min egen'* motløshet faktisk hadde vært denne mørke massen. Jeg skalv mens jeg betraktet det hele. Jeg hadde aldri drømt at noe så skrekkelig kunne være tilfelle. Helt rolig rettet han opp ryggraden min mens han styrket den. **"Må ha ryggrad,"** sa han. **"For mye tvil.**

"For øyeblikket er det vanskelig å opprettholde troen uten å begynne å tvile." Det sørget den grå massen for, den som jeg hadde sett. Motløsheten og tvilen jeg hadde følt var ikke personlig. Samtidig kom jeg til å tenke på den sorte tingen som hadde sittet fast i brystet mitt og begynte å skjelve igjen.

Jeg betraktet ham mens han skrelte bort de siste restene fra ryggen min og så at det faktiske lignet på en tung frakk. "Det er derfor det har vært så vanskelig for meg å nå frem til mennesker med dette budskapet," sa jeg. "Jeg har vært tynget ned." Deretter slo det meg at de som jeg hadde ønsket å nå frem til også hadde vært tynget ned. *Alle* var dekket av denne grå massen.

Ettersom han skrelte stadig flere lag av ryggen min følte jeg en utrolig lettelse. **"Du må la ditt lys skinne,"** sa han, og da jeg så ned så jeg at jeg faktisk *skinte*. Det var et lys som skinte stadig sterkere, og som strømmet ut fra ryggen og fronten min. **"For mye mørke, for lenge,"** sa han.

Et skimrende lys lyste fra huden min og beveget seg utover helt til jeg glødet og summet. Mens jeg nøt det hele kom jeg til å tenke på møtet jeg skulle være med på i kveld. **"Gå i kveld,"** sa han, **"og vær et lys. Uansett hvor du går vil du bære dette lyset med deg.**

**"Menneskenes syn er i disse dager formørket, og mange lever i frykt. Lyset inni hver og en av dem er faktisk sterkt," sa han, "men det lyset som skinner ut fra dem er lite.

"Ikke bruk andre som en referanse," sa han, og gjennom meg snakket han til oss alle. Siden folk flest ikke er klar over det lyset de bærer i seg, vil de heller ikke være klar over lyset i andre. Derfor kan vi ikke lete etter bekreftelse hos hverandre. Vi må vende oss mot lyset inni oss selv, ikke til det mørket som tilslører verden rundt oss. "**Søk det Guddommelige. Hva har du noen gang tjent på å holde igjen?**" Han inspirerte meg for at jeg skulle være modig. "**Har det noen ganger kommet noe godt ut av å gjemme seg i mørket?**

"**Stå Frem I Lyset Nå!** Ikke vær som et barn som sutrer etter å få se meg, som klynker etter min godkjennelse. Stå frem i lyset og *vær det*! Vær i denne vertikale kraften,**" sa han og viste hvordan det å være i dette lyset strakte meg opp i full høyde. Jeg sto støtt og kroppen min pulserte.

Kraften i lyset fylte meg, og jeg strakte meg mens jeg ble ett med det. "Dette er min natur," tenkte jeg; "det er *hver enkelts* natur. "Hvordan kan vi *vite* at vi er samstemte, at vi lever i tråd med det guddommelige forsynet?" spurte jeg. "**Rett deg opp,**" sa han. "**Når du retter deg opp**" sa han, mens han sto rett, "**vil det Guddommelige være i deg. Når ryggraden din er rett vil den være åpen for det Guddommelige — alltid. Rett deg opp når du står, rett deg opp når du sitter, VÆR det lyset som du er, og hver gang du begynner å tvile, rett deg opp.**"

Plutselig sto Ørn ved siden av meg. Vingene hans var mine vinger, holdningen hans var min. "**Du vil fly høyt,**" sa den hellige mannen. "**Det ligger i din natur å gjøre det. Ikke noe mer kryping i sølen,**" sa han og holdt opp pekefingeren. "**Det er ikke slik du er. Fly høyt.**"

Nå dukket også Bestemødrene opp. *"Våg å anerkjenn styrken din,»* sa de, og idet jeg trådte frem vellet styrken opp gjennom meg. Føttene og bena mine var plantet i jorden og jeg var så massiv og så forankret at jeg kunne ikke ha beveget meg om jeg så ville.

Da reisen var over og jeg var på vei tilbake til den ordinære virkeligheten dukket det opp en tanke som jeg syntes var så viktig at jeg skrev den ned. Jeg inkluderer en siste beskjed fra Bestemødrene som de gav for å sette tingene i perspektiv. "**Du er ikke spesiell,**" sa de, "**ikke mer spesiell enn alle andre. Men du må være sterk og vise storhet, for det er en nødvendig del av dette arbeidet.**"

Det tok tid før jeg klarte å integrere denne reisen. Akkurat som tidligere hadde også denne reisen tatt for seg tvilen, men denne gangen viste det seg at tvilen var knyttet til en kosmisk tilstand. Til forskjell fra hva jeg hadde erfart under tidligere reiser, var mørket denne gangen ikke personlig.

Litt senere snakket jeg med Mahri, et av medlemmene i gruppen som i mange år hadde levd med en sterk åndelig bevissthet, og tok opp temaet om frykt. "Tvil er en form for frykt," sa hun. "Jeg har skjønt at uansett hvilken form den har vil frykten alltid komme fra egoet. Det er dét det dreier seg om. Det er faktisk det lille selvet som er redd.

"Egoet ditt vil forsøke å opprettholde seg selv. Det bruker frykten og tvilen for å kontrollere deg. Årsaken til frykten for å stå frem eller ikke med Bestemødrenes budskap er faktisk den samme. En dag sier egoet ditt, du er 'ikke verdig'. En annen dag sier det, 'dette er virkelig flotte greier'. Man blir så opptatt av å uroe seg om hvorvidt man er verdig, eller lure på om man er for selvhøytidelig, at man ikke klarer å holde fokus på det man skal gjøre. Egoet er en smart faen.

"Mangel på sikker fremtreden viser at det er behov for å være mer vertikal"

Et par dager senere, inspirert av mine opplevelser med den hellige mannen og Mahris ord, reiste jeg til den nedre verden for mer styrke. "Jeg er så glad i deg, Bjørn" sa jeg og gav han en klem til hilsen. Mens vi klemte hverandre slo det meg, "Til forskjell fra Ørn er Bjørn verken han eller hun. Bjørn er bare Bjørn."

Bjørn bar meg på ryggen sin. Han ruslet gjennom den tykke skogen og frem til en lysning i skogen hvor solen skinte klart. Der sto det en høy påle. Bjørn snudde seg mot meg og sa, **"Mangel på sikker fremtreden viser at det er behov for å være mer vertikal. Deres fremtreden skal være like rak som denne pålen."**

Ulike folkeslag samlet seg rundt oss mens de holdt hverandre i hendene og danset. Først danset de innover mot pålen, så danset de bort fra den mens de påkalte den vertikale kraften. Jeg slo meg sammen med dem og kjente hvordan denne dansen trakk den tårnende kraften fra pålen og inn i oss.

"Bjørn," sa jeg, "jeg ønsker å være ren slik at jeg kan gjøre Bestemødrenes arbeid. Jeg ønsker å gjøre det med et rent og hellig motiv — fritt for selvdigging og fritt for frykt. **"Sikker fremtreden og det du ber om er ett og det samme,"** sa han mens jeg nok en gang danset med alle folkeslagene rundt pålen.

Vi dannet en sirkel som var inni en annen sirkel og sang mens tre gamle inkalignende dansere virvlet rundt i mellomrommet mellom de to sirklene. De holdt seg lavt nede mot bakken mens de danset, men bevegelsene deres etterlignet fuglene i luften. Alle vi andre prøvde å danse på samme måte. Også jeg.

I hodet mitt så jeg hvordan dette ritualet hadde blitt utført i tidligere tider, i nord Europa så vel som i Amerika. Det brakte styrke, og gav kraft til både de enkeltmenneskene og de nasjonene som de representerte. Mens vi danset falt regnet som tynne tråder over oss, og velsignet og næret alle som holdt på med dette arbeidet. Nok en gang var jeg en blant mange.

"Det er ikke noe spesielt med dette arbeidet," sa Bjørn. "Ikke bli ærefryktig overfor det. Det er ikke spesielt, men det er deres arbeid." Han minnet meg om at hver og en av oss har et arbeid å gjøre da han fortsatte, "Ha en nesten selvfølgelig holdning til det. Respekt, men ikke ærefrykt. Ærefrykt vil ikke være på sin plass. Det gir næring til egoet — både ditt eget og andres. Det er enkelt. Det er på tide å handle, å kalle folk til søster- og brorskap," sa han og smilte før han la til, "Hvis du kaller på dem vil de komme."

"Gi flere oppvåkninger til den indre kraften," sa han. "Ikke vent at det skal være perfekt. Ikke vent med noe, i den tro at det vil bli mer perfekt senere. Bare sett i gang og gjør det!" "OK, Bjørn," nikket jeg. Han hadde rett. Hvis jeg ventet til jeg var perfekt ville ingenting bli gjort.

KAPITTEL 11
Å endre på forholdet mellom Yin og Yang

"Den oppgaven du har fått er å flytte på den energien dere kaller yin slik at den dytter på yang ..... og flytter litt om på den."

Ettersom min frykt for å våge meg videre med Bestemødrenes arbeid avtok ønsket jeg å lære mer om ubalansen mellom yin og yang, både i meg selv og i alt rundt oss. Av en eller annen grunn ble jeg trukket til den nedre verden for dette arbeidet.

Jeg hoppet over kanten på hullet som var inngangen min ned i jorden, og syntes jeg falt i en hel evighet gjennom stummende mørke før jeg ramlet ut i elven med et plask. Deretter klatret jeg opp i kanoen og padlet videre inntil jeg så de store bladene som viste at jeg var kommet frem. Bjørn sto og ventet på meg på den andre siden og da han tok meg i hånden sa han, **"Vi har en lang reise foran oss."**

Jeg slo armene og bena rundt ham mens han stakk nesen i været og snuste før han begynte å løpe fremover. Bakken var steinete, men uten å anstrenge seg det minste klatret han langs en sti som slynget seg oppover. Før jeg visste ordet av det hadde vi kommet opp på toppen av fjellet og løp videre i den brennende solen.

Bjørn ble ikke sliten. Det virket som om varmen ikke hadde noen påvirkning på ham, slik den ville hatt hvis vi hadde vært på jorden. Han var ikke andpusten engang. Jeg følte solen på armene og ryggen, men på en eller annen måte føltes det godt. Jeg, som ellers ble fryktelig lett solbrent, hadde det helt fint under denne stekende himmelen. Luften dirret av varme over steinene på siden av stien, men jeg var ikke det minste svett.

Bjørn tok oss videre oppover, over en fjelltopp, og nå befant vi oss i et frodig landskap med en elv som snodde seg avgårde. Jeg kunne lukte det friske grønne gresset og kjente en deilig bris, men vi stoppet ikke her. Bjørn klatret opp på fjellet og tok oss enda høyere oppover.

Plutselig var det en stemme som sa, "**Fruktbart og sterilt, frodig og uttørket. Dette er motsetninger — men de er nødvendige.**" Tonefallet tilhørte Bestemødrene, men da jeg så meg rundt kunne jeg ikke få øye på dem. Da jeg skled ned fra Bjørns rygg og føttene mine traff bakken forsvant han. Selv fjellet var borte, og jeg befant meg nå på en plattform som suste avgårde. Jeg var passasjer på en flatvogn som raste gjennom et vekslende landskap. Trær, fjell og dype daler fòr så raskt forbi at jeg knapt fikk øye på dem.

Skoger av nåletrær bredte seg utover i horisonten så langt jeg kunne se. Jeg kjente lukten fra trærne, men ikke før hadde jeg kjent den før skogene var borte. Toget raste forbi enda høyere fjell med steinete topper som strakte seg over tregrensen. Men før jeg fikk sett ordentlig på dette landskapet raste vi videre til en frodig slette hvor store flokker av dyr gikk og beitet.

Jeg hadde lyst til å stoppe og se på dem, men vi raste så fort avsted at jeg klarte bare å kaste et blikk på dem før jeg plutselig befant meg i en ørken hvor det ikke vokste noe som helst. Den sandaktige jorden strakte seg utover så langt man kunne se. Så fòr vi gjennom en annen elvedal og oppover og forbi et nytt fjell.

«Hva er dette?» sa jeg, og var nesten ikke i stand til å skjule min irritasjon. Kontrastene som fòr forbi øynene mine kunne ikke vært mer dramatiske, men det var ikke tid til å konsentrere seg om noen av dem. Dette toget beveget seg for fort.

Nok en gang sa stemmen, "**Fruktbart og sterilt, frodig og uttørket. Dette er motsetninger — men de er nødvendige.**" "Så det er dette jeg ser — motsetninger," sa jeg. Høy og lav, vått og tørt, varmt og kaldt. Den plutselige overgangen fra frodighet til ørken, og så nedover en steinete fjelltopp og ned til en grønn dal hadde lamslått meg. Kontrastene hadde sjokkert sansene mine.

Da stemmen fortsatte var jeg sikker på at det var Bestemødrene som snakket. "**Alt flyter og endrer seg,**" sa de. "**Det som tilsynelatende er frodig bærer i seg kimen til at det selv en gang blir tørt. Det som virker tørt bærer i seg kimen til stor fruktbarhet. Vi danser sammen i en sammenvevd bevegelse.**" De tok en pause før de fortsatte, "**Det som virker galt bærer i seg kimen til det som er riktig.**" Dette var elegant sagt, nesten som et dikt, men jeg undret meg; "Hva betyr det?" "**Yin og yang er flytende,**" sa de. "**De er bare tilsynelatende motsetninger.**

"**Det oppgaven du er blitt gitt er å flytte på den energien dere kaller yin, slik at den dytter på yang og *flytter om på* den.**" Dette overrasket meg. Hvordan kunne yin og yang endre seg? De var jo byggesteiner i universet.

De kunne lese tankene mine og sa, "**Det er for øyeblikket ingen fare for verken jorden eller for dere.** Ingen av dere vil bli ødelagt av en plutselig omveltning slik mange er redd for. Det er en ny bevegelse som bringer liv.

"Mye av sorgen og smerten i verden i dag er knyttet til stagnasjon av energi. **Energier er fanget som om de befinner seg i små bakevjer.**" De henledet oppmerksomheten min til flere tømmerstokker som lå og fløt i skummet i en bakevje. I det stillestående vannet kunne jeg se refleksjonen av Bestemødrene.

Jeg så opp og ble betatt av deres medfølende blikk der de studerte dette vannet. "Når det ikke er noen bevegelse, ikke noe liv, ingen endring," sa de, "**fører det til stagnasjon. Fra den følger ødeleggelse, fordervelse og ondskap. Derfor**," sa de, "**er du en jordmor, som hjelper det nye som nå skal bli født. Det er en naturlig progresjon og vekst. Tiden er kommet!**" ropte de og kastet hodene bakover i triumf. "*Dette* er gode nyheter."

"Hva har det dere sier å gjøre med helsen min?" spurte jeg idet jeg husket min stadige bekymring for kroppen min. "**Du er en del av jorden,**" sa de. "**Stagnasjon og fastlåste holdninger må bli fjernet også hos deg. Ditt eget arbeid er ikke løsrevet fra planetens arbeid. Det vi ønsker å si,**" la de til mens de slo armene ut på vidt gap, «**er at det er ikke noe *galt* med deg! Det er din individuelle karma som blir brent opp. Det er alt.**" De løftet opp armene mens de fortsatte, "**Planetens karma blir brent, alles karma blir brent.**" Smilende sa de, "**Gjør det med godt mot.**"

"**Du er del av en prosess, og den prosessen som er satt i gang vil fortsette, uansett hva som skjer. Du kan ta del i den. Du kan ha gleden av å være med på dette sammen med oss, og hjelpe slik at andre også kan ta del i den, *men prosessen vil fortsette uansett hva du gjør.* Selv om det ikke er noe spesielt du trenger å GJØRE, så gjør det for din egen glede, gjør det! Du skal imidlertid vite at du er ikke ansvarlig for noens skjebne. Du er i sannhet heldig som kan gjøre dette arbeidet dersom du velger å gjøre det. Det vil gi deg skjønnhet og glede.**» "Jeg velger å ta del i det,» sa jeg, «Jeg velger det.»

Plutselig begynte Bjørn, en hjort og flere andre dyr å danse rundt meg. Det var den samme inn- og utover bevegelsen som trakk ut all gammel energi. Mens de danset fortsatte Bestemødrene, "**Slik som vannet i en bekk eller en elv beveger på seg, slik må også livet bevege på seg for å unngå stagnasjon, sykdom og ondskap. Friskhet, fornyelse og klarhet kommer med bevegelse,**" sa de. "**Denne endringen i yin og yang vil bringe friskt vann til den stillestående dammen og drive det illeluktende vannet bort.**

"Gled deg over denne frigjøringen," sa de, "gled deg over den frigjøringen som skjer på jorden — virkelig gled deg!" Dyrene kastet seg rundt i begeistring over at jeg hadde fått muligheten til å delta i dette arbeidet, og over at jeg ønsket å delta. Mens jeg så på hørte jeg, "**Alt det vonde som skjer i verden er et resultat av at det gamle sprekker opp og faller fra; ikke mer stagnasjon. Yin og yang former hverandre gjennom at de begge dytter på hverandre og forholder seg til hverandre i tråd med sin natur.**"

Noe beveget på seg; det var en endring mellom lys og mørke. Jeg festet blikket mitt på formene som beveget seg og så ..... at Bestemødrene hadde rett! Yin og yang *endret* virkelig form. Det var ikke den samme buede, og tåreformede fasongen jeg var vant til. De forvandlet seg til andre former.

"**Menneskene tenker kun på yin og yang slik de er formet når de ligger i ro,**" sa Bestemødrene, "**når energiene tidvis oppnår en likeverdig posisjon. Dette er det mønsteret dere er vant til, og deres bilde av yin og yang. Men når livet begynner å flytte på denne energien, å dytte og kna den, antar den mange former.**" Deretter la de til, "**Volumet av yin og yang er alltid like stort.**"

Da de la til denne siste setningen måtte jeg se hardt på dem. "Hvis yin og yang alltid er like store," tenkte jeg, "hvordan kan det da være et problem med overskudd av yang i denne verden?" De svarte uten å si et ord. *Volumet* av yin og yang vil alltid være konstant, men hvor sterkt eller svakt de to energiene manifesterer seg kan endre seg over tid. Yin, som har vært tappet, og i en dvalelignende tilstand i flere århundrer holder nå på å våkne til liv. Denne yin energien endrer seg nå, ikke i volum men i styrke.

Senere funderte jeg over hva de hadde ment da de sa, "Yin og yang er *tilsynelatende* motsetninger." Mens jeg grublet over dette gikk det plutselig opp for meg at de mente at yin og yang tilsynelatende var *statiske* motsetninger. De er ganske riktig motsetninger, men flytende sådanne, *ikke statiske*.

"*Det Guddommelige kom i form av Bestemødrene, siden dette arbeidet dreier seg om det feminine prinsippet, yin.*"

I tillegg til å lære mer om endringene i yin og yang ønsket jeg også å forstå selve det feminine prinsippet. Jeg visste at Bestemødrene var en del av denne energien, men jeg ønsket å vite mer om det store feminine prinsippet, om yin.

Da jeg kom frem til dalen deres i den øvre verden gikk jeg ikke inn for landing som jeg pleide, men fortsatte å fly. Det virket som om vingene mine hadde sin egen vilje i dag, og løftet meg videre oppover. "Jeg ønsker å lære om den Store Moderen" sa jeg om og om igjen mens jeg steg oppover.

Da jeg hadde flydd opp gjennom flere lag i den øvre verden og begynte å lure på hvorfor jeg fortsatt steg kastet jeg et blikk til siden og fikk øye på Ørn. "Ørn, jeg er så glad for å se deg," sa jeg. "Jeg begynte å uroe meg for om jeg hadde kommet for langt."

Han signaliserte at jeg skulle sette meg oppå han, så jeg svingte bena over ryggen hans, tok et godt tak rundt halsen hans, og så steg vi ennå høyere. Til slutt landet vi, og da jeg steg av la jeg merke til at bakken her var helt hvit, som om den var dekket av snø. Langt borte i horisonten var det noen snøaktige konturer som lignet på klippene ved Dover.

Dette var et veldig annerledes sted. Det lignet verken på jorden, eller på noe annet sted jeg hittil hadde sett i den øvre verden. Det føltes hellig. Ikke før hadde jeg tenkt tanken før en kvinnelig figur med langt mørkt hår nærmet seg. Hun hadde på seg en kjole av lys og en hellig aura omga henne i det hvite landskapet. Da jeg snudde meg for å se nærmere på henne så jeg at hun glødet! Ansiktet hennes, kjolen hennes, alt ved henne glødet. "*Dette*," hvisket jeg, "er den Store Moderen." Mens jeg så på henne i ærefrykt svarte hun, "**Menneskene forstår ikke det feminine prinsippet.**"

Jeg nikket enig og hun fortsatte, "**Det Guddommelige har kommet i form av Bestemødrene fordi dette arbeidet dreier seg om det feminine prinsippet, yin. Det er som det skal være at det er kvinner, Bestemødrene, som overbringer dette budskapet. Hvis denne tidens budskap hadde omhandlet det å være en kriger, ville det vært en kriger som hadde kommet,**" lo hun.

"Det på tide at jorden vender tilbake til den omsorgen, kjærligheten og tryggheten som Moderen gir. Aggresjon og erobring vil ødelegge alt liv hvis de får fortsette å råde," sa hun. "Energiene må nå endres slik at de støtter opp under livet — mer medfølelse, mer forståelse, mer fokus på visdom i stedet for ansamling av kunnskap.

"Livskraften må endre på seg," sa hun. "Det må bli nye målsettinger nå; livsbejaende, livsforbedrende målsettinger som forsterker opplevelsen av å være et menneske. Slik at dagene man lever er *gode* dager, dager man *setter pris på*, og til og med ser frem til." Hun slo ut armene mens hun sa, "Ser frem til fordi man føler seg elsket." Armene hennes var nå helt åpne og favnet vidt mens hun ropte, "**Fordi man *er* kjærlighet!**

"Forståelse, generøsitet, og medfølelse som forvandles til dyp visdom — dette er alle egenskaper som kommer fra Moren. Dette," sa hun mens hun smilte mildt, "er yin egenskaper. De kommer når man mottar det som det Guddommelige alltid gir oss.

"Når hodet er travelt opptatt med ytre sysler, det vil si yang, er det ikke rom for å ta imot. Da er det for travelt, for mye aktivitet og fokus på å samle seg ting." Hun lo mens hun fortsatte, "Livet er enklere enn dette, og vil *bli* enklere etter som yin slipper til. Da vil det bli en balanse i den enkelte kvinne og manns hjerte, kropp og sjel. Da vil livet bli en glede, ikke en prøvelse eller en utfordring!" Hun lyste opp da hun sa, "Vel, det vil alltid være utfordringer. Det er en del av gleden .... men i likt monn."

Hun så medfølende på meg og var så ubeskrivelig vakker at jeg nesten ikke klarte å se på henne. Tårene begynte å trille nedover kinnene mine og gjorde meg blind slik at jeg ikke kunne se henne mer. Men jeg kunne fortsatt høre henne. **"Livet er ikke en kamp,"** erklærte hun, **"Livet er ikke en tilstand av opposisjon mot noe annet. Det er ikke livet.** *Det er yang energien* **— som er kommet til et punkt som ikke er til å holde ut lenger. Yang er nå trøtt, sliten"** sa hun, **"og spent til bristepunktet."**

Hun nikket trist mens hun sa, **"Dere ser hverandre med deres sorger og problemer, spenninger og kvaler."** Hun så opp og direkte på meg da hun fortsatte, **"Vi ser alt!"** Bestemødre sto nå rundt henne, og med felles røst erklærte de, **"Vi ser planetens iboende energi og den iboende energien i alle livsformer. Energien i alle er anspent og strukket til sitt ytterste etter å ha kjempet så mye, blitt strukket til sitt ytterste av frykt og avvisning. Dette må få en slutt."**

Mens de stirret ut i horisonten fortsatte hun og Bestemødrene, **"Det er stor skjønnhet i hver eneste dag. Det er stor skjønnhet i alle skapninger, men menneskene har ikke lagt merke til denne skjønnheten på lenge. Dette skal det bli en slutt på nå,"** sa de og rettet opp skuldrene, **"Dette arbeidet vil hjelpe til å få en slutt på dette.**

"Skriv fra hjertet," sa de. **"Hjertet ditt vet. Vi snakker gjennom hjertet ditt, vi lever i hjertet ditt,"** sa de, **" og hører dine uuttalte spørsmål om** *hvem* **vi er."** Dette ga meg en støkk. Jeg trodde ikke at de visste hvor ofte jeg stilt spørsmål ved deres evne til å håndtere en oppgave av en slik størrelse. Det å rette opp ubalansen på jorden hadde for meg virket som en altfor stor oppgave for en gjeng med gamle damer. Bestemødrene og den Store Moderen spiddet meg med øynene.

"Vi er ikke adskilt fra Gud," sa de. **"Vi er ett med Gud. Gud,"** forklarte de, **"antar forskjellige skikkelser til forskjellige tider for å kunne formidle sitt budskap og gi sine gaver.**

"Vi har kommet nå," sa Bestemødrene og den Store Moderen nikket enig på hodet. "Vårt budskap for denne tidsepoken er gjenopprettelsen av det feminine prinsippet slik at det er i riktig, og varig balanse med det mannlige prinsippet. Vi puster liv og energi inn i yin som har blitt helt uttømt men som nå holder på å fylles opp igjen. Og vi antar den formen som vil gi forståelse for dette arbeidet. Vi kommer," sa de, " som Bestemødrene, som det Store Rådet av Bestemødrene."

Den Store Moderen sto foran meg i sin lyse kjole og tok meg på skulderen. Jeg bøyde meg ned for henne, men hun løftet meg opp slik at vi så på hverandre. "I dag møtes vi høyt opp i den øvre verden" sa hun, "fordi vi her er *langt* unna jorden hvor det ikke er noen forståelse eller verdsettelse av det feminine aspektet av Gud. Dette arbeidet," sa hun og pekte på Bestemødrene, "**bringer denne bevisstheten til jorden gjennom tråder av lys.**" Hun klappet meg beroligende mens hun fortsatte, "**Dette skjer akkurat slik det skal.**"

Bestemødrene samlet seg rundt oss, og da de kom nærme nok begynte de å stelle med meg. En av dem holdt opp et speil, og jeg fikk et glimt av meg selv mens de strøk meg over ansiktet og puslet med meg. Jeg så yngre ut.

Det føltes underlig men deilig og jeg kjente skjønnheten vokse inni meg mens de sa, "**Det vil dannes mange diskusjonsgrupper og komme mye læring ut av denne boken. Boken,**" sa de mens de samtidig illustrerte med hendene hva de mente, "**er som en stripe av lys som trenger gjennom de harde lagene på jorden, forplanter seg, og spres videre derfra. Det vil komme store budskap og annet godt arbeid som følge av denne boken.**"

Trommeslagene endret rytme. Jeg snudde meg for å dra tilbake, men hele kroppen min skalv av følelser. Jeg var så oppskaket da jeg begynte på tilbaketuren at Ørn fløy tett ved siden av meg for å holde vakt.

Det å tilbe skaper et skille mellom den som tilber og den som blir tilbedt.

På grunn av min religiøse bakgrunn hadde jeg forestilt meg at den Store Moderen ville ligne på Jomfru Maria, og selv om denne Moderen ikke hadde sett ut som henne hadde hun *kjentes ut* som henne. Jeg holdt på å lære at den Store Moderen har mange uttrykk, forskjellige uttrykk i de forskjellige kulturene. Dette var noe jeg ikke visste noe særlig om, og det forble et stort mysterium for meg.

Ikke lenge etter denne reisen drog jeg tilbake til den øvre verden, bare for å være sammen med Bestemødrene. Denne gangen fremsto de i sin menneskelige form. De hilste meg velkommen, klemte meg og tok deretter noen skritt tilbake mens de så på meg med hemmelighetsfulle smil. Jeg beundret dem, og kjente deres kjærlighet til meg, da jeg ble vár en bevegelse i øyekroken. En enorm skikkelse nærmet seg.

En kvinne som formelig glødet av blått og rødt lys kom sakte gående mot oss. Det var den Store Moderen, som denne gangen viste seg som himmelens dronning.

Hun hadde på seg en krone og så ut *akkurat* slik jeg hadde forestilt meg at Jomfru Maria ville sett ut. Da hun kom nærmere falt jeg ned på knærne. Mens blikket mitt var festet på den skinnende auraen rundt henne løftet hun hendene og tok kronen ned fra hodet sitt. Til min store forferdelse plasserte hun den i stedet på mitt. Jeg dyttet den umiddelbart tilbake til henne. "**Nei**," sa hun og nektet å ta imot den. Mens hun nok en gang satt den på hodet mitt sa hun, "**Jeg ønsker ikke at du skal tilbe meg.**" Jeg stirret på henne i vantro.

"**Du skal heller tenke at du skal bli ett med meg,**" sa hun. "**Hvis du gjør det kan jeg begynne å jobbe *gjennom* deg. Inviter meg,**" sa hun. "**Inviter den formen av det Guddommelige som du akter og ærer inn i livet ditt. Det å tilbe,**" forklarte hun, "**skaper en adskillelse mellom den som tilber og den som blir tilbedt. Det begrenser muligheten for det Guddommelige til å bli en del av og virke gjennom menneskene.**

"**Du må anerkjenne din egen guddommelige natur. Det er dette det er behov for nå.**" Med autoritet fortsatte hun, "***Du har ikke lenger råd til å ha en forestilling om at du er adskilt fra Gud.*** **Gjennom å forholde deg til det Guddommelige på denne nye måten vil du hjelpe til med å redde planeten deres.**"

Jeg skulle ikke lenger kunne tenke på meg selv som et skarve menneske. Jeg måtte slutte å leve som om jeg bare var mitt lille selv og anerkjenne det *store Selvet*. Dette var noe alle måtte gjøre. Ettersom disse tankene kom til meg smilte Hun og nikket.

På vei tilbake til den ordinære virkeligheten grublet jeg over dette. "Den uendelige Guddommelige kraften ønsker å jobbe i og gjennom meg, i og gjennom hver enkelt av oss," sa jeg. Jeg lovet dyrt og hellig å slutte å tenke på meg selv som adskilt fra Gud, slutte med min vanlige tilbedelse og istedenfor vende meg til stillheten inni meg. *Å smelte sammen med den Allestedsnærværende*. Det var dette den Store Moren ba om.

"Vi gir, vi hjelper, tilbyr og støtter. Vi skaper et sikkert tilholdssted for livets familie."

Jeg hadde mange ganger spurt meg selv, "Hvorfor Bestemødre? Hvis det er slik at det er yin energien som trengs på jorden, hvorfor har ikke Moren kommet? Hvorfor Bestemødrene? Jeg hadde aldri fundert noe særlig over dette spørsmålet siden jeg helt fra begynnelsen hadde vært veldig glad i disse kloke gamle kvinnene. Så for å finne ut "Hvorfor som Bestemødre?" måtte jeg reise til dem.

Jeg hadde ikke før fått stilt spørsmålet før de lo og pakket meg inn i et sjal. Det var jordfarget og laget av myk ull. Det rammet inn ansiktet mitt, dekket ryggen min og lå i kryss over brystet mitt. Jeg så ut som en meksikansk bestemor som var tullet inn i en reboso (mellomting mellom et sjal og en poncho).

Det var utrolig merkelig. Så snart Bestemødrene pakket meg inn *ble* jeg en tradisjonell bestemor. Og kledd som dette opplevde jeg livet fra et helt annet ståsted. Det jeg la merke til var at jeg var mer en betrakter enn en deltaker.

Mens jeg sto der midt på den travle markedsplassen og betraktet aktivitetene rundt meg følte jeg meg litt distansert fra det hele. Folk var travelt opptatt med å prute med hverandre og skyndte seg forbi meg. Mennene spankulerte, kvinnene fortalte hverandre historier og barna lekte på bakken. Det var nesten ingen som la merke til meg der jeg bare sto og betraktet alt sammen. Selv om jeg var interessert i alle og hadde en omtanke for dem var bevisstheten min allikevel litt tilbaketrukket.

Mens jeg funderte over dette snakket Bestemødrene, "**Det er vanskelig å være sint på en bestemor,**" sa de. "**Det er i det hele tatt vanskelig å forvente noe av en bestemor. En bestemor er liksom litt tilbaketrukket fra dramaet i hverdagen,**" la de stille til.

"**En bestemor er ikke en som kjemper,**" sa de. "**Hun kan ha seksuelle følelser, men hun er ikke styrt av sine lyster. Det er ikke samme energi av erobring og kamp rundt en bestemor, slik det ofte er det rundt en yngre kvinne. En bestemor kjemper ikke for å oppnå noe. Hun krever ikke å få hovedrollen, men trår tilbake og gir næring og støtte til familien.**" De snakket ikke om den enkelte bestemor, men om den arketypiske bestemoren. "**Ja,**" sa de, og pekte på seg selv mens de la til, "*Vi* **gjør dette.**

"*Vi* **gir, vi hjelper, vi tilbyr og støtter. Vi skaper en trygg ramme for livets familie. Familien er trygg og i sikkerhet** *fordi vi er her,* **fordi vi holder og støtter opp under alle.**

"**Denne særskilte kvaliteten i det som kalles en bestemor er noe som alle skjønner,**" sa de. "**Bestemødrene søker videreføringen av familien, de fremmer det som er godt i livet; de søker å støtte.**" Ja, tenkte jeg, det er de gamle, bestemødrene og bestefedrene som holder tak i visdommen for menneskeslekten. "Det er derfor dere er kommet som det Store Rådet av Bestemødre, stemmer ikke det?" spurte jeg.

"Dette er vårt oppdrag," sa de. "**Som Bestemødre holder vi alle fedrene, mødrene og barna i livets familie. Dette er våre sønner, våre døtre, og våre barnebarn.**

"**Vi ønsker det aller beste for alle. Denne egenskapen å kunne gi uten tanke på egen nytte trengs på jorden akkurat nå.** *Det er derfor det Store Rådet av Bestemødrene er kommet.*; for å elske alle fedrene, å elske alle mødrene, for å elske alle barna, for å elske alle."

Jeg gråt mens jeg hørte på dem. "Ja, de er perfekte for det verden trenger nå," sa jeg. Og fremdeles pakket inn i min reboso tok jeg farvel med disse elskelige, sjenerøse Bestemødrene, med bare en tanke i hodet — jeg ønsket å bli som dem.

"Vi vil være et bilde på det Guddommelige som det er lett for menneskene å forstå. Vi gir trøst og er imøtekommende. Vi har en livgivende tilstedeværelse.»

Det er disse kvalitetene i Bestemødrene som har vekket menneskene spirituelt, og dekket en langvarig lengsel etter Gud.

Lorna som har vært med i gruppen siden begynnelsen hadde aldri trodd at hun kunne fått et personlig forhold til Gud før hun mottok Bestemødrenes oppvåkning til vår indre kraft. Lorna er en elegant åttiåring og uttrykker det selv slik; "Jeg har strevd og søkt etter Gud i mer enn femti av mine åtti år." Hun ble oppdratt i den kristne tro og giftet seg med en jøde. Selv om hun virkelig strevde for å leve først i tråd med den kristne tro og deretter den jødiske kunne hun fortelle, "Jeg vet ikke hvorfor, men jeg klarte bare ikke å føle noe inni meg. Jeg prøvde, men religion forble en død ting for meg. Den etterlot en smak av aske i munnen min."

Etter at hun hadde blitt vekket til den indre kraften fortsatte hun å komme til møtene, og hver gang tok hun med seg en ny venn for at de også skulle kunne ta del i denne opplevelsen. Øynene hennes ble helt myke når hun fortalte oss, "Jeg trodde aldri det ville skje med meg, men nå har jeg et nært forhold til Gud. Endelig har jeg funnet det jeg har lett etter hele livet men aldri klarte å finne."

Sarah, som jeg møtte for mange år siden da vi begge deltok i en veldig strukturert meditasjonsundervisning, har en lignende historie. Da hun skulle fortelle om denne perioden sa hun, "Jeg fulgte det meditasjonslærerne mine sa, og holdt meg strengt til den disiplinen de krevde helt til jeg ikke klarte det lenger. Jeg jobbet virkelig hardt med mitt spirituelle liv, og det ble så mye arbeid at etter en stund var det ikke noe av hjertet mitt igjen i det. Jeg gav opp da det gikk opp for meg at jeg ikke følte meg noe nærmere Gud enn det jeg hadde gjort før jeg begynte. Jeg ga vel egentlig opp hele greia med Gud etter det," sa hun. "Jeg hadde prøvd så hardt jeg kunne, men det hadde ikke skjedd noe med meg. Jeg antok at Gud måtte være noe som passet for andre mennesker men ikke for meg."

Jeg mistet kontakten med Sara og var ikke klar over den fortvilelsen hun hadde følt. Da jeg så henne stråle etter Bestemødrenes oppvåkning til den indre kraften var jeg ikke klar over hvor mye denne hendelsen betydde for henne. Hun ble en del av gruppen, og kom til hvert møte for å dele med oss de mange endringene i livet hennes som følge å ha mottatt Bestemødrenes oppvåkning til den indre kraften. Fordi hun hadde en sterk åndelig disiplin praktiserte hun lojalt deres meditasjoner og hadde alltid noe interessant å dele med oss.

En dag så hun på meg med de mørke øynene sine og sa, «Jeg kan aldri takke deg nok for at du gav Gud tilbake til meg. Jeg hadde mistet alt håp om noen gang å ha et slikt forhold, men etter å ha møtt Bestemødrene har jeg fått Gud tilbake.»

KAPITTEL 12

Livets vev

"Forskjellene mellom menneskene er bare tilsynelatende forskjeller. Det er kappen som er virkelig."

Bestemødrene hadde gitt meg så mange opplevelser at jeg nå hadde en ganske god forståelse for det Feminine Prinsippet. Yin var ikke lenger bare et ord for meg; jeg hadde følt det på kroppen. Men hvordan kunne jeg formidle denne opplevelsen til andre? Dette var fokuset for min neste reise.

Ørn fløy ved siden av meg, og da vi kom frem til Bestemødrenes dal etterlignet jeg hans måte å lande på. Vingene mine var helt utstrukket og føttene pekte nedover. Da jeg bøyde meg ned foran Bestemødrene var jeg en kongeørn med et barskt ansikt og et bøyd nebb. "Å, Laidies,» sa jeg, «jeg ønsker å vite hvordan jeg kan hjelpe andre å forstå det Feminine Prinsippet. De var glade for at jeg var sammen med dem igjen, og glade for spørsmålet mitt.

Jeg så på dem og ventet. Vingene mine var foldet slik hendene er foldet i bønn mens Bestemødrene var travelt opptatt med skuldrene mine. De lagde en kappe til meg, med en vifteformet krave som skjøt opp fra kragebenet og høyere enn hodet mitt. Det var i en elisabetansk stil, bare at den strakte seg mye høyere oppover og var laget, ikke av stoff, men av lys.

Da jeg vendte tilbake til spørsmålet mitt om å hjelpe andre å forstå det Feminine Prinsippet ble jeg bevisst en vertikal dragning. Det var noe som dro hardt oppover i den vifteformede kragen og samtidig før nedover ryggraden min. Dette resulterte i en strekk som rettet meg opp. Ryggraden min ble stukket ut og samtidig ble den veldig varm. Midtpartiet i ryggen min sto nærmest og kokte. Jeg ville ha brent meg på fingrene hvis jeg hadde prøvd å ta på det.

Siden jeg ikke forsto hva dette dreide seg om, spurte jeg spørsmålet mitt en gang til. **"Du kan ikke hjelpe deg selv uten også å hjelpe** andre," sa Bestemødrene, og jeg forsto at gjennom å ‹rette meg opp› og gjøre meg sterkere ville de også hjelpe andre. «Jeg tror dere har fortalt meg dette allerede,» sa jeg. **"Og vi kommer til å fortelle deg det igjen."**

Kappen var uendelig stor. Uten noen sømmer, og dyp blå som den var virket det nesten som den var en del av nattehimmelen, der den dekket hele jorden. **"Alle er omhyllet av denne kappen,"** sa de. **"Forskjellene som du ser mellom menneskene er bare tilsynelatende forskjeller som følge av at dere lever deres liv på jorden."** De så på meg og la til, **"Det er kappen som er virkelig."**

De pekte på små kuler under kappen og jeg så hvordan de beveget seg rundt, hvordan hver klump forsvant for så å dukke opp igjen et annet sted under stoffet. "Disse klumpene er travelt opptatt," sa jeg, "men de gjør ikke så mye av seg." Bestemødrene nikket.

Det føltes utrolig deilig å være dekket av denne "altomfattende kappen" som de kalte den. Den var lett men allikevel behagelig og varm, midnattsblå, og dekket av stjerner. Mens jeg satt der og studerte foldene som dekket hele meg så jeg hvor klart alle stjernene funklet og det gikk opp for meg hva jeg så på. "Åh," sa jeg. "Kappen er nattehimmelen og hver skapning er en stjerne på himmelen!" Bestemødrene smilte bredt.

"Så dette er hva de mente da de sa, **"Alle er omsluttet av denne kappen,"** tenkte jeg. Og umiddelbart ble jeg slått av det ufattelige omfanget av dette konseptet. Hvordan kunne jeg lære bort noe så stort som dette? Ikke før hadde jeg formulert spørsmålet før jeg hørte Bestemødrene si, **"La dem oppleve det."** Jeg skulle lære det bort som en meditasjon. "Ja," nikket de. **"La hver og en utvide seg så de blir en del av nattehimmelen, blir omsluttet av fargene på denne himmelen, føle brisen, samt se og føle på lyset fra stjernene.**

"*Dette* er virkeligheten," sa de. **"Det dere kaller virkelighet er ikke egentlig virkelig."** De pekte på kappen som dekket jorden og sa, **"Det dere kaller 'virkelig' er kun de små klumpene under kappen, alle bevegelsene frem og tilbake under disse foldene.**

"Det er stoffet i den sømløse kappen som er virkelig. Dette er en kappe som dekker alt." Mens de foldet armene over brystet fortsatte de, **"Dette stoffet er alt, det er *Livets Vev! Livets Vev*,"** gjentok de. **"De som forstår dette budskapet vil bli fylt av glede og en følelse av gjenkjennelse."** Deretter la de litt kryptisk til, **"Det er mange som ikke vil forstå, men det er mange som også vil.**

"Ikke alt i dette arbeidet er for alle," forklarte de, **"Men det er noe i det for alle."** "Så deilig det er, Bestemødre, at ikke alle må forstå alt for at de skal nyte godt av Livets Vev." Jeg hadde allerede gått og grublet på hvor mye av mine erfaringer med Bestemødrene jeg skulle inkludere i boken. Det de akkurat hadde sagt var veldig oppklarende i den sammenheng. "Inkluder alt," sa jeg til meg selv, "så kan folk ta til seg det de kan bruke."

Da jeg så opp ble jeg overrasket over å se at Bjørn var sammen med oss. Jeg ble så glad over å se ham her i den øvre verden at jeg ropte ut, "Å Bjørn, jeg har savnet deg slik." Hans kjærlighet for meg vellet frem og jeg skjønte at han var like glad for å se meg som jeg var for å se ham.

Bestemødrene så på mens vi klemte hverandre og sa smilende, "**Vi gleder oss over å manifestere oss i Livets Vev som en egen .....tråd.**" De lo godt over å ha søkt etter det riktige ordet, og funnet det i ordet 'tråd'. Gjennom gleden uttrykker vi vår egen særskilte *tråd*," sa de, "**forholder oss til hverandre, vever og berører hverandre. Gjennom å gjøre dette øker kjærligheten i Livets Vev et tusentalls ganger.**

«Når vi gjenkjenner hverandre, slik Bjørn og du akkurat gjorde, vil gleden gjennomsyre Livets Vev. Det er derfor alle elsker en kjærlighetshistorie. Vi blir glade av å se en kjærlig handling, å se en kjærlig berøring eller et ømt blikk, fordi vi *føler* det. Vi *føler* det i Livets Vev.

"La dere bli kledd i Livets Vev, og vit at alle er slikt kledd. *Alle som en.*" De pekte i retning av vår egen planet og sa, "**Noen vil selvfølgelig bli besnæret av de små klumpene som beveger seg rundt under dette stoffet, de ørsmå klumpene som kommer og går.**" De trakk på skuldrene som for å si, "Sånn er det bare," og fortsatte, "**Forestill deg at Livets Vev er lik nattehimmelen. Forestill deg at du står på en åpen plass, og er omgitt av himmelen både over deg, foran, bak, og på alle sider. Tenk deretter på Livets Vev og at den ligger inntil huden din, og at du puster den inn.**" De ga fra seg et fornøyd sukk før de sa, "**Den berører alt.**"

Jeg gjorde som de sa, og tenkte på himmelen og pustet den inn. Det gav slik en fredfull følelse, og da jeg fortsatte å puste følte jeg at jeg utvidet meg tilsvarende. "Åh — ja! Bestemødre!" ropte jeg mens jeg ble løftet inn i en euforisk tilstand.

Nå gikk jeg i ett med nattehimmelen. Jeg pustet den inn der jeg satt i den, fylt av en forventningsfull stemning. Jeg hvilte hos dem, full av lykke. Mens jeg var i denne fredfulle tilstanden tenkte jeg nok en gang på spørsmålet jeg hadde kommet for. Hvordan kunne jeg kommunisere essensen av yin til andre?

Umiddelbart strakte den høye kragen seg over hodet mitt, og jeg følte en vertikal dragning oppover og nedover langs ryggen min. Jeg ble strukket ut og oppmerksomheten min vendte seg igjen mot ryggraden min. Jeg betraktet det hele idet kraften som trakk meg oppover løftet opp både meg og kappen. Mens vi ble løftet slik oppover så jeg at både jeg og kappen var spredt vidt utover. Jeg lå utstrakt tvers over himmelhvelvingen.

Litt på avstand så jeg nedover kroppen min. Jeg, betrakteren, var fremdeles meg, men på en eller annen måte var dette 'jeg' nå to steder på en gang. Det jeg›et som lå flatt utover lignet på en klokkeformet blomst med avrundet topp. Jeg så på mens himmelens energier fløt ned i denne blomsten, nedover ryggen og brystet mitt, mens de omga meg helt. Kroppen min var full av glede og forventning. Og slik som en blomsterstilk er rotet fast til jorden, slik var også jeg rotet fast. Jeg sto i full blomst og var forankret til jorden.

Etter som bevisstheten min smeltet sammen med mitt blomster-jeg ble jeg imidlertid gradvis mindre bevisst denne følelsen av forankring og stadig mer svimmel. Den dragningen jeg hadde følt i ryggen hadde strukket meg til mitt ytterste. Selv om jeg var forbundet til jorden gjennom ‹stilken› min var det bare så vidt jeg klarte å romme den utvidende energien som fløt gjennom meg. **"Ta det ROLIG,"** sa Bestemødrene, **"la oss gjøre jobben."**

Jeg hadde ikke lagt merke til hvor hardt jeg hadde konsentrert meg. Det var derfor jeg følte meg så ør. Det var like før jeg lo av meg selv fordi jeg nok en gang "prøvde så hardt", men jeg var så svimmel at jeg i stedet gikk inn i en mottagelig tilstand mens jeg sa, "Åpen, jeg er åpen." Mens jeg åpnet meg fokuserte jeg på pusten min og la hendene mine langs siden med håndflatene opp.

Tankene mine stilnet, men ryggen min var fortsatt glovarm. Det var så vidt jeg holdt ut all varmen og vred meg der jeg lå. Bestemødrene sa, **"For lenge siden satte flere småsteiner seg fast inni deg, under Livets Vev."** Det var en gammel bevissthetstilstand som forårsaket denne brennende følelsen. Smerten hadde sittet fast på dette stedet i lang, lang tid, og nå kom den opp til overflaten.

"Det er dette som er smerte," sa de. **"En gang for lenge siden ble du så besnæret av de negative forholdene og begivenhetene i livet ditt at det ble umulig for deg å gi slipp på dem."** Jeg kikket inn i meg selv og gispet da jeg så flere varme steiner som lå stablet oppå hverandre.

Ettersom bølger av varme steg opp fra steinene begynte jeg en krampaktig hosting, og klarte ikke å stoppe. Bestemødrene bøyde seg over meg, og startet tålmodig å ta bort steiner helt til de hadde løftet haugen av varme steiner ut fra høyre side av kroppen min. Jeg hostet hele tiden mens de arbeidet.

"Det å bære disse inni deg er ikke bare smertefullt," sa de. **"Disse byrdene fra for lenge siden skaper en smertefull distraksjon som hindrer deg i å komme videre."**

Med den hellige mannens hjelp la de meg på magen på et bord mens han skar noe ut av den høyre skulderen min. Etter at han hadde tatt bort hva det nå enn var, sydde han huden min sammen igjen og holdt om skulderen min mens han nynnet, **"rolig, rolig, rolig."** Kjærlighet strømmet inn i meg gjennom hendene hans, lik en flytende salve. Da han var ferdig var jeg helt svak og utmattet, men varmen i ryggen min var i alle fall borte.

Bestemødrene så kjærlig på meg mens de minnet meg om at denne smerten var en påminnelse om hvorfor jeg måtte arbeide slik jeg gjorde. Jeg måtte få litt lærdom av dem, men ny lærdom skulle alltid etterfølges av helbredelse (healing).

"**Det må foregå i riktig tempo**," sa de. "Vær så snill og lær meg dette tempoet," sa jeg. Jeg hadde ikke før bedt om det før ordene "**naturlig flyt (grace)**" dukket opp. "*Det rette tempoet vil alltid ha en naturlig flyt. Akkurat som en fugl i luften, som seiler avgårde,*" sa de. "Alt til rett tid." De smilte mens de la hodene på skakke, "**Det rette tempo er aldri oppjaget. I naturen er det ingen hast. Plantene vokser,**" nynnet de, "**livet vokser ettersom årstidene kommer og går.**"

Ordene deres falt inn i en rytme som hypnotiserte meg, inntil de tok en pause, mens de tydeligvis tenkte over noe. "**En plante som blir tvunget til å vokse raskt,**" brast det ut av dem, "**er ikke sunn, lever ikke lenge, og bærer ikke godt. Det samme gjelder dyr.**

"*Dette er veldig galt!*" sa de med gru i stemmen. "**Dette er gift. Ondskap! Hormoner og kjemikalier for å få planter og dyr til å vokse fort. Ondskap,**" sa de med et morskt uttrykk i ansiktene.

"Naturlig flyt," sa de og reflekterte over disse ordene. "Det er at enhver lever i pakt med sin egen natur," sa de og la til "Mennesker som raser hit og dit — dette er galt."

Ordet flyt antyder et naturlig tempo. Den samme takten som finnes i livets naturlige rytme. "**Ja,**" sa den hellige mannen, "**hvis man følger livets naturlige rytme voldes det ingen skade.**"

"*Du er mer enn du noen gang har forestilt deg. Du er som nattehimmelen.*"

Etter denne reisen følte jeg meg som en rekonvalesent etter en operasjon. Resten av uken var jeg så utkjørt at jeg krøp opp i sengen selv midt på dagen. Det å ha fått fjernet disse varme steinene fra kroppen min utgjorde imidlertid en stor forskjell. Jeg var både roligere og mer fredfull.

Etter fem dagers hvile var jeg klar for å dra tilbake. Nå forsto jeg hvordan det å meditere på Livets Vev kunne gi kvinner en forståelse for styrken i yin. Det hadde i alle fall virket for meg. Men jeg trengte en guidet meditasjon for å formidle den videre.

Før jeg rakk å spørre spørsmålet sa Bestemødrene, "**Forestill deg at du er en del av nattehimmelen, og bli ett med den indigoblå fargen. Den vrimler av både stjerner og måner. Alt er gjennomsyret av en glød, og *Du Omslutter Alt Dette.*"** Dette, tenkte jeg, måtte være meditasjonen.

De smilte og fortsatte, "**Se for deg at du beveger deg opp mot den indigo blå himmelen. Nå blir du en del av den og vibrerer av liv. Stjernene og månen pulserer inni deg, på samme måte som hjertet ditt banker i kroppen din.**

"**Hvis du ikke hadde vært bevisst dette livet, både innenfor og utenfor deg selv, ville du ikke ha gjenkjent denne følelsen av liv inni deg.**" Jeg grublet over dette før de sa, "**Hvis du bare besto av kroppen din, hvis du bare besto av pusten din, eller tankene dine, ville du ikke ha gjenkjent noen av dem. Men fordi du er så mye mer enn hver av disse, kan du bli bevisst hver enkelt av disse hver gang du vender oppmerksomheten din mot dem.**"

De snakket om "iakttakeren", sjelen, den delen av oss som betrakter. De nikket mens de fortsatte, "**Du er mer enn du noen gang har forestilt deg. Du er som nattehimmelen. Enorm og vidstrakt.**" De smilte mens de la til, "**Du er mer enn dette, men nattehimmelen er et begrep som er lett for deg å forstå.**" De hadde rett. Å forestille meg at jeg var nattehimmelen gav meg et fokus. Det var lettere å tenke på nattehimmelen enn å tenke på at jeg skulle være helt uten form. Begrepet var ikke så overveldende.

"**Pust inn blåfargen,**" sa de. "**Du kan gjøre det mens du betrakter nattehimmelen, eller du kan bare tenke på den.**" De gav meg et beroligende klapp på skulderen. "**Denne meditasjonen fjerner alle tanker om begrensning eller litenhet, tanker om 'mine, meg, deg' eller 'dine'. Dette er små begreper,**" det virket som de avfeide dem — "**ikke engang knappenålshoder. *Du* er stor!**" sa de. "**Du er det mørkeblå, altomspennende teppet som er nattehimmelen. La deg oppløse i det,**" sa de. "**Bli ett med pusten din, bli dette mørkeblå.**

"**Denne meditasjonen vil helbrede uro og nervøsitet. Den vil helbrede kroppen og frigjøre stress både på overordnet og subtilt nivå, fordi den inneholder sannheten om hvem du er.**" Med alvorlige blikk sa de, "**Noen vil undre seg over denne meditasjonen og noen vil til og med synes at den er litt skummel.**"

De ristet resolutt på hodene og sa, "**Det er ikke viktig. Det er ikke viktig hvorvidt man gjør denne meditasjonen eller ei. Den er for de som er klare for denne opplevelsen av utvidelse. Gjør den tilgjengelig for dem. Nattehimmelens teppe dekker alle." Mens de foldet vingene over brystet uttalte de, *"Dette er hvem du er."*

To uker senere kalt jeg gruppen sammen for å meditere på Livets Vev. Meditasjonen var en stor suksess, og da møtet var over delte vi den utvidelsen vi hadde følt. For mange viste det seg at dette hadde vært den mest meningsfulle øvelsen så langt. Hver og en følte på kroppen hvordan yin er en åpen og understøttende kraft. Maria kommenterte at Livets Vev gav henne en større forståelse av hva Gud er, mens Connie sa at nå skjønte hun hva uttrykket "vi er alle en" betydde. Jeg kjente også denne følelsen av enhet. Jeg var mykere nå, mer utvidet — spesielt i hjertet.

"Hvis den er spinkel og skrøpelig klarer ikke skapelsen å holde på kraften."

Selv om ryggen min aldri senere har vært så varm som da Bestemødrene tok bort steinene, gjorde den fortsatt vondt. Men jeg hadde lært leksen min, og nå ble hver reise for å lære av Bestemødrene etterfulgt av en reise for få helbredelse. Jeg trengte ikke å bruke tre-til-én formelen lenger, men jeg trengte å reise til den nedre verden for helbredelse like ofte som jeg reiste til den øvre verden. Hvis jeg av en eller annen grunn glemte dette, ville smertene i ryggen minne meg på dette.

Mens jeg sto på kanten av den åpningen jeg bruker for å komme til den nedre verden, ba jeg om helbredelse fra de hengivne dyreåndene. Deretter kastet jeg meg ned i det svarte hullet, landet med et plask i den velkjente kanoen og padlet til jeg kom til sandbanken. Jeg bante meg vei gjennom det tette bladverket og holdt nesten på å kollidere med Bjørn som sto og ventet.

Jeg kollapset mot den sterke kroppen hans, og mens jeg lente meg mot ham la jeg merke til hvor skjør kroppen min virket i forhold til den roligheten og styrken som var hans. Det var en skjelvende intensitet i meg som jeg ikke kunne føle hos ham. **"Jeg er ditt totem,"** sa han. **"Ta styrken min. Min styrke er din styrke."**

Jeg hadde vanskeligheter med å forstå denne uselviskheten og sjenerøsiteten. Denne måten å gi på var utenfor min forståelse. **"Den er ikke uselvisk,"** sa han der han leste tankene mine. **"Den ser forbi det uselviske."** Han så det forundrede uttrykket i ansiktet mitt og la til, **"Vi er alle ett."**

Jeg forsto at dette ikke bare var ord for ham. Han visste hva "alle er ett" betød. Dette er det indianerne omtaler som den store "give away", det å uselvisk gi av seg selv og det man eier til alles beste. «Ja, Bjørn,» sa jeg. «Jeg forstår og er glad for å ta av din styrke.»

"Det å gå på fire ben har sin styrke," sa han. "Å gå på to ben er en større belastning på kroppen. Det er ikke naturlig." Under ordene hans hørte jeg: "Dyrebevisstheten, kroppens egen bevissthet, trenger å styrkes i deg." Jeg lente meg besluttsomt mot brystet hans. Styrken hans kom inn gjennom ryggen min, beveget seg ut over hele kroppen min, og en dyp ro fylte meg med kraft og en følelse av dyp forankring.

"Jeg tar det inn; Jeg tar det til meg," sa jeg og var glad for følelsen av velvære og helbredelse, men som svar brølte han, "Dette handler ikke om å bli kvitt smerten! Dette," brummet han mens han reiste seg på bakbena, "handler om å fylles med kraft og å erkjenne den!

"Når den er spinkel og svak klarer ikke skapelsen å holde på kraften," brummet han. "Menneskene har blitt svake fordi de har lagt for mye vekt på intellektet og ikke nok vekt på hjertet — den instinktive kilden til kunnskap. For stor aktelse for intellektet. Tåpelig!" tordnet han. "Visdom og styrke kommer fra hjertet."

Jeg drakk dette inn. "Kom hit hver dag for helbredelse," sa han. Øynene mine ble store av forskrekkelse (*hver* dag!), men han sa, "Bare for en liten stund. Vibrasjonen i kroppen din vil endre seg."

Han masserte min sakrale ryggrad mens solen skinte ned på baksiden av bena mine. Det føltes godt. Jeg hadde baken opp i været, lik en hund som strekker seg. Han så på meg og sa, "Du har glemt hva du er." Jeg hadde glemt at jeg hadde en kropp; jeg hadde ikke hedret kroppen min, tatt vare på den slik jeg skulle.

Jeg hadde fokusert så mye på intellektet mitt at jeg hadde et desperat behov for hjertets instinktive kunnskap som han snakket om. "Jeg trenger å være tilstede i kroppen min," sa jeg. "Gled deg over å være i kroppen din," humret Bjørn. "Du *er* her. Det er en mening med denne kroppen."

Nå satt jeg på bakken, og ble klar over hvor deilig det var å ha jorden under meg. Den beroliget og støttet opp under meg. Nok en gang spurte jeg hva som kunne gjøres med smerten i ryggen og bena mine. Deretter la jeg meg ned og lukket øynene.

Umiddelbart endret ting seg. Det føltes som om jeg sank ned i jorden, så langt ned at da jeg åpnet øynene mine var de på samme nivå som bakken. "Jeg har ikke sunket helt under jorden, for jeg kan fortsatt se og tenke," beroliget jeg meg selv. "Det er bare litt underlig — underlig men ikke ukomfortabelt." Mens han strøk meg beroligende over ryggen sa Bjørn, "Mye redsel og depresjon kommer av at man ikke er nok tilstede i kroppen. Har ikke vært tilstrekkelig tilstede på lang tid," brummet han. "**I flere generasjoner har man vært avsondret fra kontakten med jorden. Ikke riktig!**" knurret han og trampet med foten i bakken.

Jeg lå nede i jorden og slappet av. "Ja, hvorfor ikke?" sa jeg. "Dette er den ikke-ordinære virkeligheten, hvor alt er mulig." Og etter en stund la jeg merke til hvor godt det var å være senket ned i jorden på denne måten. "Ja," sa jeg, "jorden holder og bærer alt. Og jeg er ikke adskilt fra den — ikke adskilt i det hele tatt."

Nesen min stakk opp av bakken, og jeg lyttet til trærne rundt meg. Mens de mumlet og sang til hverandre oppfordret de meg til å slappe av. De var også sunket ned i jorden og drakk av den fra røttene sine. "**Det kan du også,**" sa de mens de sang en vuggesang for meg. "Jeg føler meg så *i ett med alt*," hvisket jeg til trærne. "På dette stedet er man ikke adskilt fra noe." Så i denne underlige, men likevel komfortable stillingen falt jeg i søvn.

"Selve troen er ikke viktig. Troen er veien som fører til opplevelsen."

Fire dager på rad reiste jeg til den nedre verden, akkurat slik Bjørn hadde bedt meg om. Etter det fjerde besøket følte jeg meg så mye bedre at tankene mine flyttet fokus fra min fysiske smerte til noe som sjamanen en gang hadde sagt til meg. "Du lider under den store tomheten," hadde hun sagt. Jeg ville dra til Bestemødrene for å finne ut hva dette betød.

Når jeg spurte dem om "den store tomheten" studerte de ansiktet mitt før de tok hendene mine i sine mens de strøk over dem. "**Dette var noe du en gang var redd for,**" sa de.

"Bestemødre, sjamanen sa at jeg skulle dra til dere for å spørre om den store tomheten," sa jeg. Ikke før hadde jeg sagt det før jeg fikk kjempevondt i magen, og ble overveldet av både svakhet, kvalme og frykt.

"**Dette var en smerte du *følte*, datter,**" sa de. "**Det er et *forbigått* stadium, men det er fortsatt rester igjen av den.**"

Frykten gjorde meg iskald der jeg sto foran dem. "Bestemødre," ba jeg, "vær så snill og hjelp meg til å komme meg gjennom denne store tomheten eller å akseptere den. Jeg ønsker ikke å leve hvis jeg skal være fylt av denne typen frykt."

På ett eller annet vis forflyttet de meg til min plass i rådet. Da jeg så rundt meg la jeg merke til at ved å sitte sammen på denne måten var det som om Bestemødrene og jeg dannet et byggverk. Energien vår steg oppover fra podiet, møttes og slo seg sammen høyt over hodene våre. Vi satt i en halvsirkel og energien vi skapte fikk en kjegleform som var avrundet på toppen. Mens jeg satt slik begynte energien i denne kjeglen å renne nedover og fylle kroppen min.

"**Frykten for den store tomheten var som en gift i deg,**" sa de. "**Små rester av denne giften er fortsatt i kroppen din.**" Mens de snakket overmannet frykten meg og skaket meg opp. "Vær så snill å ta den," sa jeg mens jeg bøyde meg ned og viste frykten frem for dem.

"**Frykten for tomhet, for at det ikke skal finnes *noen ting*,**" sa de, "**har gjort at man ikke slipper taket — men holder fast på roller, på mennesker, på eiendeler, på alt.**" "Det er dette jeg ønsker å gi slipp på," sa jeg. "Det vet vi," svarte de.

Nå satt jeg i lotus posisjon, med håndflatene opp, mens det steg røyk opp fra meg. Røyken dannet grønn/grå røyskyer som bølget over hodet mitt. Den røyklignende massen var frykt, den typen frykt som gjør folk så ulykkelige at de vil klamre seg fast til hva som helst.

De greiene som rant ut av meg var så sterke at de langt overgikk den vanlige frykten for å være alene. Dette var frykten for *ingenting*; frykten for at hvis vi ikke fylte livene våre, hvis VI ikke fylte dem, ville tomheten overta. "**Denne frykten,**" sa Bestemødrene, "**kommer fra et fokus på yang aktivitet i stedet for på yin mottakelse.**" Jeg kunne se dette "**fokuset på yang aktivitet**" der det lå over meg og dannet skarpe kanter som stakk ut i ulike vinkler fra kroppen.

"Å nei!" hørte jeg meg selv utbryte, idet en følelse av forknytt stramhet snørte sammen venstre side av kroppen min. Energien var helt fastlåst, og idet jeg kjente hvor stram den var gikk det opp for meg at jeg til og med var engstelig for min manns jobbavgjørelse. Det var en sak som nylig hadde kommet opp, og den ville ikke få så store konsekvenser, men den var også knyttet til denne samme forknytte følelsen. «**Det er tåpelig å være engstelig,**" sa Bestemødrene, "**tåpelig å være engstelig.**"

Den venstre siden av kroppen min var gjennomboret av et stort antall stifter som satt fast i skulderen og ryggen. De naglet fast frykten. Men nå holdt de på å løsne. Bestemødrene sto både bak og over min venstre side. De holdt i en stor magnet og snakket til stiftene mens de førte magneten frem og tilbake slik at den trakk i dem. Jeg så på mens de en etter en spratt ut og ble hengende fast i magneten.

"Dette er bare gamle mønstre knyttet til det å holde fast," sa de mens de fortsatte å arbeide med magneten. De ristet på hodet, og fra ansiktsuttrykkene deres skjønte jeg at dette ikke var noe vanskelig arbeid. Frykten var klar for å slippe taket, og kom lett av.

"**Du trenger ikke holde fast ved noen ting nå,**" sa de. "**Du har nå kommet forbi det stadiet som handler om å holde seg i live; frykten**

knyttet til det å holde seg i live har du nå lagt bak deg." Den venstre delen av kroppen min føltes ganske utvidet, nesten åpen.

Den store tomheten hadde vært lagret i den bakre, venstre siden av kroppen min. Sjamanen måtte ha sett den der. **"En tro,"** sa Bestemødrene, **"en massetro, som omstendighetene gjorde at du engang også trodde på."** De smilte bredt mens de la til, **"Men den var ikke sann."**

Fra nå av måtte jeg være årvåken for denne gamle troen på livets tomhet. Jeg måtte våge å gjenkjenne den hver gang den dukket opp, og slutte å gjemme meg for den. Hver gang jeg ble bevisst den skulle jeg invitere troen på den store tomheten inn slik at jeg kunne se den for hva den var — bare en tro.

I det jeg tok min beslutning så jeg at denne troen hadde en form. Den så ut som en ørken. Den var tørr, sandete og livløs. **"Troens ørken,"** sa Bestemødrene, og la til, **"Selve troen er ikke viktig. Troen er veien som fører til opplevelsen. Dessuten, når man ikke frykter den store tomheten er den faktisk FULL!"** De så meg inn i øynene og hvisket, **"Den er faktisk den store overfloden — full av ånd, full av kjærlighet ...."**

Jeg klarte ikke å høre dem lenger. Selv om jeg så at munnene deres beveget på seg, og så at de gestikulerte, var lyden av stemmene deres nesten blitt borte. "Åh- å — å!» ropte jeg mens jeg nok en gang følte hvordan frykten prøvde å snike seg tilbake inn i meg. For en nifs følelse det var å bli bevisst hvordan frykten lå og lurte selv mens jeg sto sammen med Bestemødrene.

Etter en lang pause omformulerte jeg spørsmålet mitt, «Bestemødre, er det noe annet i tillegg til den store tomheten?» **"Vær med oss,"** sa de mens jeg kjente enda mer skjelving i brystet mitt. Før frykten klarte å ta tak i meg igjen børstet de meg med de store vingene sine — både foran og bak. Deretter dekket de meg og jeg lå på bakken mens de omsluttet meg med vingene sine. "Bestemødrene er en kokong," sa jeg mens jeg så opp på dem, "og jeg .... jeg er i denne kokongen." **"som eksisterer i livets store mangfold av tomhet/fylde,"** fortsatte de. "Oj!" utbrøt jeg idet jeg pustet ut den siste resten av frykt fra kroppen min. I samme øyeblikk endret trommene rytme.

"Bli værende i kokongen,» sa de. **"Bli i kokongen."** Det skal jeg, Bestemødre, det skal jeg" lovet jeg idet jeg begynte på tilbaketuren. Deretter gled jeg tilbake ned til jorden, inni kokongen.

KAPITTEL 13

Oppvåkningen av den indre kraften holder vårt budskap støtt.

"De som har blitt vekket til den indre kraften vil være bærere av vårt budskap for andre."

Den store tomheten brakte frem vag frykt og skumle følelser som ikke var knyttet til spesifikke minner eller hendelser. Jeg hadde flere mareritt, men på et forunderlig vis føltes de ulike fryktfølelsene som kom frem ikke spesifikt som mine. Kanskje de hadde sin opprinnelse i et tidligere liv eller menneskenes generelle bevissthet. Jeg vet ikke helt. Men det holdt på å skje en forvandling av et eller annet slag, og jeg hadde mye som måtte integreres mens jeg var i kokongen min.

Jeg var ikke den eneste som ble påvirket av dette arbeidet. De som var med i gruppen var også i ferd med å forankre yin energien. Det å meditere på Livets Vev, Muggen og Koppen og Lysnettet hadde også en effekt på dem. Det virket på meg som om de var sterkere og samtidig mykere.

Dette arbeidet hadde hjulpet oss så mye at jeg ønsket å gjøre det tilgjengelig for alle. Jeg var imidlertid litt forvirret med hensyn til min rolle i å formidle Bestemødrenes seremoni for å vekke vår indre kraft. Hvordan skulle jeg nå frem til alle som ønsket å motta den? Kanskje fantes det en måte å beskrive seremonien knyttet til oppvåkningen av denne indre kraften som gjorde at de kunne motta den direkte fra boken.

Da jeg spurte Bestemødrene om dette betraktet de meg alvorlig, og særlig en av dem studerte meg svært intenst. **"Du skriver *om* oppvåkningen av den indre kraften,"** sa hun. **"Du skriver *om* seremonien, men å lese om den er ikke det samme som å motta den. Ikke alle trenger å delta på en seremoni for å vekke den indre kraften,»** fortsatte hun, "men alle de som ønsker å motta den vil gjøre det.

"Når du skriver om å vekke den indre kraften vil leserne få en beskrivelse, en smak av den. Det er alt. Men selv om en vekkelse av den indre kraften ikke kan bli formidlet via det skrevne ord, så kan vårt budskap det." Da de så hvor ivrig jeg lyttet sa Bestemødrene, "Du vil være travelt opptatt med å vekke den indre kraft. Dette vil hjelpe til med å forankre vårt budskap."

De besvarte ikke spørsmålet mitt fullt ut, men det de sa var viktig. «Okay, Bestemødre,» sa jeg, «Deres seremoni for å vekke den indre kraften er separat fra budskapet, er det korrekt?» "Det er en viss gjennomstrømning," sa de. "Du vil gjennomføre mange seremonier for å vekke den indre kraften, og de som mottar dem vil være bærere av budskapet for andre. Mange av de som mottar dem vil ikke være klar over det, men de er bindeledd for arbeidet.

"Kjære datter," sa de, "ikke vær så bekymret." De hadde lagt merke til den rynkede pannen min. "Du vil gi videre seremonien for å vekke den indre kraften, og *nok* mennesker vil motta den. Det er *budskapet* vårt som er viktig. Det er *budskapet* vårt som er viktig.

"Noen vil ta imot budskapet og gjøre store ting med det; oppvåkningen til den indre kraften holder budskapet støtt." De betraktet meg fra topp til tå og fortsatte, "Det er fordi du har blitt vekket til den indre kraften at du er i stand til å snakke om vårt budskap. Så ta det dit det er etterspurt, dit det blir vel tatt imot. Vi vil la deg vite hvor du skal gå.

"Vi har ikke mer å si om dette," sa de. "Oppvåkningen av den indre kraften kan ikke bli formidlet gjennnom det skrevne ord, men det kan budskapet vårt. Skriv ned budskapet vårt, så vil vi hjelpe deg."

"For å opprettholde dette arbeidet er det kun behov for at et visst antall mennesker skal bli vekket til den indre kraften eller motta trivselens kappe," sa jeg. "Det skaper en plattform slik at alle kan få tilgang til arbeidet. Ut fra deres budskap vil det deretter komme nye ideer som vil komme menneskene til gode. Er det slik?" spurte jeg. "Ja," nikket tolv hoder. "Altså," fortsatte jeg, "danner arbeidet et nettverk, en plattform man kan bygge videre på."

Vi dannet en ring og danset sammen, først innover, så utover, som i et mønster. "**Denne bevegelsen styrker Lysnettet**," sa de, og jeg tenkte, "Dette er noe gruppen kan gjøre — vi kan danse på denne måten for å styrke Lysnettet."

Mens jeg danset innover og utover sammen med Bestemødrene funderte jeg over gruppen, som på den tiden i sin helhet var satt sam-

Oppvåkningen av den indre kraften holder vårt budskap støtt.

men av kvinner. "Så typisk det er for kvinner å gi helt uselvisk," tenkte jeg. "Å gi uselvisk på denne måten er en av de mest vidunderlige kvaliteter som kvinner har. Det er dette gruppen har kommet sammen for å gjøre — å gi.

"Dette er hva enhver person gjør som har mottatt Bestemødrenes oppvåkning til den indre kraften, enten de vet det eller ikke. De blir bindeledd for dette arbeidet, og tar del i noe som er større enn dem selv — til alles beste. De bygger et fundament som andre kan bruke, og knytte seg til. Er dette mine ideer?" undret jeg, "eller er det Bestemødrenes?" Disse tankene fortsatte å passere gjennom hodet mitt mens vi danset, inn og ut, inn og ut.

"**Alle som har mottatt vår oppvåkning til den indre kraften trenger å bli takket for det arbeidet de gjør,**" sa Bestemødrene. "**Kanskje de gjør det uten at de selv er klar over det, men de forankrer allikevel dette budskapet.**" De ønsket at jeg skulle skrive et brev fra dem og takke hver enkelt for at de deltar i dette arbeidet.

Mens de snakket fikk jeg et glimt av det fundamentet som ble bygget ved hjelp av Bestemødrenes oppvåkning til den indre kraften. Det så ikke ut slik jeg normalt ville beskrevet et fundament. Det var ikke laget av sement men av jord, fruktbar jord som alt levende kunne vokse i. De kvinnene og mennene som nå var knyttet til hverandre gjennom Lysnettet var de som dannet denne plattformen. De bygget den. Da jeg tittet ned på føttene mine så jeg at den kom sammen og dannet et fyldig teppe av gress.

Mens jeg studerte dette fundamentet, kom jeg til å tenke på et landskap jeg hadde sett som barn, en fyldig jord slik som i Midtvesten. "**Et solid, og rolig sted å vokse,**" sa Bestemødrene, "**og ikke et øyeblikk for tidlig.**" Da jeg tittet opp på dem sa de, "**Alt er perfekt, som Gud har bestemt.**"

Nok en gang minte de meg på at de forandringer de hadde kommet for å sette i gang skjer helt uten anstrengelse. Det skjer i det øyeblikket når en kvinne mottar hinnen eller en mann mottar trivselens kappe og åpner seg opp for det Guddommelige. "Så typisk for Gud," slo det meg, "å tenke på noe som er så enkelt og så vakkert som dette. I det vi kommer til slutten av Kali Yuga, denne perioden som i Vediske skriftene omtales som "Ødeleggelsens tid", legger Bestemødrene ned det materialet som nytt liv kan vokse fra.

"**For en gave disse menneskene gir,**" sa Bestemødrene, "**hver og en blir av Gud trukket mot vår oppvåkning av den indre kraften på bakgrunn av deres arv, hvilken type de er, personlighet, deres fysiske jeg, evner, styrker og svakheter. På bakgrunn av deres særegenhe-**

ter," fortsatte de, "forankrer hver og én spesielle ferdigheter. Hun og han kan derfor bli et bindeledd for andre som er deres likesinnede. På denne måten,» sa de, "har alle slags mennesker mottatt eller vil motta vår oppvåkning til den indre kraften.

"Det er ikke nødvendig at de er en spesiell type mennesker — for eksempel spirituelle." I forbindelse med den første seremonien hadde de instruert meg til å velge ut spirituelle mennesker, men siden da virket det som om folk uvilkårlig dukket opp til møtene. Mange som kom var totalt ukjente for meg, og jeg forsto snart at jeg ikke hadde noen kontroll over å velge hvem som skulle komme.

"La Gud velge hvem som kommer til møtet og får en oppvåkning til den indre kraften," sa de. "Hver og en er et bindeledd for andre som er som dem. På denne måten blir flere nådd." Dette forklarte hvorfor alle typer kvinner og menn hadde kommet.

"Det kan være at en person kan virke ubehagelig på deg. En person kan virke kald eller selvutslettende eller noe annet," sa de. "Men alle typer personligheter trenger å motta denne oppvåkningen til den indre kraften slik at alle som har den samme frekvensen som disse kan motta budskapet gjennom dem."

Brått ba de meg om å "**Send ut Nettet.**" Lysnettet må bli gjort tilgjengelig for alle. "Å, ja," sa jeg, "Det skal vi." Helt siden gruppen første gang hadde mottatt Lysnettet hadde vi spredt det ut til alle hver gang vi møttes.

"**Du kommer til å foreta mange flere reiser for å snakke om vårt budskap,**" sa de "**for å lære bort og utdype det vi har å si.**" De tok en liten pause, og akkurat da endret trommene rytme. "Tusen takk, Bestemødre," sa jeg og var så full av respekt for dem at jeg helt automatisk bøyde meg ned foran dem, og de velsignet meg med hendene sine.

Et par dager senere spurte jeg dem om å bruke meg til å føre i pennen det brevet de ønsket å sende til alle som hadde deltatt i seremonien for å vekke den indre kraften. De skrev, "Hver og en som har deltatt i vår seremoni for å vekkes til den indre kraft er nå del av en bevegelse som er satt i gang, og uansett hva den enkelte gjør vil denne bevegelsen fortsette. Hvis du ønsker kan du ta aktivt del i dette arbeidet. Du kan få gleden av å være med på lasset sammen med oss, og hjelpe andre til å oppleve den samme gleden. Eller du kan velge å la være å delta. Uansett hva du velger så har prosessen begynt og den vil fortsette.

«Det er ikke noe spesielt den enkelte må ‹gjøre› for å delta i arbeidet med å fylle opp yin energien på jorden igjen. Dette skjer automatisk hver gang en kvinne tar del i seremonien for å vekke den indre kraft og en mann mottar trivselens kappe. Men for alle de som ønsker å være aktivt med oss, gjør det som blir *gitt* deg. Hvis det byr seg en anledning, *ta* den. Hjelp andre, så vil du se at det å hjelpe oss å hjelpe andre, vil gi deg glede. Du skal imidlertid vite at du er ikke ansvarlig for noens skjebne. Det er allerede klart."

"Vi vil gi hinnen, den beskyttende auraen, til de oppriktige av hjertet, til de som er klare til å motta den."

Bestemødrene hadde gitt meg en forståelse av forskjellen mellom deres budskap og deres seremoni for å vekke den indre kraften som finnes i oss alle. Men jeg lurte fortsatt på om det var en mulighet for at de som ønsket det kunne få vekket denne kraften direkte fra Bestemødrene.

Da jeg startet på den neste reisen var jeg både oppskjørtet og nervøs, men jeg visste ikke hvorfor. Ørn smilte sitt intense/underlige smil mens jeg gikk imot ham, og da jeg ropte ut "Å, Ørn, Ørn!" begynte han å le. Det var tydelig at han så at jeg var nervøs.

Vi drog avsted, men vi hadde ikke kommet langt før jeg hørte ham si, **"La meg ha styringen!"** Jeg hadde spurt om og om igjen, "Kommer vi gjennom til deres nivå nå? Kommer vi gjennom til deres nivå nå?" akkurat som når man spiller en plate med hakk i. Jeg oppførte meg som en skikkelig baksetesjåfør. Hvorfor var jeg så nervøs?

Bestemødrene så tålmodig på meg mens jeg utbrøt, "Bestemødre, dette er ordentlig viktig. Hva ønsker dere at jeg skal si om det å gi og motta denne oppvåkningen til den indre kraften? Det er umulig for meg å formidle denne oppvåkningen til denne kraften til alle, og jeg ønsker ikke at noen skal føle seg snytt."

Etter hvert ble jeg bevisst deres taushet, og stoppet å snakke idet jeg husket at det ikke var opp til meg å bestemme hvem som deltok i seremonien for å vekke den indre kraften eller hvordan det skjedde.

"Dette er *vår* seremoni for å vekke den indre kraften," sa de. **"*Vi* gir den. Vi tiltrekker oss de som søker og som er klare for den, og vi kommer til dem. Kom sammen i grupper, spør og motta. Vi gir til dem som er oppriktig søkende det de søker. Vi gir hinnen, den beskyttende auraen, til de oppriktige av hjertet, til de som er klare for å motta den."**

Jeg følte en utrolig lettelse. Alle kunne spørre dem direkte om å få motta denne gaven. Det var følelsen av å ha ansvaret for å formidle deres seremoni for å vekke den indre kraften som hadde gjort meg så nervøs. En byrde som aldri hadde vært min falt av skuldrene mine.

"Selv om en seremoni vil styrke opplevelsen og anerkjennelsen av oss, er det ikke nødvendig med en seremoni for å vekke den indre kraften som finnes i oss alle," sa de. "Vi blir trukket mot det oppriktige hjertet som ønsker å gjøre noe godt for menneskeheten." De gjentok, "Det er det oppriktige hjertet som påkaller oss.

"En seremoni hjelper deg til å anerkjenne det du har mottatt ved at den bidrar til å stagge tankenes ustoppelige strøm. Det er derfor det å motta hinnen og trivselens kappe på en seremoniell måte gjør at denne gaven går dypere inn i sinnet, dypere inn i kropp og sjel. Men vi sier nok en gang, vi vil svare det oppriktige hjertet som påkaller oss. De som ønsker å dele denne opplevelsen med hverandre kan tenke ut en seremoni, men det er ikke en fast bestemt måte å gjøre dette på. Alle er velkommen til å motta denne gaven vi har å gi, dersom ønsket om å motta den kommer fra hjertet.

"Vi vil svare på både menns og kvinners ønsker," sa de, "men vi svarer menn på en annen måte enn vi svarer kvinner. Vi gir mennene det *de* trenger. Vi er glade for å kunne gi. Glade," sa de og beveget kroppene sine fra side til side mens de svingte på skjørtene sine som meksikanske dansere.

"Dette er alt det er å si om det å vekke den indre kraften. Det er veldig enkelt. *Vi* kommer, *vi* samler gruppen, *vi* vet hvem som er klare og når de er det…." Plutselig ble de uklare og vanskelige å få øye på, og som på lang avstand hørte jeg dem si, **"Vi velsigner deg. Vi velsigner dere alle."**

KAPITTEL 14

Den dype feminine kraften

"Elsk alt liv."

Midt oppi alt dette arbeidet med Bestemødrene var min mann og jeg nødt til å avlive to av våre tre kjæledyr. Sadie, vår golden retriever, hadde vært hos oss i fjorten år. Willie, den oransje katten, hadde vært hos oss i tre. Willie hadde kommet til oss da han var gammel, og hadde allerede da vondt i både hoftene og ryggen. Vi visste derfor at han ikke kom til å være hos oss så lenge, men det var allikevel forferdelig å ta den endelige avgjørelsen.

Mens vi holdt på å avgjøre hva vi skulle gjøre med ham begynte også Sadie som var nesten seksten å nærme seg slutten av sitt liv. Bena hennes klarte ikke lenger å holde henne oppe og vi måtte støtte opp under henne hver gang hun skulle på do. Hun hadde så tykk pels at det var så vidt vi klarte å holde henne ren. Hun hadde vært en del av livet vårt i så mange år at det var hjerteskjærende å måtte ta avgjørelsen om å avlive henne. Etterpå sørget både Roger og jeg i flere dager, selv om vi visste at vi hadde gjort det riktige.

Jeg ble hjemsøkt av bilder av Sadies siste minutter. Da jeg tenkte på hennes tillitsfulle øyne verket det i hjertet mitt, og jeg klarte ikke å slutte å gråte. Jeg savnet henne så mye at jeg ikke klarte å konsentrere meg om Bestemødrenes arbeid, og innimellom kunne jeg til og med fundere over hvorvidt jeg hadde tatt den riktige avgjørelsen. Jeg hadde akkurat mistet min kjæreste venn, og jeg lengtet etter å være sammen med dyreåndene. Til slutt bestemte jeg meg for å reise til den nedre verden for å være sammen med Bjørn. Kanskje kunne sorgen min bli vendt til noe godt.

Idet jeg nærmet meg åpningen i bakken trillet tårene nedover ansiktet mitt og hjertet mitt sved. Hjertet mitt sto i brann. "Hjelp meg!" ropte jeg i det jeg kastet meg nedover.

Da jeg så opp så jeg Bjørn som sto foran meg, full av forventning. "Hva er den viktigste jeg kan lære av Sadies og Willies død?" spurte jeg.

Han snudde seg, og ga tegn til at jeg skulle følge etter ham, men mens jeg trasket etter ham tenkte jeg plutselig, "Jeg har hatt så vondt i ryggen i det siste at jeg vet ikke om jeg kan gå uten å halte." Så underlig det var å ha en slik tanke mens jeg var i den ikke-ordinære virkeligheten. Men Bjørn, som oppfattet alt, løftet meg opp, og takknemlig la jeg meg opp på ryggen hans mens jeg klemte armene og bena rundt ham. "Det føles så godt å begrave hendene mine i pelsen din," hvisket jeg, og samtidig gikk det opp for meg at på grunn av ham hadde jeg nå en virkelig forkjærlighet for bjørner. Jeg klarte for eksempel ikke å gå i en dyrehage og se at de var innesperret. Alt på grunn av Bjørn.

Mens jeg lå avslappet oppå den varme pelsen hans ble jeg så overveldet av min kjærlighet for ham at jeg knapt klarte å puste. Raskt kastet han et blikk på meg over skulderen sin og sa, **"Elsk alt liv."** Dette var en påminnelse, en formaning om ikke å være mer glad i *ham* enn i andre dyr, men å være glad i *alt* liv. Det gikk opp for meg at uttalelsen hans også gjaldt for min tilknytning til Sadie og Willie.

Bjørn vadet over en elv og i retning av en hel forsamling av dyr. På elvebredden sto det en elg med stort gevir, en sebra, en giraff, en krokodille, flere typer aper, og mange andre arter. Jeg spurte dyrene om hva som var det viktigste jeg kunne lære av dem akkurat nå, og deretter ble vi stående å betrakte hverandre.

Jeg så inn i de uttrykksfulle øynene deres, og bekymret meg for om de kanskje fordømte meg for at jeg hadde fått Sadie og Willie avlivet. Jeg hadde ikke før tenkt tanken før de drog meg inn midt iblant dem. På en eller annen måte var jeg i stand til å betrakte det hele samtidig som jeg tok del i opplevelsen. Jeg kunne både se og føle apene der de la hendene sine på skuldrene mine, mens en krokodille falt i søvn med hodet på føttene mine.

Dyrene presset seg opp til meg samtidig som de formidlet sin solidaritet med meg. Jeg forsto ikke alt som foregikk, men det føltes vidunderlig å være sammen med dem — de var mine venner og jeg var deres. Vår følelse av samhørighet rørte meg, men jeg var fremdeles bekymret. "Hva med fiskene?" tenkte jeg. Jeg spiste fortsatt fisk. Men jeg hadde ikke før tenkt tanken før fiskene kom svømmende oppover elven og samlet seg rett ved elvebredden der vi satt. Dyrene og jeg satt på elvebredden og så på dem mens de svømte frem og tilbake foran oss. Vi var virkelig som en familie der vi var samlet alle sammen.

Da Bjørn og jeg hadde krysset elven hadde jeg vært redd for at dyrene skulle fordømme meg, men nå skjønte jeg at de forsto, at de sympatiserte og følte samhørighet med meg. Jeg var virkelig takknemlig for deres medfølelse og spurte dem, "Hva er den viktigste lærdommen jeg kan få fra Sadies og Willies bortgang?"

De store apene holdt meg i hendene mens de andre dyrene flyttet seg nærmere. Jeg kunne føle varmen fra kroppen deres og pustet inn den gode dyrelukten. Da jeg tittet opp så jeg at både ørner, hauker, hegrer og storker satt i trærne omkring oss.

Følelsen av å være ett med dem vokste da de sa, **"Ikke se adskillelsen. Se fellesskapet."** Jeg lyttet til dem og det gikk opp for meg at avgjørelsen om å avlive Sadie *hadde* jeg gjort i fellesskap med henne. Det var hun med sin kjærlighet som hadde vist meg hva som trengtes å gjøres. Tårene trillet nedover kinnene mine mens jeg husket de siste dagene før hun ble stedt til hvile. Jeg hadde kontinuerlig bedt om hvorvidt jeg skulle ta henne med til veterinæren eller ei, og prøvde å lytte til hva hjertet sa meg, helt til jeg endelig samlet opp nok mot til å gjøre hva det sa jeg burde gjøre. Vi hadde sammen tatt denne avgjørelsen.

I øyekroken skimtet jeg Willie med sin tykke oransje pels og runde hode. Nå var han helt avslappet i selskap med alle de ville dyrene, og gned seg opp mot leggen min som for å si at han var lykkelig nå, og glad for at jeg hadde satt en stopper for all smerten han hadde opplevd. Jeg var ett med Sadie, ett med Willie, ett med dem alle. Følelsene sprengte i brystet mens jeg hørte min egen indre stemme si, **"Dyrene er med meg og jeg er med dem.**

"Vi byr oss frem for hverandre i kjærlighet," sa de, og minnet meg nok en gang om det som indianerne kalte "the give away," den sjenerøse naturen som er en del av dyreverdenen. Jeg sugde inn min nærhet til dem, og mens jeg følte hvordan de velsignet meg begynte kroppen og sinnet mitt å vibrere i takt med trommene. På en måte var det som om trommens rytme trommet vekk den siste rest av adskillelse mellom oss. Da rytmene endret seg og jeg steg opp gjennom tunnelen opp til den ordinære virkeligheten var jeg mye roligere.

"Det å kunne sørge er viktig. Det skaper en større forståelse i deg, og gjør at du føler deg ett med jorden."

To dager senere vendte jeg tilbake. Jeg sørget fortsatt, og var fremdeles ganske utkjørt. Kanskje var det fordi jeg var så trøtt, men idet jeg begynte min nedstigning gjennom tunnelen tok jeg meg tid til virkelig å se nøyere etter. Veggene var rillete, som i en vagina, og på en måte understreket dette femininiteten hos Moder Jord.

På veien ned ropte jeg ut, "Bjørn, lær meg det jeg mest av alt trenger å lære. Jeg kommer til deg — helt utkjørt både fysisk og følelsesmessig.

Han ruvet over meg der han sto på begge bakbena, bøyde seg ned, løftet meg opp på skuldrene sine og bar meg avsted. Han klappet meg forsiktig, på samme måte som han ville ha klappet et lite barn, mens han gikk avsted. Jeg lente meg mot ham som den lille babyen jeg var og sukket dypt. "**Du er trett**," sa han. "**Hvil deg**," og jeg falt i søvn på skulderen hans.

Han la meg på gresset ved siden av en liten bekk og dekket meg med blader. Armene mine lignet på vinger laget av blader. Han dekket kroppen min med enda flere blader, mens han puslet og stelte med meg. Han fokuserte særlig på ansiktet og hodet, hvor jeg hadde en dundrende hodepine. Da han hadde dekket meg fullstendig løftet han opp ryggen min og dyttet jord og blader under meg så de dannet en liten tue. Han ønsket at jeg skulle være helt omsluttet, omgitt av alle elementene.

"**Tapet av Sadie representerer en tid for forvandling og endring**," sa han, "**en spesiell tid.**" Fordi vi hadde levd sammen i mange år sørget jeg mere over Sadie enn over Willie. Det var grunnen til at han snakket særskilt om henne. "**Den fører med seg en åndelig forvandling**," sa han. "**Det er tid for å synke ned i jorden. Dragningen mot jorden er naturlig**," fortsatte han, og jeg følte denne dragningen. Jorden kalte på meg, drog meg til seg. "**Gi etter for følelsen**," sa han. "**Ikke intellektualiser det hele. Ro-o-o-o-lig**," mimet han, "**gi etter og ta imot det jorden har å gi.**"

"**Det å kunne sørge er viktig**," sa han. "**Det skaper en større forståelse i deg, og gjør at du føler deg ett med jorden.**" Jeg gjorde som han sa, og la meg til å hvile i og på bakken. Da jeg endelig åpnet øynene hadde dyrene dannet en sirkel rundt oss. Det var en følelse av stor respekt i dette møtet, en følelse av dyp samhørighet. "**Dyrene ville aldri gjøre deg vondt**," sa de, og jeg visste at det var sant.

Jeg hadde lyst til å kaste meg ned foran dem i møte med deres kjærlighet, å knele foran dette givende fellesskapet, og før jeg rakk å undre meg over hvor denne tanken hadde kommet fra lå jeg plutselig utstrakt på bakken med ansiktet vendt nedover. Mens dyrene tok tak i meg og løftet meg opp *visste* jeg at vi var som en familie, i ordets rette betydning. Det finnes et navn for denne typen samhold; de visket det i øret mitt — det var et gammelt navn — men jeg klarte ikke å huske hva det var. Uansett — vi var ett, som gjennom et hellig bånd — det var dét det betydde.

Samtidig skjedde det en helbredelse i blodet mitt som beroliget og forankret meg. Jeg kom til å trenge kraften i mitt fysiske jeg hvis jeg

skulle gjøre Bestemødrenes arbeid. Det føltes helt riktig å bli roet ned og minnet om min tilknytning til jorden.
"**Du må ta din plass på jorden**," sa dyrene. "**Selv nå, selv i denne rotløse tid i historien må du ta din plass. Anerkjenn jorden. Kall på den, kall på jorden.**"

Jeg gjorde som de ba meg om, og de hadde en uendelig tålmodighet der de satt sammen med meg. Deres kjærlige omsorg og kraften fra jorden fylte meg og sank inn. Alt var i bevegelse og fylte meg helt til det gikk opp for meg at jeg *var* jorden, jeg var det røde fjellet og det røde jordsmonnet. Jeg visste at det var tilfellet, men ideen var fremdeles så ny for meg at jeg ble helt overveldet bare av tanken. Det var like før jeg falt i søvn, men så var det noe som beveget på seg og gjorde meg lys våken igjen. Bjørn sa, "**Det er helt i orden. Det du opplever er en oppløsning, en partering.**" Molekylene i kroppen min ble omdannet til jord, ble til den samme jorden som jeg lå i.

Fra et annet sted oppe i luften så jeg ned på meg selv. Det var rart, for nå hadde jeg mørkt hår. Jeg var ung, og kroppen min hadde en mørkebrun farge. Det var underlig fordi jeg var klar over at jeg hadde to forskjellige utseender på en gang. Jeg var fremdeles mitt vanlige jeg, men jeg var også en mørk, ung dame. Denne smidige og unge meg satt med bena over kors midt i ringen av alle dyrene, og var, med unntak av et skjørt, helt naken. Armene mine begynte å lage dansende bevegelser i takt med trommeslagene. Deretter begynte de å sirkle, og gå rundt og rundt som Shivas armer. Jeg var Nataraja, dansens konge.

Deretter reiste jeg meg opp, først på den ene foten, deretter på den andre, og kjente jorden, fast og støttende under fotsålene mine. Idet jeg bøyde den høyre armen min utover skapte bevegelsen en slags hilsen til dyrene som bekreftet vår enhet. I neste øyeblikk svingte den i sirkel i motsatt retning. Deretter gjentok den venstre armen min de samme bevegelsene, før jeg satte meg ned, rett i ryggen og med håndflatene vendt oppover for å ta til meg deres budskap.

"**Moder Jord ønsker at hennes barn skal vende tilbake til henne,**" hørte jeg en stemme si, og svarte, "Jeg er ett av hennes barn. Vi er alle hennes barn." Da jeg så opp så jeg Bjørn som danset i sirkel rundt meg, og sammen med han var det en ulv. Den snuste mens den nærmet seg og så meg deretter rett i øynene. En stemme sa, "**En hellig hund,**" og øynene dens ble mykere mens den nærmet seg og lot meg ta på den. Jeg holdt armene tett rundt halsen dens, og da jeg så den inn i øynene så jeg at jeg ikke hadde noe å frykte. Han var en gave; jeg hadde fått denne Ulven i gave. I broderlig stillhet satt vi sammen, Ulv på min venstre side og Bjørn på min høyre. Tett, tett inntil hverandre.

"Jeg trenger denne ville verdenen," sa jeg, og et triumferende "Ja!" unnslapp meg helt spontant. "Åh som jeg har lengtet etter dette," sukket jeg og kjente en lengselsfull smerte i hjertet mitt. **"Den er her!"** ropte dyrene, og jeg så på dem mens jeg sa, "Ja, dette er den verdenen jeg har lengtet etter."

"Å elske hverandre slik Jesus ba oss gjøre, er den eneste sanne gjerning."

Dagen etterpå bestemte jeg meg for å reise til Bestemødrene, og fløy like bak Ørn hele veien, mens vingene mine slo i kjølevannet hans. Da vi gikk inn for landing i dalen deres, sto de med vid åpne vinger for å ønske oss velkommen. "Hva er deres ønske med meg, Bestemødre?" spurte jeg mens jeg gikk imot dem.

De så opp på meg som for å si, "Hva er det du tenker på?", og minnet meg dermed på at jeg alltid skulle være spesifikk i mine spørsmål. "Jeg trenger mer rettledning om budskapet deres," sa jeg. "Jeg ble distrahert av disse dødsfallene, og kanskje er det slik at jeg trenger å komme på rett spor igjen."

"Ja," nikket de og rettet meg opp slik at jeg sto slik som dem. **"Sadies og Willies død har satt deg i sterk kontakt med dyreverdenen,"** sa de. **"Dyreverdenen er sterkere tilstede i deg nå enn noen gang før, og den støtter deg. Dette er bra — bare bra."** Med andre ord, selv om jeg tvilte var jeg fortsatt på rett spor.

Da jeg kastet et blikk til siden så jeg flere golden retrievere som løp rundt omkring. Til og med Sadie! Det var andre hunder og katter der også. Willie og! Jeg ble så overveldet av deres plutselige tilstedeværelse at jeg begynte å gråte.

"Å, så viktige kjæledyrene er," sa Bestemødrene. **"De setter oss i kontakt med jorden, og gir næring og ro til hjertene våre."** Nå var det hester der også, reptiler, fisker og alle slags planter. **"Gi oppmerksomhet og næring til noe, slik at det kan gi deg næring tilbake,"** fortsatte Bestemødrene. **"Den kjærligheten og omtanken vi gir til alt som lever er hellige handlinger. Slike handlinger gjenoppretter det hellige aspektet på jorden.**

"Det å gi omsorg til planter og dyr er en enkel måte å komme i kontakt med helligheten på jorden. Dette er noe man kan gjøre hver dag uansett hvor man er. Slike handlinger vekker til live den hellige energien, og gjør den levende igjen." De tok en pause for at jeg skulle kunne ta inn over meg det de hadde sagt. Deretter ropte de ut, **"Bli bevisst den hellige forbindelsen!**

"Overalt hvor det gis næring til dyreriket, planteriket eller mineralriket dannes det en hellig atmosfære. Det kommer mye godt ut av ting som gullfiskboller, bregner, potteplanter. Alle gir næring og minner oss om den helligheten på jorden som har blitt undertrykket så lenge. Gjør det," fortsatte de, "med ærbødighet. Det du holder i hendene dine har i seg et lite fragment av livets kilde. Med en slik bevissthet vil du gjøre mye godt. Dette," sa de, "er det som holder verden sammen, som fyller veien med kjærlighet og lys. Fortell dette," sa de.

"Se på livet slik det *faktisk* utfolder seg," fortsatte de. "Se på hvert tre slik det *faktisk* vokser og tenk på det med glede og takknemlighet." De pekte på meg mens de sa, "Du har sørget mye over flere trær, villmark og dyr som er blitt borte. Nå ber vi deg om å fokusere på det hellige aspektet i alt det som fortsatt består. Enhver plante, uansett hvor liten den er, har noe hellig i seg. Hver afrikanske fiol er hellig.

"Anerkjenn den guddommeliges tilstedeværelse *i* alt som finnes. Den *er* tilstede." De ristet på hodet med et bedrøvet uttrykk. "Ja, mye skade er allerede skjedd, men det guddommelige er fremdeles tilstede i livet. Elsk det, og mye godt vil komme ut av denne kjærligheten.

"Ingen vennlig handling er for liten. Et smil til et barn, et smil til en fremmed, — dette er store handlinger. Å vise hverandre en kjærlig omtanke er en viktig handling. Det er ingen rangorden mellom miraklene," siterte de fra boken A Course in Miracles. Ingen vennlig handling er større eller mindre enn en annen. "**Den store gjerningen er et hjerte som handler i kjærlighet. Vær bevisst dette.** Disse gjerningene finnes overalt rundt deg.

"Møt kjærligheten i den enkeltes hjerte," sa de, "og ikke la dere distrahere av den travelheten, bekymringen eller sinnet dere også ser i hverandre. Dette er bare ytre utslag av en midlertidig ubalanse." Ømt fortsatte de, «Kjærligheten finnes i hver enkelt. Møt den.

«Slike handlinger er med på å forsterke Lysnettet og Kjærligheten på hele jorden, i hele universet.» De tok en pause. "Det er ingen større gjerninger. Det vi mener er at det ikke finnes noen større gjerninger enn dette. Det å leve med et kjærlighetsfullt hjerte er *den største gjerningen*. Gi næring til denne storheten som finnes i deg, gjør det hele tiden, og vend også denne kjærligheten mot ditt eget jeg.

"Å elske hverandre slik som Jesus ba oss gjøre, er den eneste sanne gjerning. Alt annet er en reaksjon. *Dette er den eneste sanne gjerning*," gjentok de, "*å elske hverandre!* Vær glad i hver plante, vær glad i den lette brisen, vær glad i smilene i hverandres ansikt, vær glad i den omsorgen som vi ser hos hverandre. Å elske, å elske," nynnet de, "**det er den virkelige forståelsen, den store omfavnelsen fra Moderen. Å elske er en del av livet, å elske at noe fødes, å elske at noe dør. Å akseptere det, og å gi kjærlighet,**" sa de. "**Stor innsikt kommer som følge av dette, men først må man være villig til å elske, uansett hva.**"

Da tiden kom for å dra fra dem var det veldig vanskelig å rive seg løs. De forsto min motvilje, og holdt hendene mine mens de velsignet meg, og jeg visste at de ikke ville forlate meg. De hadde snakket om det hellige aspektet ved livet. De hadde snakket om å elske det som *lever*, ikke å sørge over det som ikke lenger er. Det var dette jeg også ønsket.

KAPITTEL 15
Menns rolle

"Kvinner har ikke hatt noe som virkelig er sitt. Dette er deres."

I flere måneder hadde mange kvinner spurt meg, "Hva med menn? Hva er deres rolle i dette arbeidet?" Da jeg til slutt la dette spørsmålet frem for Bestemødrene svarte de meg imidlertid ikke men snudde seg i stedet mot hverandre mens de lo en vennlig latter.

Jeg la merke til at de hadde på seg silkekjoler i ulike rosa sjatteringer. Noen av dem lå tilbakelent i myke salonger mens de satt slik sammen. De hadde aldri tidligere vist seg for meg på denne måten. De så ut som filmstjerner og overklassekvinner fra 1930 årene! Scenen minnet meg om en gammel forside fra *Vogue*, og Bestemødrene representerte essensen av femininitet og sofistikerthet. Til slutt klarte jeg å rive øynene løs fra dem og så ned på meg selv. Jeg hadde også på meg en slik gråorsa kjole.

Bestemødrene fniste seg imellom og innimellom brøt de ut i hyl av latter. En av dem, med mørkt krøllete hår, var spesielt livlig — og minnet meg om moren min i sin ungdom. Jeg var imidlertid fast bestemt på å holde meg til spørsmålet mitt, og ville ikke la meg distrahere av utseendet deres. Nok en gang spurte jeg om menns rolle i dette arbeidet. Ikke før hadde jeg stilt spørsmålet før jeg la merke til en form som sto ved siden av Bestemødrene, mye rettere og stivere enn deres. Denne formen var overhodet ikke avslappet og utflytende, men hadde et mer rektangulært uttrykk — nesten som en kraftig søyle. Mens jeg ventet og fortsatte å betraktet den hørte jeg Bestemødrene si, "**Det er bare noen få menn som vil ha en rolle i dette arbeidet.**"

"**Mange menn vil være vennligstilt overfor dette arbeidet og vil forstå det,**" sa de. "**Noen vil avfeie det, men det vil det også være kvinner som gjør.**" Uttrykkene i ansiktene deres så ut som de sa, "Men hva annet hadde du forventet?" **"Noen få menn vil ha en rolle i arbeidet med yin-energien,"** fortsatte de. **"Noen har det allerede. Disse mennene vil vi gladelig gi trivselens kappe."**

"Bestemødre, skal seremonien for å vekke den indre kraften gis videre til menn?" spurte jeg. "Kvinner bekymrer seg for om menn blir holdt utenfor. De ønsker ikke å være kjønnsdiskriminerende." Jeg visste ikke hva mer jeg skulle si så jeg holdt opp å snakke. Da jeg like etterpå så opp på dem igjen ble jeg overrasket over å se et stort tre. Røttene strakte seg langt og vidt og jeg undret meg over hvorfor Bestemødrene viste meg dette.

De ville antagelig fortelle meg hvorfor når de selv var klare, så jeg vendte tilbake til spørsmålet mitt. "Er det noe annet dere ønsker at jeg skal si om menns rolle i dette arbeidet?" **"Dette arbeidet handler om å være mottakelig. Det handler om å være lydhør,"** sa de. **"Alle trenger å kunne ta imot, både menn og kvinner, planter og dyr. Mannlige indianske lærere vet dette, det samme gjør menn som underviser i buddhisme, Østens tankegang og meditasjon, og disse mennene vil hjelpe andre.**

Menn trenger ikke vår seremoni for å vekke den indre kraften," sa de, **"De trenger trivselens kappe. Den maskuline kraften er av en annen karakter. Den maskuline kraften er like relevant, og den er veldig god, men den er av en annen karakter. Det er kvinnene som ikke har kjent seg kraftfulle. Vår seremoni for å vekke den indre kraften, vil ikke hjelpe menn."**

Mens de snakket kom jeg av en eller annen grunn til å tenke på sønnen min, og jeg så ham for meg mens han sto i en åpning i skogen. Kraften fra Bestemødrene var som en sterk vind, som fikk trærne i skogen til å bøye seg der den fòr frem, men da den nådde frem til åpningen i skogen fòr den rett forbi sønnen min. Jeg så at den prellet av kroppen hans og drog videre.

"Hvorfor gikk den kraften rett forbi ham?" undret jeg meg. **"Kraften i den maskuline energien er forskjellig fra det vi har å tilby,"** sa de. **"Vi trøster og beroliger menn, men dette arbeidet dreier seg ikke om den maskuline kraften. Menn kommer til å bli gitt en annen type arbeid — viktig arbeid, men det vil være forskjellig fra dette arbeidet.**

"Forskjellene mellom den maskuline og den feminine energien må respekteres. De er skapt for å være forskjellige. Alle er ikke like, og det skal de heller ikke være," sa de, **"Dette arbeidet er helt *spesifikt*. Selv om det retter seg særlig mot kvinner vil *alle nyte godt* av det.**

"Det er mange som ønsker at alt skal være likt, at alt, som du sier, skal være på like vilkår. Det er ikke det dette arbeidet dreier

seg om. Yin energien går veldig dypt; den er kvinnenes energi, og er dypt forankret i dem. Dette arbeidet dreier seg ikke om å skape en tilsynelatende demokratisk arena. Dette arbeidet dreier seg om å virkelig forankre yin energien — virkelig *dyp* forankring."

"Er det noe annet dere ønsker at jeg skal formidle?" spurte jeg mens jeg så på uttrykkene i ansiktene deres. "**Når vi vekker den indre kraften vil den enkelte kvinne bli enda mer feminin på et grunnleggende plan,**" sa de, "**og det er ikke det menn trenger.**" De brast i latter over tanken og jeg lo sammen med dem.

"Bakenfor spørsmålet ditt ligger det en misforståelse av hva kraft virkelig er," fortsatte de. "Det er yang måten å forstå kraft på. Spørsmålet ditt baserer seg på en forståelse av kraft som 'sterkere enn', eller kraft 'for å oppnå noe'. Yin er ikke slik. Yin er den dype feminine kraften. Den er både myk og hard på en gang. Den er vanskelig å beskrive."

Jeg betraktet dem der de satt foran meg, så vakre og yndige, og sa, "Det er derfor dere er kledt slik i dag — vakre, feminine og myke. De nikket, "**Ja.**" Og det var derfor dere viste meg den figuren, den som så ut som en rektangulær bauta. Det var den mannlige energien, var det ikke? Det var derfor den så så annerledes ut enn dere."

De smilte og begynte å stelle med meg, og glattet ut kjolen og håret mitt. De var som elegante hønemødre som var veldig stolte av kyllingen sin. Deretter reiste de seg opp fra sofaene og begynte å danse, først med hverandre, deretter med den oppad rettede rektangulære yang formen.

Energien deres var myk og bevegelig, og liknet på vann der den fløt rundt yang energien. Den virvlet rundt og så nærmest ut som den foldet seg over seg selv og rundt den stive yang formen. Bestemødrene var i konstant bevegelse mens de svevde frem og tilbake og dannet ulike mønster og rytmer. "Nå skjønner jeg Bestemødre," sa jeg, "hvor feil det ville være å gi denne yin kraften til menn."

Maskulin energi er fastere i formen, ikke så flytende. Jeg så på mens den beveget seg fremover og så at den hadde en mer statisk måte å bevege seg på, mer konsentrert. Den hadde en mer kraftfull karakter. Yang var solid og mer kompakt. Den beveget seg ikke så ofte som yin, men når den gjorde det beveget den seg raskt og bestemt. Yin var mer svulmende og beveget seg i flere retninger samtidig, mens yang til enhver tid beveget seg i én retning av gangen og gikk opp/ned eller frem/tilbake i en enkelt retning.

"For en enorm forskjell det er mellom yin og yang," sa jeg. "Det ville være helt upassende å fylle menn med yin kraften. De ville bli desorientert og ikke skjønne hvem eller hva de var." Bestemødrene smilte mot meg mens de sa, "**Yin er av det dype, feminine.**"

Kvinner har spørsmål omkring menn og seremonien for å vekke den indre kraften som finnes i oss alle fordi vi ikke har forstått forskjellen mellom disse energiene. «Bestemødre,» sa jeg, «hjelp meg å forstå dette slik at jeg kan hjelpe andre.» "**Kvinner har ikke hatt noe som virkelig er sitt,**" svarte de, "**men dette er deres. Sånn er det bare.**"

De lo mens de fortsatte, "**Ikke uroe dere for mennene nå. Først skal dere ta imot yin og beherske den; forstå den, leve med den, og lære hvordan den føles.**" De smilte og sa, "**Deretter kan du legge merke til hvilken effekt denne energien har på menn; legg merke til hvordan den hjelper dem. Når du har tatt denne kraften opp i deg og forankret den i deg,**" fortsatte de, "**vil *alle* føle seg vel i ditt nærvær.**"

Mens vi sto der og holdt hverandre i hendene ble jeg nok en gang klar over hvor vakre vi var. "Er det mer jeg trenger å forstå før jeg gir dette videre?" spurte jeg. "**Vi tror du forstår dette ganske godt nå,**" sa de idet trommene endret sin rytme.

Da jeg begynte min tilbaketur fra den øvre verden sa jeg, "Arbeidet med å vekke den indre kraften er ikke for menn. Det vekker den feminine kraften, og det er ikke meningen at menn skal være feminine. De skal være maskuline. Men dette arbeidet gjør at de setter pris på det feminine." Jeg ønsket å vite mer.

Etter denne reisen tok jeg meg selv i å se på min mann og min sønn med nye øyne. Jeg var nysgjerrig. Jeg ønsket å forstå yang energien, og hvis jeg skulle det måtte jeg overvinne min stereotype oppfatning av "mannlig oppførsel". Det som Bestemødrene hadde sagt syntes virkelig å stemme når det gjaldt mannen min. I de fleste situasjoner *er* det faktisk slik at han beveger seg i en retning av gangen, og alltid veldig målbevisst. Jeg hadde aldri helt forstått denne oppførselen og hadde noen ganger tenkt på den som 'kontrollerende'. Nå så jeg at det rett og slett er yangs måte å uttrykke seg på.

"*Dette er den mannlige energien. Hard og skarp, akkurat som intellektet eller et våpen er det.*"

Neste gang jeg vendte tilbake til Bestemødrene tok de imot meg i kongeørners skikkelse, og det var en sterk kontrast mellom de sorte og hvite fjærene i fjærdrakten deres. Jeg hilste på dem og spurte om å få en dypere forståelse av forskjellen mellom yin og yang. De stirret på meg med sine intense ørneansikter, men sa ikke et ord, eller fortrakk en mine. Jeg skjønte at det var et viktig og alvorlig spørsmål jeg hadde stilt. Den sterke kontrasten i fjærdrakten deres fortalte meg at de hadde forutsett spørsmålet. "Ja," sa de. "**Det sorte og det hvite. Det er slik yin og yang blir fremstilt.**"

En av dem pekte, og mens hun beveget hånden/vingen sin så jeg at det i horisonten var flere spisse gjenstander som stakk opp av jorden. De så ut som fjell slik de blir fremstilt i en tegneserie — for spisse på toppen til å være virkelige.

"**Dette er mannlig energi,**" sa Bestemødrene. "**Hard og skarp, på samme måte som intellektet kan være skarpt, eller et våpen. Den er kraftfull, målrettet .... aggressiv. Dette,**" sa de, "**er den kraften som trengs for å bygge noe, for å forandre noe, for kamp og krig.**"

Bestemødrene viste meg en åpen slette. Jeg så mennene komme sammen, og la merke til at mens de samlet seg hadde de små brytekamper, og spøkte og slo hverandre som i en lek. Noen vandret målløst omkring, mens andre løftet på tunge gjenstander og testet ut sin tapperhet på hverandre, eller konkurrerte på de forskjelligste måter. Bare noen få av dem sto helt rolig.

Jeg så krigere og erobrere. Noen av dem hadde på seg uniformer og noen bar rustning. Mennene tilegnet seg gjenstander eller penger; noen bygde ting, mens noen få angrep dyr eller mennesker. Og hvor underlig det enn hørtes ut ble alle disse aktivitetene, til og med de fiendtlige, utført på en liketil, nesten lekende måte. Yang energien hadde en gutteaktig, ungdommelig kvalitet over seg, og mens jeg betraktet det hele hørte jeg meg selv si, "Dette er den energien som styrer vår verden."

Ikke før hadde jeg sagt det før bildet endret seg og foran meg sto det nå en skog. Mengder av redwood og furu dekket daler og fjell, og vokste oppover fjellsidene så langt øyet kunne se. "Åh," ropte jeg da Bestemødrene viste meg hvordan yang energien ønsket å hugge ned denne skogen, og mens jeg så på begynte trærne å falle.

"**Yang ønsker å bygge, å grave, å lete og å tilegne seg. Det ligger i yangs natur. Den verdsetter ikke trærne i seg selv, men ser på dem som ressurser som kan brukes for å oppnå noe annet. Yang vil alltid spørre, 'Hva kan jeg bruke dette til?'**" Skogene representerer fremtidige bygninger, tømmer og rikdom.

"**Yin er annerledes,**" sa Bestemødrene. "**Yin er jorden *under* og *inni* skogen. Det er den frodigheten som skogen trenger for å vokse. Yin bygger ikke ting, yin sørger for at ting vokser. Det er det frodige jordsmonnet som gjør at alt kan vokse. Yin handler ikke om å *gjøre*, for det ligger ikke i yins natur.**"

"**Fremveksten av yin på jorden må starte med kvinner,**" sa de. "**Når alt kommer til alt er det kvinner som nærer og bærer frem barn i kroppen sin. Dette er et tålmodig arbeid. Dette er yin. Det er ikke** nødvendig å *gjøre* noe med yin energien fordi de fleste ting vokser uten noen form for ytre innblanding." Når et frø er sådd vil veksten følge av seg selv.

"Yang er bra for forandring; det er nødvendig for å *få til* endringer. Det skaper forandringer og sørger for at energien tar en ny retning.» Dette var forklaringen på de spisse "fjelltoppene" som Bestemødrene hadde vist meg på begynnelsen av denne reisen. De hadde ikke vært naturlige fjelltopper, siden yang hadde kanalisert energien på en annerledes, og i mine øyne, underlig retning. "Det er en opprømt og nervøs energi i yang — en høyspent energi," sa Bestemødrene.

"Yin er mer avslappet. Yin er — å være," sa de, og jeg følte kvaliteten i denne "væren" idet kroppen min utvidet seg, spredte seg dypt og vidt, og til slutt omfavnet alt. Hva nå enn dette "jeg'et" var akkurat da var det enormt og forankret dypt nede i jorden. "Yin omslutter og er frodig," sa Bestemødrene. "Yin bare fortsetter og fortsetter." En følelse av fred og tilhørighet fylte meg, som en endelig ro.

"Yang har en tendens til bruse raskt opp," sa de. "Det er en aktiv energi," og inni meg selv både hørte og følte jeg "en summing, et lysglimt og et raskt sus." For et sjokk det var etter den jevne strømmen av yin energi. De to kunne ikke ha føltes mer ulike.

Ettersom den kraftfulle yang energien vokste i meg sa jeg til meg selv, "Dette er akkurat som det skal være. Vi trenger begge energiene for å ha en rikere verden." Men etter hvert som yang fortsatte å vokse følte jeg meg ikke like filosofisk. Bestemødrene ga meg en smak av yang slik den er i dag — vill og helt ute av kontroll. "Det koker," hørte jeg meg selv rope. "Det går alt for fort." Kroppen min ristet, og vred seg over denne løpske energien. Det var så vidt jeg holdt ut spenningen som hadde bygget seg opp inni meg. Skrekkslagen ropte jeg ut, "Det er ingen ro i dette! Bestemødre, hjelp!"

Nok en gang falt den roen som yin representerer over meg, og jeg gråt av lettelse da kroppen min sluttet å skjelve. "**Yang trenger yin for å finne ro,**" sa de. "**Den trenger et sted å hvile. Og yin trenger yang når det ønsker forandring.**"

Yang kunne ikke kontrollere seg selv. Den var like hjelpeløs som jeg hadde vært. Jeg ville aldri ha klart å gjenvinne balansen hvis det ikke var for at yin hadde kommet tilbake. Jeg så opp, og så at Bestemødrene smilte, lykkelige over at jeg hadde forstått. "**Jorden har vært yang så lenge at den trenger å være yin en stund,**" sa de. "**Alt er trøtt og trenger den roen som yin har å gi.**"

"De som er fanget i yangs grep slik jeg akkurat var det, skjønner ikke hvor slitne de er," sa jeg. "De lever i en hektisk hverdag av aktiviteter, og farer fra en ting til en annen — fra mann til kvinne, fra prosjekt til prosjekt. Uten hvile, uten ro."

Bestemødrene betraktet meg tålmodig, og selv om jeg visste at de visste, må det ha vært restene av yang energien som fikk meg til å fortsette å prate. "Det er ikke en vekselvirkning mellom handling og ro, bevegelsen fra det utadvendte til det innadvendte, eller mellom å gjøre eller å vente. De naturlige hvileperiodene vi trenger i livet blir nå *sett ned på!*" sa jeg dramatisk. "Menneskene ønsker ikke å hvile. De ønsker mere handling, større handlingsrom, større ambisjoner." Jeg tittet opp og så deres tålmodige smil. Min demonstrasjon av for mye yang var over og vi lo godt sammen.

"Yang som ikke er omsluttet av yin, eller ikke har yin å lene seg mot, gjør menn harde og avstumpet."

Hva hadde Bestemødrene ment da de sa, "**Kvinner lider av impotens, men menn lider under følelsesmessig distanse (deprivation),**" eller var det moralsk fordervelse (depravation)? De hadde kommet med denne uttalelsen over et år tidligere, og selv om jeg ikke var helt sikker på hva de hadde ment hadde jeg aldri spurt om det.

De smilte forståelsesfullt mens de så på meg, kledt i ballkjoler med store, struttende skjørt, og med juveler som glitret i håret deres. Jeg ble nok en gang bergtatt av skjønnheten deres men var fast bestemt på at jeg ikke skulle la meg distrahere. Bestemødre," sa jeg, "dere sa til meg at på grunn av ubalansen mellom yin og yang lider menn under tyranni og .... jeg er ikke sikker på om dere sa moralsk fordervelse (depravation) eller følelsesmessig distanse (deprivation). Hvilket av disse to ordene brukte dere?"

"**De lider under et savn,**" sa de. "**Mennene er ikke fulle, men tomme og hule. Det er en smertefull tilstand for dem,**" sa de og ristet på hodene sine av medfølelse, "**og de prøver å fylle denne tomheten. Noen fyller den med kvinner, noen fyller den med aktiviteter, og noen fyller den med alkohol og narkotika.**"

"Når livet er i balanse vil menn være fylt av yang, og i en noe mindre grad fylt med yin. Menn trenger også yin for støtte," fortsatte de, og forklarte, "**yang hviler i, lener seg på og blir støttet av yin, på samme måte som yin blir støttet av yang. Men når både den ytre og den indre støtten fra yin er fraværende blir menn stående igjen med en tom følelse. Yang som ikke er omsluttet av yin, eller ikke har yin å lene seg mot, gjør menn harde og avstumpet.**" De ristet på hodene sine mens de fortsatte, "**Det gjør at menn ikke får kontakt med sine** egne følelser, med kvinner og med seg selv.

"Ikke kast bort tiden med å prøve å forstå hvorfor menn og kvinner er som de er akkurat nå," sa de. "Hvis du prøver å forstå det hele vil du bare se en forvrengning i forholdet mellom menn og kvinner. Forvridd og forvirret," sa de i avsky. "Hvorfor skal man studere det? Prøv heller å korriger dette forholdet — ikke studér eller beklag deg over det.

«Etter hvert som en kvinne blir fylt med yin energien vil hun påvirke alt livet rundt seg. *Alt* nyter godt av en kvinne som bærer denne energien i seg. Etter hvert som du fylles med yin vil du føle deg vel og du vil også se effekten du vil ha på de rundt deg. *Alt,*" sa de: "menn, dyr, planter og fjell vil gjenkjenne denne energien og respondere på deg. Alt liv trenger denne næringsrike og støttende energien." De så hardt på meg mens de sa, "*Du* trenger det!

"La deg selv oppleve denne påfyllingen; be om at yin energien skal fylle deg. Å be om dette for din egen del er ikke en egoistisk handling. Denne handlingen velsigner både deg og alt liv. Dette," sa de, "er nåde."

"Det å åpne opp for yin er det viktigste en kvinne kan gjøre." Med alvorlige ansikter fortsatte de, "**Dette er noe menn ikke kan gjøre. De kan ikke selv gjøre noe for å motta den energien som de så desperat trenger. Men etter hvert som kvinner åpner seg opp for det Feminine Prinsippet, vil menn helt automatisk finne trøst.**" De stirret meg inn i øynene mens de sa, "**Vi ber deg innstendig om å gjøre dette, til beste for alt som lever.**"

"Ja," sa jeg, og forpliktet meg nok en gang til dette arbeidet, og til Bestemødrene som omga meg. De kom mot meg, og jeg følte varmen fra huden deres og det silkemyke stoffet i kjolene deres idet de dekket meg med de rosa og lilla stoffene. Jeg var innpakket og varm, trygg og lykkelig. Fylt av en god fred. Og de var også lykkelige. Jeg kunne føle vibrasjonen fra deres lykke summe inni meg. "Mm-m-m-om-m-m" lød det, og det bare fortsatte og fortsatte.

Full av lykke og med en følelse av helhet snudde jeg meg mot dem for å ta farvel, men de talte nok en gang. "**Noen vil kanskje mene at vårt budskap går tilbake til en gammeldags, begrenset måte å se kvinner på,**» sa de mens et bilde av undertrykkede kvinner og sinte menn fór gjennom hodet mitt. "**Det er ikke tilfellet,**" sa Bestemødrene mens de ristet på hodet. "**Yin fyller en kvinne med kraft. Den begrenser henne ikke.**

"**Både kvinner og menn bærer yang energien i seg. Så kvinner vil ønske å bruke yang energien på sin måte. Alle er vi forskjellige,** og noen kvinner har naturlig mer yang i seg enn andre, akkurat som noen menn har mer yin.

"Det vil finnes kvinnelige ledere i alle områder i livet. Yin gir dem et grunnlag for dette. Yin gir alt og alle et slikt fundament. Etter at en kvinne er blitt fylt med yin vil hun være mer effektiv i sin hverdag."

De tok et skritt tilbake og viste meg hva som skjer når yin og yang kommer i balanse. Først så jeg den maskuline energien slik den er i dag, ensidig, og så ute av balanse at den fikk menn til å ha en slagside i én retning mens de gikk. Det var like før de ramlet over ende. Når de fikk påfyll av en balanserende yin energi var det som om skikkelsene deres rettet seg opp. Jeg la merke til at dette var forskjellig fra mann til mann. Hos noen ble den tidligere tomme siden av kroppen fylt opp, mens noen ble fylt opp fra sentrum av kroppen sin. Effekten var uansett den samme; de ble mer balanserte.

Prosessen for kvinner var helt annerledes. Jeg så hvordan yin energien kom inn gjennom toppen av hodet, ble spredt nedover og utover derfra, før den møttes igjen ved et punkt på føttene hennes. Idet energien kom inn i kroppen hennes antok den en form som et lyssverd.

Deretter viste Bestemødrene meg hvordan yang så ut når den var støttet av yin. Nå var den litt mer avrundet på toppen, men den stakk fremdeles frem. Yang i balanse med yin så allikevel mer naturlig ut — som en pekefinger, en erigert penis eller en dråpe som var klar for å skille seg fra resten av vannet. **"Når yang er omsluttet og forsterket av yin vil den alltid være en støttende kraft for livet,"** sa de.

Bestemødrene og jeg sto skulder ved skulder og lente oss mot hverandre mens vi delte gleden over den balanserte formen av det kvinnelige og det mannlige. De smilte mens de snudde seg rundt og holdt opp et speil foran meg. Jeg så at jeg hadde på meg en kjole og hadde juveler i håret akkurat som dem.

"Ubalansen mellom yin og yang har skapt depresjon og ulmende sinne i kvinner, og sinne og desperasjon i menn."

Den neste dagen drog jeg tilbake. "Hva har dette overfokuset på yang gjort med menn?" spurte jeg. «**Det har gjort dem skjøre,**» svarte Bestemødrene. "**Det har strukket dem stramt og plassert dem langt unna sentrum i deres eget liv. Dette har gjort dem strenge med seg selv og med andre, slik at de reagerer veldig fort og lett mister sin indre balanse.**

"Overfokuseringen på yang har gjort menn for avhengige av

kvinnene i deres liv. Det er her de får sin næring; det er bare kvinner de kan vende seg mot hvis de trenger støtte og kjærlighet." De så medfølende ut da de sa, "Det at de er avhengige av kvinner for å få 'indre føde' har gjort at menn føler et sinne overfor kvinner." Nok en gang foldet de armene over brystet for å understreke det de sa.

"Menn ønsker å være selvstendige, men fordi de er strukket så stramt klarer de ikke å etablere nok følelsesmessig støtte til å stole på seg selv." De viste meg en stramt strukket ledning som var trukket opp mot himmelen. Jeg så mennene streve for å stå oppreist, mens de prøvde å etterligne ledningen. Men den var strukket så stramt at det var umulig for dem, og det forårsaket så stor belastning at flere av dem falt over ende.

"Menn er frustrert," sa Bestemødrene. "De føler seg ikke vel, og ofte handler de voldelig, uten egentlig å ville det, og mishandler kvinner, barn og samfunnet rundt seg. På grunn av den alvorlige ubalansen mellom yin og yang går menn amok." De så triste ut mens de fortsatte, "Menn trenger faktisk balansen mellom yin og yang mer enn kvinner gjør. Ubalansen mellom yin og yang har skapt depresjon og ulmende sinne i kvinner, og sinne og desperasjon i menn." De tårnet seg opp til en enorm høyde mens de ropte ut, "**Det er nok nå!**"

På vei tilbake til den ordinære virkeligheten hadde jeg vondt i hjertet og halsen snørte seg sammen. Jeg følte en smerte for begge kjønn, men nå mest av alt for menn.

"Det er mye sinne nå mellom menn og kvinner."

Flere dager senere vendte jeg tilbake og spurte, "Er det mer dere ønsker å si om yin og yang?" "**Det er mye sinne nå mellom menn og kvinner,**" sa de. "En misforståelse av hverandre, en misforståelse av selvet. Det er en god del harme — en kamp mellom kjønnene," sa de. "Når kvinner spør 'Hva med mennene?' er de redde for at den feminine kraften ikke vil være tilstrekkelig for å balansere og korrigere overskuddet av yang energi."

Mens de snakket la jeg merke til at jeg vokste meg større og større, akkurat som når en tank blir fylt opp. "**Dette er yin reservoaret,**" sa de. Dette reservoaret var et resultat av deres oppvåkning til den indre kraften. Det gjorde meg i stand til å bli fylt og å magasinere yin.

Jeg trakk pusten mens jeg svulmet opp til å bli enda større, og mens jeg sakte pustet ut sa de, "**Oppvåkningen til den indre kraften setter kvinner i en vertikal posisjon.**" Jeg sto foran dem og var forbløffet over hvor høy og full denne oppvåkningen hadde gjort meg. Jeg var så mye mer enn det jeg hadde vært før.

"Kvinner føler at de er et lett bytte for menns aggresjon, menns hardhet, og hvordan menn samler seg ting på en yang måte," sa jeg. "Bestemødre, vil dere være snille å fortelle meg om dette."

De svarte ikke, men snudde seg bort for å betrakte det voksende treet som de hadde vist meg tidligere. "Åh," sa jeg, "Jeg ser hva dette treet er!" Når vi ser på et tre ser vi bare den ytre delen av treet — grenene og trestammen. Vi ser ikke den indre delen av treet — røttene og hvordan næringen blir fraktet. Men uten dette systemet for frakting av næringen eller røttene som holder det fast i jorden ville det ikke vært noe levende tre. Når man så på helheten av treet viste treet en balansert forekomst av yin og yang.

"**Kvinner vil ikke motarbeide menn,**" uttalte Bestemødrene på en tydelig måte slik at jeg skulle høre hvor latterlig denne ideen hørtes ut. "**Kvinner frykter at etter hvert som de fylles med yin vil de motarbeide menn; at yin og yang står i opposisjon til hverandre,**" sa de mens de ristet vantro på hodet. "**Noen har til og med begynt å anse forholdet mellom yin og yang som en maktkamp.**"

"**Nei, nei,**" slo de fast. "**Ettersom kvinner blir sterkere vil treet bli sterkere. Treets røtter vil bli i stand til å trekke opp mer næring slik at treet selv vil bli større. Hele treet vil være sunt. Sterke kvinner, ikke aggressive kvinner, men sterke slik som treet er sterkt. Og dette,**" sa de, "**vil resultere i en sterk verden, et sterkt samfunn.**"

"**Dere ser ting som motsetninger,**" fortsatte de. "**Menneskene er vant til denne enten/eller tankegangen. Det er yang!**" ropte de ut. "**Det er yang.** *Det* er ikke *hele* **sannheten.**"

"**Det er veldig vanskelig for dere å forstå dette,**" sa de, mens de betraktet mine anstrengelser for å forstå ordene deres. "**Føl sannheten i dette inni deg selv,**" sa de. "**Legg merke til dine egne røtter, legg merke til din dype tilknytning til jorden.**

"**Tenk på treet som står foran deg,**" sa de, "**og smelt sammen med det.**" Etter hvert som jeg fulgte deres instrukser ble pusten min stadig saktere og dypere. Jeg følte etter hvert en enhet med treet og nå kunne jeg kjenne både røttene og grenene og hvordan næringen ble fraktet som om det skjedde i min egen kropp. Jeg var massiv, rotfestet og ikke til å rikke på. "**Gjør dette på det neste møtet,**" sa de. "**Utforsk røttene i ditt eget tre.**"

Jeg hvilte i denne sammensmeltede tilstanden med treet, og da jeg så opp så jeg Moder Jord. Hun hoppet grasiøst mellom grenene i treet, under røttene, og rett opp gjennom sentrum av trestammen...... Det siste jeg husker før jeg falt i søvn var hvordan kjolen hennes etterlot seg et alvelignende skinn mens hun klatret inn gjennom stammen.

Jeg våknet i det Bestemødrene sa, **"Det må dannes røtter."** Treets røtter var som en stor vifte som spredte seg ut i alle retninger og dannet et støttende nettverk. «Dette er en annen måte å se Lysnettet på» tenkte jeg, mens jeg så på hvordan røttene vevde seg på kryss og tvers gjennom jorden og knyttet alt sammen med hverandre. **"Disse røttene viser menneskene slik de er når de er sterke,"** sa Bestemødrene. **"Røttene og menneskene berører hverandre og holder jorden stødig."** Fastrotet som jeg var både følte og hørte jeg hva de sa.

"Dette er nok om menn," sa de og foldet armene over brystet. **"Både menn og kvinner kan gjøre denne tre-øvelsen. Det vil åpne dem opp for å kunne motta det den Store Moderen har å gi; det vil hjelpe dem til å åpne opp for yin energien i seg selv. Denne øvelsen er for alle."**

Opplevelsen med treet minnet meg om en øvelse i boken *"Cutting the Ties that Bind"* av Phyllis Krystal[3]. I hennes arbeid er treet et symbol på sikkerhet og forbindelsen mellom himmelen og jorden. Mens jeg tenkte på dette kjente jeg nok en gang treets røtter og ble bevisst min forbindelse med det og med alt levende. **"Særlig du trenger å kjenne dette,"** sa Bestemødrene. **"Du må være jordet og forankret."** Jeg visste hva de henviste til. Jeg hadde oppholdt meg for lenge i hodet mitt. Jeg trengte å være mer forankret.

På vei tilbake til den ordinære virkeligheten tenkte jeg over det hele. "De indre mekanismene i treet er yin og uten dem ville hvert eneste tre på jorden dø. Vi må gi næring til trærne våre, spesielt vårt indre tre, fordi disse røttene er som Lysnettet. De binder oss til hverandre og holder jorden sammen.

---

[3] 1993. Utgitt av Samuel Weiser.

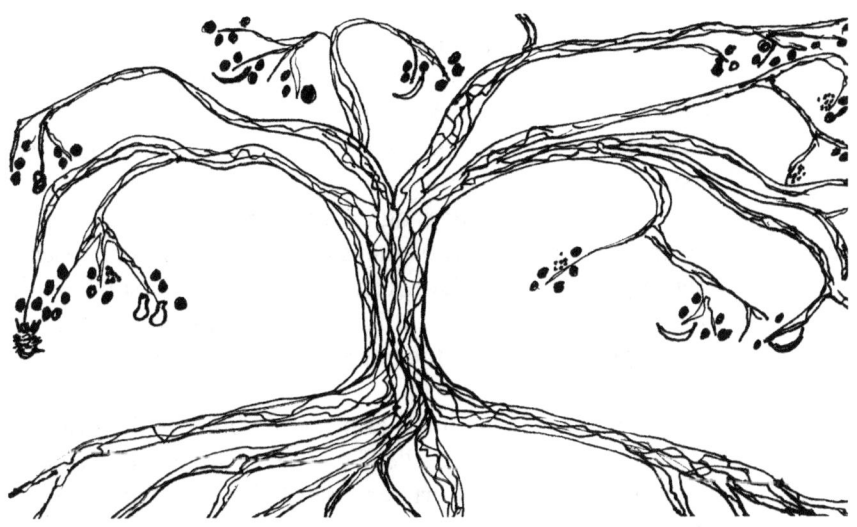

KAPITTEL 16

Livets tre

> "Dette stedet, hagen og huset og dets omgivelser blir stadig sterkere."

Etter opplevelsen med Treet tok det over to uker før jeg vendte tilbake til Bestemødrene. Av en eller annen grunn følte jeg meg nok en gang fylt av frykt og depresjon, nervøs og isolert. Til slutt ble det så ubehagelig at jeg knapt holdt ut mitt eget selskap. "Hva er denne forferdelige følelsen?" spurte jeg meg selv, "Hva er det som er galt med meg?"

Da jeg begynte på reisen hadde jeg ingen krefter igjen, og det var kun av ren nåde at jeg klarte å komme meg over til den ikke-ordinære virkeligheten. Ørn ventet på meg i det laveste nivået i den øvre verden og jeg følte meg så svak at i stedet for å prøve å fly på egen hånd la jeg meg ned på ryggen hans. Alt virket uklart og disig der vi fløy oppover, men da jeg til slutt tittet frem over skulderen hans så jeg Bestemødrene som ventet i dalen under oss.

"Åh, Bestemødre, hjelp meg!" bønnfalte jeg og falt ned foran dem.

De la sine trøstende vinger rundt meg og skapte nok en gang en kokong og vugget meg frem og tilbake i kokongen, mens de voktet over meg med ørneøynene sine.

"Vær så snill å se alt, Bestemødre," sa jeg mens de studerte meg. "De to siste ukene har jeg vært så deprimert at jeg slett ikke har vært i stand til å reise. Jeg skjønner ikke hvorfor, og tankene mine kverner rundt og rundt." I det samme la jeg merke til at den hellige mannen også var tilstede. Han sto bak Bestemødrene.

De dannet en sirkel rundt meg, og en av dem strakte seg frem og drog noe ut av kroppen min. Jeg så på mens hun trakk ut en sort, insektlignende skapning med piggete klør. Det var disse klørne som hadde grepet tak i meg. Det var denne insektlignende tingen som hadde vært årsaken til min depresjon; den hadde fått meg til å føle at alt på en eller annen måte var vondt og galt.

De lot øynene fare over meg med granskende blikk både foran og bak. "Å ja," sa jeg, og ønsket at de skulle få øye på alt. Like etter trakk de noe annet ut av magen min. Jeg hørte en "svusj" liknende lyd da luften suste ut av lungene mine og en annen svart ting eksploderte ut av meg. Og så begynte jeg å riste. Kroppen min var kald, som om den var i sjokk, og i et minutt eller to hørt jeg bare lyden av den ujevne pusten min. Til slutt roet den seg, og jeg hørte meg selv si, "Bestemødrene puster styrke inn i meg."

Bak meg sto det massive treet de hadde vist meg tidligere, det hvor røttene spredte seg langt og dypt. Av en eller annen grunn sa jeg, "Bestemødre, hjelp treet også."

De svarte ikke, men i stedet stakk de hendene sine inn i ryggraden min, og jeg hulket mens de nok en gang saumfor kroppen min og trakk flere ting ut av meg. Jeg så på mens de kastet mørke ting opp i luften, og nå begynte jeg virkelig å gråte, mer av sjokk enn av smerte.

Disse tingene som hadde vært årsak til den forferdelige tilstanden jeg hadde vært i hadde vært så godt gjemt. Jeg hadde ingen idé om at de engang var der. Min erfaring som terapeut hadde lært meg til at det var ubehandlede opplevelser fra barndommen som var hovedårsaken til depresjon og angst. Men de svarte tingene som Bestemødrene trakk ut av meg var noe mye mer enn det. Jeg hadde ingen oppfattelse av hva dette var; det var primitive, eldgamle saker.

De beveget hendene over ryggen min som for å forsegle ryggraden min og selv om jeg fortsatt var svak klarte jeg så vidt å sitte opp. "**Dette er nok for i dag**," sa de mens de støttet opp under meg. "**Du trenger ikke å forstå alt det vi gjør, eller det vi kommer til å gjøre i fremtiden**," sa de. Med andre ord, jeg skulle ikke bry meg om alle årsaker og bakgrunner for disse ekle sorte tingene. **"Dette er nok for i dag,"** sa de. **"Dette er bare søppel fra fortiden."** Dette fikk meg til å forså at de sorte tingene jeg hadde sett hadde sin opprinnelse i tidligere liv, for lenge, lenge siden.

"Du trenger å bli styrket," sa de. **"Auraen din, skjelettet ditt, ryggraden, fordøyelsen og pusten din. La den kraften som finnes i hagen, i naturen, helbrede og fylle deg. Den vil styrke deg."** Jeg var så takknemlig for at de hadde tatt disse grusomme sakene bort fra meg, men da jeg forsøkte å reise meg opp knakk bena sammen under meg. Jeg kom til å trenge tid for å komme meg etter det arbeidet de hadde gjort.

"Du er vårt redskap, vi vil hjelpe deg," sa de, og viste meg et bilde av meg selv der jeg satt på en benk i hagen min. **"Dette stedet, hagen og huset og dets omgivelser blir stadig sterkere. La det fylle deg, beskytte deg, og støtte opp under deg. Vær ett med det. Gå ut i hagen og vær ett med den."**

Jeg trodde jeg visste hvor dyrebart hjemmet mitt var for meg, men slik de fremstilte det nå skjønte jeg at det var viktig på en måte som jeg ikke hadde skjønt tidligere. Nok en gang så jeg ørnen som hadde landet i hagen. Sirkelen med Bestemødrenes energisenter var direkte forbundet med mitt hjems kraftsenter. **"Vær bevisst denne forbindelsen,"** sa de. **"Hver gang du kommer hjem så vit at du går inn i dette kraftsenteret."**

Mens jeg tenkte på alle de som ville komme neste lørdag til seremonien for å vekke den indre kraften sa de, **"Den vil være i tråd med vår vilje. Alt vil være i tråd med vår vilje. Ingen hast. Ingen uro. Ikke noe overflødig."**

Nå la jeg merke til at Bestemødrene og jeg sto inne i en energispiral. **"Dette,"** sa de, **"gjør det til et trygt sted for oss å jobbe med deg."** Mens jeg sto der sammen med dem så jeg ned på kroppen min slik den lå på soveromsgulvet mitt. Det var slik jeg alltid la meg til rette før en reise. Men da jeg betraktet meg selv så jeg at *Bestemødrene var i rommet sammen med meg.* "Hvor er jeg?" spurte jeg meg selv. "Er jeg i den ordinære virkeligheten eller i den øvre verden? Hvordan kan jeg være to steder på en gang?" Bestemødrenes tilstedeværelse var så *tydelig* at jeg ikke var sikker på hvilken virkelighet jeg befant meg i. Til slutt ga jeg opp å skjønne det og falt i søvn.

Etter denne økten tilbrakte jeg hele dagen i hagen, og da kvelden kom var all angsten og depresjonen borte.

"Problemet med livet i dag er ...... at treet ikke har blitt sett på som en helhet."

Hvis det å tilbringe tid i hagen min var så bra for meg, hva godt ville det ikke gjøre både meg og andre hvis vi jobbet med det store Treet? Jeg lurte på om det treet de hadde vist meg var det arketypiske Livets Tre. Da de hadde omtalt det hadde de sagt, «**Treet representerer både livets maskuline og feminine prinsipp.**»

«Ja, dette er Livets tre,» sa de idet de pekte på grenene som bar frukt. "**Det er et tre som bærer tungt.**" Denne gangen så det ut som på en barnetegning, med en kjempestor trekrone, full av skinnende røde epler. Men da jeg så nøyere etter så jeg at det hang både guavafrukter, appelsiner, ananas, bananer, og alle mulige frukter på det.

"**Hver og en kan plukke en frukt,**" sa de. "**Denne frukten er deres, som de skal nyte.**" Jeg så deltakere fra gruppen mens de gikk mot treet, og hver og en vendte tilbake med en frukt. "**Den frukten du mottar fra treet vil sette sitt preg på livet ditt. Den er valgt ut spesielt for deg,**" fortsatte Bestemødrene. Hver enkelt ble overrakt en frukt; de valgte den ikke. Frukten representerte det livet de hadde blitt gitt — deres egenskaper, deres utfordringer og forholdende rundt deres fødsel. Det var Livets tre som ga dem dette, Treet var et symbol for Kilden.

"I naturen er det ingen duplikater," sa Bestemødrene. "**Likheter kan forekomme, men hver enkelt frukt er unik. Nyt, lukt, kjenn og smak på frukten og kjenn hvordan du blir ett med den. Lær deg dens spesielle egenskaper,**" sa de. De ønsket at vi skulle ha respekt for alle de evnene vi har, samt utfordringene og forholdene i livene våre, for alt som skjer oss har en mening.

"Treet bærer for oss alle," sa de. "**Det bærer (produserer) og bærer (støtter og holder oppe). Det går ikke an å være adskilt fra dette treet, med mindre man velger å separere seg fra det. Men selv denne adskillelsen er kun tilsynelatende,**» sa de, "**siden alt liv må vende tilbake til treet.**" De viste meg livssyklusen.

"**Dere gir næring til Livets Tre ved å gi til hverandre og ved å leve ut deres egen livssyklus.**" Mens de snakket kom den buddhistiske munkens Tich Nhat Hans ord til meg, "Når blomsten er på vei til komposten, er komposten på vei til blomsten." Ingenting faller ut av livssyklusen. En vissen blomst blir til kompost for så å gi næring til den neste blomsten; alt fôrer og får næring fra Livets Tre.

"**Du får en frukt — ditt liv ,**" sa de, "**og ved å respektere livet ditt, vil du også blomstre og bære frukt.**" Med "frukt" mente de ikke bare det vi blir gitt ved fødselen, men også hva vi får ut av det vi har blitt gitt.

"**Det er en syklus,**" fortsatte de. "**Først,**" sa de, og holdt opp en finger, "**len deg mot treet og la det bære dine byrder. Deretter skal du la Treet få lov til å gi deg din frukt. Ved å ta imot frukten, vil du bli i stand til å gi. Etter hvert som du fordøyer frukten vil du til slutt *bli* ett med Treet." "Vi gir tilbake, og Treets livssyklus fortsetter. Bestemødre," sa jeg, "dette er mer enn jeg klarer å begripe. **"Vi Vet Det,"** svarte de.

"Du trenger å bli kjent med hele Treet," sa de. "Det er en helhet; røttene og grenene er ett. Problemet med livet i dag er ikke bare at treets røtter, som representerer det feminine aspektet ved det Guddommelige, har blitt neglisjert." sa de. "For det har det blitt. Problemet er at Treet ikke har blitt sett på som en helhet.

"Trekk inn pusten fra røttene av Treet," sa de, "Trekk energien opp mens du puster inn. Gjør dette tre ganger. Deretter kan du puste inn energien fra grenene på Treet. Trekk energien ned og inn i kroppen din mens du puster inn. Dette gjør du også tre ganger. Når du puster ut trenger du ikke å fokusere pusten på noe spesielt," forklarte de, "den vil gå dit den trengs. Men å trekke pusten inn i kroppen både nedenfra og opp, og ovenfra og ned er viktig."

"Vis meg hvordan, Bestemødre," sa jeg, og gjorde som de gjorde. Først trakk jeg pusten fra yin energien i røttene og deretter fra yang energiene i grenene. Da jeg pustet ut tenkte jeg på utpusten min som en velsignelse, som ville gå dit det var behov for den.

"Både menn og kvinner kan gjøre denne øvelsen," sa de. "Hvis man skar av alle grenene på Treet, ville det dø. Hvis alle røttene ble skåret av ville Treet dø." Denne øvelsen vil bidra til å harmonisere yin og yang.

"Det er for mye strid mellom kjønnene nå, for mye 'bedre enn/ dårligere enn," sa de. De snakket om maktkampene mellom menn og kvinner. "Ja," nikket de, "ikke kast bort tid på det. Glem det!"

De snudde seg brått rundt og så rett på meg. **"Treet trenger oppmerksomhet og omsorg. Hele Treet trenger omsorg,"** sa de. "Kvinner trenger omsorg, akkurat som menn også gjør det."

"Ved å puste inn energien fra både røttene og grenene i Treet, både jorden og himmelen, vil yin og yang møtes og omfavne hverandre. Denne øvelsen fostrer kjærlighet."

De sto i en sirkel med armene løftet høyt til værs, og så ut som indianere mens de stemte i, **"Til alle mine medmennesker. Til alle! Alle er ett med Livets Tre."** Da de snudde seg tilbake mot meg, sa de, **"Treet har en iboende forståelse av både det øvre og det nedre."**

"Treet forbinder det maskuline og det feminine," sa jeg, "så gjennom å jobbe med dette Treet kan menn og kvinner helbrede forholdet

seg imellom." Bestemødrene nikket **"Ja"**, og fortsatte, **"inviter kvinner og menn til å komme og gjøre dette arbeidet sammen. Dette arbeidet vil balansere yin og yang.**
"Vi vil lære bort dette gjennom deg," sa de. **"Livets Tre er Verdenstreet; det *er* verden. Treets røtter strekker seg over hele jorden, og alle skapninger blir forbundet med hverandre gjennom dette. Treet nærer og gir ly til alle."**

Da jeg så opp så jeg hundrevis av mennesker fra all verdens land og raser som sto foran meg. Jeg så deres skikker og deres drakter, og så hvordan dette Treet tilhørte hver og en av dem.

"Elsk alle," sa Bestemødrene. **"Se for dere at røttene fra dette treet er som årer, lik de store elvene i verden, som sprer seg til alle verden land — Europa, Asia, Afrika, Amerika, alle øyene og polområdene. Disse røttene berører alt. Røttene i dette Treet er sammenfiltret nede i jorden og grenene gir ly til alle. "**

Nok en gang viste de meg kjernegruppen i Laguna Beach, og jeg så på mens hver og en nærmet seg Treet. **"De søker sine røtter/sin sti,"** sa Bestemødrene. **"Dine røtter/din sti er et perfekt grunnlag for det du er skapt til."**

Etter hvert som de gikk fremover viste Bestemødrene hvordan livene deres fulgte en særskilt rot/sti. Akkurat som Treets røtter, fulgte også deres livssti frem til Kilden. Etter at de kom frem til Kilden, klatret de opp gjennom Treets stamme, slo ut i blomst, modnet, og falt til slutt ned fra Treet, slik at energien deres fløt tilbake til jorden. Dette var rett og slett menneskets livssyklus.

Lærdommen fra Livet Tre var både elegant, presis og så kompleks, at jeg bare klarte å oppfatte deler av denne arketypen. Da jeg anstrengte meg for å forstå mer av den ble jeg helt svimmel. **"Ta det rolig,"** sa Bestemødrene, **"Du må lære dette i riktig tempo."**

Jeg inviterte menn og kvinner til å komme til hagen for å være med på øvelsen om Livets Tre. Først harmoniserte vi yin og yang energiene inni oss selv, og deretter søkte vi å bringe denne balansen til jorden.

På terrassen hadde jeg satt opp et alter med ulike uttrykk for den Guddommelige kraften. Min mann og min sønn deltok, det sammen gjorde kvinner fra kjernegruppen, i tillegg til mange mennesker som jeg ikke kjente. Jeg smilte da en mann fra de hjemløse som jeg pleide å gi mat til hver torsdag dukket opp. Dette var typisk for Bestemødrenes arbeid; jeg visste aldri hvem som ville dukke opp.

Etter at jeg hadde forklart hvem Bestemødrene var, og hva hensikten deres var, introduserte jeg konseptet med Livets Tre, og vi diskuterte gapet i forståelsen mellom menn og kvinner. Alle som var tilstede var oppriktig i hennes/hans ønske om å søke å få et bedre forhold til seg selv og til det motsatte kjønn.

Etter at vi hadde øvd på å puste først fra røttene og deretter fra grenene av Treet, følte vi hvordan *Selvet* vårt (med stor S) utvidet seg. Deretter takket vi for balansen og harmonien mellom yin og yang både i og rundt oss.

Denne ettermiddagen var en stor suksess. Da den var over var det en stor branne av en mann som rakk opp hånden og med tårer i øynene spurte meg, «Er det noe jeg kan gjøre for å hjelpe Bestemødrene?» Spørsmålet hans brakte frem tårer i øynene mine også. Jeg visste ikke helt hva jeg skulle svare ham, så jeg ba ham ganske enkelt om å kalle på dem. Den lengselen han hadde gitt uttrykk for fikk meg til å se hvor mye menn, så vel som kvinner, har lidd under denne ubalansen mellom yin og yang.

KAPITTEL 17

Gjør livene deres hellige

"Det å gi fra Hjertet fører til at man er mer mottakelig. Andre former av å gi er ikke å gi i det hele tatt."

Den neste gangen jeg vendte tilbake til den øvre verden var det bare for å være sammen med Bestemødrene og den hellige mannen. Dybden i dette arbeidet trakk meg stadig nærmere disse skapningene.

Jeg satte meg på plassen min på podiet sammen med dem og sammen satt vi i stillhet og så ut over verden mens Bestemødrene pekte på **"de store"** som vi kunne skimte i det fjerne. De henviste til to manifestasjoner av det Guddommelige som var synlige i horisonten. Da jeg myste med øynene kunne jeg gjenkjenne omrisset av Jomfru Maria og av Krishna, den hinduistiske guden og avataren.

Hvert av de to omrissene var nesten gjennomsiktige, og så ut som et stykke farget cellofan som sto foran et *enormt* lys. Lyset skinte tvers gjennom de to omrissene, og strålte så sterkt ut bak disse at jeg måtte konsentrere meg på "cellofanen" for ikke å bli blendet. Marias omriss skinte i rosa og blått, mens Krishnas form var helt blå. Begge var et prisme, et sted hvor lyset kunne skinne gjennom.

Lyset var overveldende. Det blendet meg og skinte så kraftig at det var umulig å se noe annet. Samtidig var det så massivt at man ikke kunne se det. Lyset var alt der det glitret både i forgrunnen og i bakgrunnen og dekket alt med en strålende glans.

De to omrissene dannet et fokus, og ga det Guddommelige lyset både farge og form. Det var vanskelig å se når dette blendende, allestedsnærværende lyset dekket alt. Det var lettere å se på de to omrissene. Etter at dette gikk opp for meg tilbrakte jeg resten av reisen med å se henført på Maria og Krishna, og følte en stor takknemlighet til det Guddommelige for at det gav oss disse formene (av det som ikke har noen form) som vi kunne forholde oss til og elske.

Da jeg skrev ned denne reisen gikk det opp for meg at Bestemødrene også hadde omskapt dette lyset til nok en form. Denne gangen hadde det Guddommelige vist seg som kloke, gamle kvinner, som ga trøst og som var lett tilgjengelige for alle.

"La vårt budskap falle på livets vann og lage ringer slik det passer for hver enkelt."

To dager etter at jeg hadde sett Guds enhet i det lyset som lå bak Marias og Krishnas former, mottok jeg et anonymt brev som sa at jeg ikke var egnet til å gjøre Bestemødrenes arbeid. Det var tydeligvis sendt fra en kvinne som hadde deltatt i seremonien for å vekke den kraften som bor i oss alle, og uttrykte sinne overfor meg for at jeg kunne hevde at jeg snakket på vegne av Bestemødrene. Hun listet opp noen av mine svakheter, og selv om jeg var klar over de svakhetene hun nevnte sjokkerte det meg allikevel å motta et brev som dette.

Et par dager senere begynte et par av kvinnene i kjernegruppen å erte meg med at jeg var "spesiell" på grunn av mitt forhold med Bestemødrene. Deres respons og det kritiske brevet overrasket meg og gjorde meg selvbevisst. Jeg tenkte, hvordan ville jeg håndtere slike kritikker når dette arbeidet gikk ut til større grupper?

Da jeg stilte spørsmålet om hvordan jeg skulle håndtere slike kritikker og sjalusi til Bestemødrene sa de, **"Vår budskap trenger å bli kjent, men ikke du."**

"Distansert," sa de. **"Dette er *vårt* budskap. Du er budbringeren, det er alt."** Lettelsen flommet over meg mens jeg hørte på. Jeg var bare budbringeren. **"Det er ikke deg det handler om, og det skal det heller ikke gjøre,"** sa de. **"Vårt arbeid kan aldri bli personlig. Hvis det var det ville flere gjøre som hun som skrev det brevet — påpeke alle dine feil og mangler og tilskrive dem til oss. Du er bare en formidler av vårt budskap. *Det handler ikke om deg.*"** De så alvorlige ut da de sa, "Det må det ikke gjøre — verken for din skyld eller vår."

"Når du skriver, så la innholdet være personlig nok til at det er tydelig at dette budskapet kommer gjennom en person. Gi budskapet videre, deretter tar du et skritt tilbake og reflekterer over det som har blitt sagt. La vårt budskap falle på livets vann og lage ringer slik det passer for hver enkelt.

«Fortell hvordan det føles når dette budskapet kommer til deg slik det gjør. Dine opplevelser vil forankre deres egne opplevelser og gi dem tillit, men det er ikke din historie."

Jeg skulle ikke dele så mye av meg selv som det jeg hadde gjort hittil.

Jeg skulle ikke gå i detalj rundt hvordan en nyervervet lærdom hadde påvirket meg. Jeg skulle heller ikke dele så mange av mine personlige opplevelser i boken. Det virket distraherende. Denne fremgangsmåten ville holde fokus på Bestemødrene.

Plutselig betraktet jeg samtalen med Bestemødrene på avstand. Det så ut som om jeg holdt på å falme. Jeg så grå og tilslørt ut, ganske utydelig, akkurat som bakgrunnen i et maleri. **"Du er vår budbringer,"** sa Bestemødrene. **"Si det."** De viste meg at jeg på ingen måte var hovedpersonen i denne historien.

"Det ligger i en kvinnes natur å være vakker og å elske skjønnhet."

Jeg bestemte meg for å ta en pause fra å gjennomføre seremonien for å vekke den indre kraften som finnes i oss alle og fra gruppemøtene. Før jeg startet opp igjen ønsket jeg å lære hvordan jeg skulle holde meg i bakgrunnen og reflektere over det som ble sagt. Hele livet hadde jeg vært vant med å dele av meg selv, nå trengte jeg å etablere noen nye vaner.

Hva var det Bestemødrene ønsket at jeg skulle gjøre i løpet av denne perioden med indre fokus? Jeg begynte reisen min med dette spørsmålet i tankene. Mens jeg var på vei til dem dukket Ørn opp. **"Hopp opp, småen,"** brummet han, en tøffing med et hjerte av gull. Jeg klatret opp på ryggen hans, og da vi kom til Bestemødrene skled jeg ned på bakken. De lo og drog meg inntil seg, og deretter sto vi og svingte armene våre frem og tilbake, helt i takt, på samme måte som når barn leker.

De ønsket at jeg skulle være en av dem. En Bestemor. De hadde fortalt meg dette den andre gangen vi hadde møtt hverandre, men på en eller annen måte hadde jeg glemt denne invitasjonen. Hvordan kunne jeg glemme noe slikt? Det fikk meg til å undres. Var jeg redd for å være en Bestemor?

Mens de drog meg inn i sirkelen sin, så jeg litt nøyere på dem. De var så unge! Ikke gamle, ikke rynkete, og allikevel var disse unge kvinnene Bestemødrene! Jeg ble helt slått ut av deres ungdommelige smil, som fikk meg til å føle meg ør og lett til sinns. De nikket som for å bekrefte at det jeg så var sant, og deretter drog de meg inntil seg og så danset vi sammen, som unge Bestemødre.

Mens vi danset inn og ut, rundt og rundt, var blikket mitt totalt fokusert på dem. Så strålende de var! De lo av meg mens de pekte på meg som for å be meg ta en titt på meg selv. Jeg så til siden, og der så jeg speilbildet av meg selv. Jeg var også ung! Alle sammen var lik en gjeng med glade barn som danset i en sirkel.

"Jeg må sette opp håret mitt," sa jeg, "på samme måte som de har satt opp sitt." Jeg tenkte som et barn, der jeg ønsket å se ut akkurat som dem.

De børstet håret mitt og fikk meg til å se vakker ut. Gjorde meg til en av dem. **"Styrke er skjønnhet. Skjønnhet er styrke,"** sang de mens de signaliserte til meg og sa, **"Stå opp."** Vi hadde stått sammen, men nå ble vi løftet til værs, og steg oppover inntil vi til slutt sto høyt, høyt oppe i luften.

"Den øvre verden er slik en annerledes dimensjon, slett ikke som på jorden," sa jeg, mens jeg betraktet den fra dette ståstedet, høyt oppe i luften. Det var trær der, akkurat som på jorden. Det var fjell, elver og byer. Mye av det jeg så lignet på den skjønnheten vi ser på jorden, men på jorden føltes den mer hemmet. Da jeg så ut over den vekslende skjønnheten på dette nivået så den ut til bare å fortsette å fortsette.

"Vær hos oss," sa Bestemødrene, og jeg ble rykket ut av den døsen jeg ikke var klar over at jeg var på vei inn i. Nå da jeg var våken igjen så jeg et bevegelig og skinnende lys foran meg. Det var Bestemødrene som tok frem en slags hodepynt. Den var omtrent en halv meter høy og laget med et intrikat mønster i gull og dekket med edle steiner. Da de plasserte den på hodet mitt ble verden helt magisk. Jeg ble dekket av et strålende lys som fikk alt til å gløde, mens edelstenene skinte over meg.

«Kvinner elsker skjønnhet,» sa de. **"Det ligger i kvinners natur å være vakre og å elske skjønnhet."** De snudde seg og pekte på en storklignende fugl om spankulerte gjennom det høye gresset med sammenfoldede vinger. Mens jeg betraktet dens elegante ganglag sa de, **"Du ser denne fuglens natur."** Det gikk opp for meg at fuglen var akkurat som meg, høy, med lange ben og et lite hode, så jeg snudde meg mot Bestemødrene og spurte, "Mener dere at jeg skal studere min egen natur og deretter følge den. Er det det som er budskapet?" De så strålende mot meg, stolte over at jeg hadde funnet ut dette helt på egen hånd.

"Hvordan kan jeg lære om min egen natur?" sa jeg og ventet på at de skulle svare. Men det gjorde de ikke, så jeg vendte tilbake til utgangspunktet for reisen min. "Bestemødre, hva er det dere ønsker at jeg skal gjøre i denne perioden?" spurte jeg.

"Lek med oss," sa de. Jeg fikk hakeslepp. Hva var det de sa? De så uttrykket i ansiktet mitt og brast ut i latter, strålende fornøyd over å ha overrasket meg. **"Fra nå av ønsker vi at du inkluderer oss i *alt* du gjør,"** sa de. **"Det er ikke slik at du bare skal tenke på oss hver gang du har et spørsmål eller trenger hjelp."**

De ønsket å handle sammen med meg, gå tur med hunden, arbeide med klientene, lage mat og plante i hagen. Jeg skulle gjøre alt sammen med dem. Jeg følte meg beæret.

De plasserte meg inni en lyseblå sylinder, og det føltes så trygt og behagelig å være der. Dette stedet var beskyttet. Det var fylt med lys, og det fylte meg med lys. Mens jeg både så og følte hvordan edelstenene fra hodepynten regnet ned inni sylinderen hørte jeg Bestemødrene si, "**Lett til sinns.**" Da jeg nok en gang spurte dem hva de ønsket at jeg skulle gjøre i denne perioden sa de, "**Lett om hjertet.**" Det var slik de ønsket at jeg skulle være.

Deretter spredte de ut vingene og dekket meg med dem. De små bevegelsene i fjærdrakten deres brakte med seg en varm bris som strøk over håret mitt som et kjærtegn. "**Ta imot,**" hvisket de mens vingene viftet lett over meg. De utforsket ryggen og skuldrene mine med vingetuppene sine og strøk kjærlig over alle de såre punktene de fant. Deretter dekket de meg med en dunfylt kappe som de også var knyttet til. "**Kom tilbake til oss, kom til oss,**" sa de.

"Gjør livene deres hellige."

Etter denne reisen begynte jeg *virkelig* å ha det gøy sammen med Bestemødrene. Da jeg hadde gjort valget om å være sammen med dem hele tiden var det som om ting kom til meg av seg selv. Livet og de dagligdagse gjøremålene ble enklere.

Det å leve hver dag med Bestemødrene var vidunderlig, men hver gang jeg hadde et spesifikt spørsmål til dem, ett som krevde mer enn et kort svar, reiste jeg fortsatt til den øvre verden. Et formelt spørsmål så ut til å kreve at jeg reiste. Jeg hadde lagt merke til at Bestemødrene gjennomsyret sin lære med seremonier, og nå ønsket jeg å forstå hvorfor. Dette var fokus for min neste reise.

Da jeg sto foran dem for å spørre dette spørsmålet la jeg merke til at de virket gladere enn vanlig. De var lykkelige, men det var mer enn det. Det var som om humøret mitt, og til og med kroppen min ble oppløftet mens jeg sto i deres nærvær. «Bestemødre, hva ønsker dere at jeg skal skrive om viktigheten av seremonier i hverdagen?» spurte jeg. Mens de sto der og betraktet meg skjønte jeg at de hadde ventet lenge på dette spørsmålet.

De dannet den sedvanlige sirkelen, og idet den sluttet seg sa de, "**Seremonier er en del av livet. De skaper en bevisst samhandling med det hellige aspektet av livet. Det er ikke mye av det i dagens verden,**" la de til, "**og dette lider dere under. Alle lider under mangelen på dette — planter, mennesker, alt.**" De ristet på hodene mens de fortsatte, "**Dere vet ikke hvordan dere skal ha det gøy, og livet er vanskelig for dere. Alt på jorden ville støtte deg hvis du bare ville bli en del det.**

"**Slå opp ordet seremoni i ordboken,**" sa de. "**Seremoni handler om å anerkjenne det hellige aspektet ved ethvert øyeblikk av livet.**" Så snart jeg kom tilbake fra denne reisen slo jeg opp ordet seremoni, men definisjonen i ordboken handlet mer om prosedyre, og ikke om den opprinnelige betydningen. Og selv om ordet "religion" var nevnt i definisjonene, så var ordet hellig ikke det.

"**Seremonier bringer glede inn i livet,**" sa Bestemødrene. "**Det er ikke noe arkaisk eller vanskelig over dem. De er en gledens handling. Seremonier bekrefter øyeblikket; de bekrefter skjørheten og viktigheten i hver enkel handling.**"

De la hodene på skakke, mens de humoristisk fortsatte, "**Dere lever i dag som om dere var de første *noen gang* til å gjøre ting.**" Uttrykkene deres viste hvor arrogant de syntes at denne holdningen var. "**Dere lever med den forestillingen at dere er de første som har tenkt sånn eller slik, eller å ha gjort dette eller hint, eller å ha gjort visse mentale assosiasjoner.**" Mens de lo av vårt egosentriske syn på verden virket det som de var forundret over vår isolasjon fra fortiden, vår mangel på kontakt med de som har levd før oss, og hvordan vi ikke bruker seremonier for å anerkjenne og glede oss over disse forbindelsene.

"**Dere er ikke de første,**" sa de. "**Dere er vevet inn i det store livsmønsteret. Deres forfedre visste dette. Barken på treet vet dette. DNAet ditt vet dette. Så hvorfor gjør dere livet deres så vanskelig?**"

Jeg betraktet dem forvirret, og de så på meg med en kjærlighetsfull forståelse. "**Det er egoene deres**" sa de. "**Dere har valgt å ha dette isolerte synet på livet fordi det får dere til å føle dere viktige.**" De gned hendene mot hverandre som for å få vekk masse støv, og fortsatte, "**Når du er trøtt av å føle deg viktig, og ønsker å være lykkelig, så vende tilbake til seremoniene. Gled dere over seremoniene,**" sa de mens tolv hoder nikket unisont, "**og la *kraften i seremoniene* støtte deg.**"

De lente seg fremover mens de utdypet hva de mente. "**Det å be bordbønn før et måltid er en ærbødig seremoni. Det å velsigne maten — er en ærbødig handling. Velsign frøene når du planter dem, si takk til bilen din, velsign bilen din, hold på rattet med ærbødighet.**" De kikket opp mens de sa det siste og begynte å le høyt da de så uttrykket mitt. De falt over hverandre, og holdt seg i siden av latter, og noen av dem lo så de gråt.

Det var min reaksjon på "**hold på rattet med ærbødighet,**" som moret dem slik. "**Skjønner du?**" spurte de mens de tørket seg i øynene,

"Det er ingenting som ikke er hellig." "OK, Bestemødre, den er grei, til og med rattet."

"Det å samles sammen med venner for en god sak er en hellig handling, det å hilse morgenen med en bønn er en seremoni. Når enkle handlinger som dette gjentas flere ganger vil denne gjentakelsen skape en seremoni.

"Deretter vil disse seremoniene skape sitt eget liv; og slik vil seremonien støtte deg. Det å hver dag sitte i den samme stolen, på den samme puten, på det samme stedet for å be eller meditere er en seremoni.» Den puten eller stolen vil begynne å bære en energi i seg. Hver gang vi ser den vil vi tenke "Meditasjon", og når vi setter oss ned ville denne meditasjonsprosessen starte helt av seg selv.

"Du er ikke alene," sa de. "Det er helt *unødvendig* at du lider av denne vrangforestillingen. Vi er alltid med deg. Alltid. Kom sammen i kvinnegrupper," ba de innstendig, "i mannsgrupper, i familiegrupper, med likesinnede som har et åpent hjerte, og gjør seremonier sammen. Send velsignelser og be for andre. Slike handlinger blir som seremonier," smilte de, som for å si, "Er det ikke ganske enkelt?" "Melodier, sanger, bønner — alt dette er gaver du kan sende ut. De skaper bånd av lys som går ut over jorden, over hele verden!

"Du går glipp av *gleden ved livet*, du strever alene hvis du ikke har seremonier. Mange er så LIVREDDE for å tro på det Guddommelige at de velger å leve i en selvpålagt ensomhet." Ved å nekte for vår tilknytning til det hellige mister vi forbindelsen til Kilden. Uttrykkene i Bestemødrenes ansikt viste deres sorg over dette selvpålagte strevet som noen mennesker påfører seg selv.

"En seremoni når man står opp," sa de, "en enkel bønn eller en bevegelse som påkaller himmelretningene og jordens krefter. Man kan be en av bønnene fra de store religionene — disse er alle *vakre*." De lente seg forover, og så på meg med store øyne som for å si "Følg med nå", og fortsatte, "Hver dag er full av nåde. Vær bevisst på det. Hver dag vil inneholde gaver og lærdom — *h-v-e-r dag*. Gled deg over disse gavene. Du vet aldri hva dagen vil bringe deg." De gned håndflatene mot hverandre mens de sa, "Tenk så utrolig spennende det er.

"En seremoni når du står opp, en seremoni når du går til ro, for å takke for dagen som har vært og det du har mottatt. Påkall den Ene, påkall det Guddommelige for å beskytte deg mens du sover. De *vil* beskytte deg," sa de. Enhver form av det Guddommelige som vi tilber vil beskytte oss hvis vi ber om det. "De som har vært en legemliggjørelse av det Guddommelige liker å bli husket, akkurat som du også gjør det," sa de og la til, "Livet ditt kan bli så rikt og *så mye mer* kan bli gitt deg hvis du bare ber om det."

De så ut omtrent som gammeldagse skolefrøkner der de sto og så på meg. "Selv små barn blir lært opp til å si takk," sa de. "Skulle ikke dere også gjøre det samme?" Jeg ville være helt sikker på at jeg forsto dem riktig, så jeg avbrøt dem og sa, "Bestemødre, er det slik at dere ønsker at vi skal inkludere det Guddommelige i alt vi gjør? I *alt*?" De så på meg med uttrykk som sa, "Selvfølgelig."

"Lag deg selv et hellig sted hvor du kan gå for å være sammen med din Gud, og du vil oppleve at det over tid vil styrke deg. Over tid vil et slikt sted gi deg stadig mer styrke når du går dit for en stille stund. Du vet hva du skal si i denne sammenheng." Jeg gjorde faktisk det. Alteret på soverommet vårt hadde gitt meg mye styrke over lang tid. Det samme hadde stedet der ørnen hadde landet og stedet under nåletreet i hagen hvor seremoniene for oppvåkning av vår indre kraft finner sted. Når jeg var hjemmefra trengte jeg bare å tenke på ett av disse stedene for å føle meg fredfull og forankret.

"Kom sammen i grupper og be for andre og for hverandre," sa de. "Den sjenerøsiteten som skapes gjennom å ta imot fra det høyeste og gi videre til andre vil være utrolig god for deg." De så ut som de glødet da de fortsatte, "Disse handlingene skaper små virvler av lys over hele jorden."

"Hvilken bønn du ber *har ingen ting å si*," sa de. "Det å uselvisk gi til andre, til hverandre, til alle skapninger er det som betyr noe.» De fortsatte i en innstendig tone da de sa, "Vær snill å ikke bli fanget av religiøse og fastlåste mønstre for hvordan ting skal gjøres. Men hvis du finner en måte som føles *god* og *riktig* for deg, så gjør det slik. Samtidig skal du huske på at andre finner en måte som føles akkurat like riktig og god for dem."

De rettet seg opp i sin fulle høyde, og disse ruvende Bestemødrene fortsatte, "Du skal respektere *alle veier* som leder til Gud, alle veier som leder til Gud. Alle farger er flotte, det er så mange toner og klanger i musikken, alle bønner er vakre og blir varmt mottatt."

"Intensjonen er det som betyr noe," sa de, mens de mens de gestikulerte ivrig. "Hvis et spesielt halsmykke blir brukt med en ærefryktig intensjon vil det med tiden bære denne ærefryktige intensjonen med seg. Det vil gi støtte til den som går med det. Men uten en slik intensjon, uten en slik kjærlighet, uten at man har en slik ærefryktig følelse, vil ikke halskjedet være noe spesielt."

"Det finnes utallige seremonier," sa de. "Ma-a-ange, m-a-ange! Enhver kultur som tilber det guddommelige har sine seremonier, og disse er gode. Alle er gode," sa de. "Du kan velge fra hvilken av dem du vil, eller du kan lage dine egne. Det er hvilken intensjon du har som er viktig." De snudde seg mot meg med alvorlige øyne og så, "Fortell om dette."

Det så ut som de sjekket over meg. "Vi har gitt deg en kappe, en stola," sa de, og mens de snakket var det som om noe landet på skuldrene mine. Det føltes litt ut som hinnen/den beskyttende auraen, men det dekket bare brystet og skuldrene mine. Litt senere slo jeg opp ordet i ordboken. En stola er et geistlig plagg.

"La hver og en lytte til sitt eget hjerte for å finne ut hvordan de skal tilbe det hellige, på en måte som passer for henne eller ham. Vær ikke redde," sa de, "Følg den indre tilbøyeligheten, uansett hva den må være. Det kan være Zen, det kan være i tråd med tradisjonell stammekultur, det kan være høymessen eller det kan være å be i moskeen. *Det er IKKE viktig!*" fortsatte de. "Det finnes bare en Gud, og det er mange veier til Gud. Men når du har valgt en vei, så følg den. Gå opp på fjellet! Du bør ikke fifle rundt ytterkantene for å teste først det ene, så det andre." Vi skal ha respekt for alle veier som fører til Gud, men for å styrke vårt indre liv må vi forplikte oss til én måte å dyrke det hellige på, og holde oss til den.

"Gå opp på fjellet via den stien som passer best for deg," sa de, "og kom sammen med andre likesinnede for å utføre seremonier. Det kan være seremonier for å takke, for å angre, for å tilgi, for å glede eller for å gi slipp. Seremoniene er til for deg, og de er også til for å deles med andre likesinnede. Seremoniene vil gi deg næring og styrke."

Ansiktene deres fikk et mildt uttrykk da de sa, "**Vi velsigner deg. Vi velsigner hver og en som gir næring til og styrker det hellige aspektet ved livet sitt.**

"Be sammen," sa de, "og be om visdom og helbredelse. Be for hverandre, og send bønner til dem som ikke fysisk er tilstede, men som trenger dem. I det du tar et skritt mot Gud, vil Gud ta et skritt mot deg," forsikret de meg. "Men du må ta det skrittet. Seremoniene hjelper deg med å gjøre dette. En seremoni som har en sterk intensjon går rett til Gud." De tok en pause og så på meg med slik kjærlighet i blikket at jeg fikk tårer i øynene. "Gud er tilstede i seremonier som gjøres med en sterk intensjon.

"Hils morgengryet på denne måten, og i løpet av dagen, tenk på oss eller den formen av det Guddommelige som du tilber. Tenk på oss mens du arbeider, mens du reiser frem og tilbake fra jobb, mens du spiser et måltid, og mens du forbereder det. Tenk alltid på det Guddommelige.

Påkall det Guddommelige. La livene deres bli fylt av det Guddommeliges nærvær.»

De boret øynene sine i mine mens de sa, "**Gjør livene deres hellige. Dere må ta dette skrittet. Det er på tide å gjøre det. Ikke vent. Det bygges opp et stort momentum nå, en stor kraft. Denne sterke kraften vil føre deg mot det hellige, og livene deres vil bli fylt av glede og fred. Vi forteller dere dette.**"

Jeg var overveldet av følelser idet trommeslagene signaliserte at det var på tide for meg å vende tilbake. Brystet mitt svulmet over av følelser. Jeg snudde meg mot dem og de sa, "**Kom snart tilbake.**"

På vei ned slo det meg hvor overraskende disse reisene alltid var. Denne ene reisen kunne vært en bok i seg selv. Da jeg hadde spurt spørsmålet mitt hadde jeg forventet å få en liste over seremonier som vi kunne utføre, men Bestemødrene ga meg noe helt annet.

"Når du ber en inkluderende bønn fører den alle elementer i skapelsen sammen og velsigner alt liv."

Et par dager senere vendte jeg tilbake for å spørre om seremonier som kunne bli inkludert i boken, og for å takke dem for skjønnheten i det de hadde formidlet på den forrige reisen.

Jeg løp fremover — så glad var jeg for å se dem igjen, og fra uttrykkene i ansiktene deres visste jeg at de var like glade over å se meg. "**Du kan komme hit når du vil,**" sa de, mens de forsiktig strøk håret vekk fra pannen min.

Hjertet mitt svulmet over av kjærlighet mens jeg mumlet, "Bestemødre, jeg ønsker å være sammen med dere hele tiden." Etter at vi hadde sendt hverandre et kjærlig blikk sa jeg, "Hvis det er noen spesielle seremonier som vil være til hjelp for andre, så har jeg lyst til å formidle dem videre til dem, særlig i disse tider."

"**Følge med nå,**" sa de, samtidig som de tok et skritt til siden. Et teppe bak dem gled til side og avslørte en scene. "**Scenen vil hele tiden være i forandring,**" sa de mens jeg satt og ventet.

"**Et møte mellom solene,**" sa de, "**mellom verdenene, mellom religionene, og mellom folkeslagene. Fremfør deres bønner på en inkluderende måte,**" sa de.

"**Når du ber, be for alle skapningene. Ingen skal ekskluderes. Det skal ikke være noen som står utenfor, ikke noe 'oss', ikke noe 'dem',**" sa de. "**Til alle skapninger' er en god bønn. 'Måtte alle i alle verdener være lykkelige' er en god bønn. ‹Inkludering,**" sa de. "**Tiden er kommet for å gjøre slutt på skillene. Be den bønnen som omfatter *alle***

fargene," sa de. "Alt er lysstråler fra den samme lyskilden."
Mens de snakket så jeg mennesker fra alle raser og kulturer som holdt i fargerike bånd. Lyset fra Kilden til alt lys flommet ned gjennom disse båndene. Det minnet meg om maistang øvelsen i Krystal's bok "Cutting the Ties that Bind.

"**Ha respekt for alle hudfarger,**" fortsatte Bestemødrene, "**den spesifikke perfeksjonen man finner innenfor hver enkelt kultur, hver religion, og hver livsstil — ha respekt for perfeksjonen i disse. Ikke fordøm noen,**" sa de. "**Begynn allerede nå å gi slipp på fordommene. Dette er begynnelsen på slutten med fordommer mot hverandre. Inkluder bønner og sanger som bygger opp under dette,**" sa de.

"**For de som føler seg tiltrukket av den Store Moderen, er Memorare en god bønn,**" sa de. Her er de uforglemmelige ordene i denne bønnen.

Kom i hu, nådefulle Jomfru Maria,
at det aldri noensinne er hørt at noen som har tatt sin tilflukt til deg
og bedt om din hjelp og din forbønn, er blitt forlatt.
Derfor kommer jeg tillitsfullt til deg, Jomfru Maria, det evige Ords mor
hør meg nådig, og bønnhør meg.

Da jeg spurte dem om flere seremonier dekket de meg med en kappe av fjær. Denne gangen hadde den en hette.
"**Be for dyrene, be for plantene, fjellet, vannet og luften,**" sa de. "**Den yogiske sol øvelsen er en god bønn. Den bringer jorden og himmelen sammen.**"
"Det er dette dere mener med inkludering, er det ikke, Bestemødre?" spurte jeg. "Slike bønner harmoniserer forholdet mellom yin og yang." "**Ja,**" sa de. "**Når du ber en inkluderende bønn fører den sammen alle aspekter ved skapelsen og velsigner alt liv.**" De snudde seg mot meg med smilende ansikter og fortsatte, "**Det er derfor vi er kommet — for den store helbredende harmoniseringen.**

"**Hensikten med alle bønnene vi har nevnt er å åpne deres hjerter. Når hjertet ditt åpner seg blir det skapt et større rom som det Guddommelige kan bo i.**" De rullet hendene og håndleddene rundt i sirkel, så de så ut som små fugler som fløy til værs, og sa, "**Og slik fortsetter og fortsetter det.**"

De så på meg med en uendelig ømhet og sa, "Det er derfor du er født." Da jeg hørte dette begynte tårene å renne nedover kinnene mine. De hadde bekreftet det jeg alltid hadde trodd — at meningen med livet var å bli ett med det guddommelige.

"Når du ber om å bli velsignet, inkluder også hvorfor du ber om disse velsignelsene," sa de. "På denne måten kan den velsignelsen som gis deg også stråle ut til alle skapninger. *Du skal aldri be om noe kun for din egen vinnings skyld,*" sa de, "men vit at det som virkelig vil være godt for deg vil også være godt for andre. Slik skal det, og vil det, alltid være. Andre typer bønner er ikke bønner i det hele tatt.

"Bønner og seremonier er til for å rense hjertet. Det Guddommelige vil trenge dypt inn i livet til den som ber på denne måten og fylle livet hennes med det som er hellig. Hun vil bli velsignet, og disse velsignelsene vil spres fra henne og ut i hele verden. Slike bønner vil avstedkomme mer kjærligheten.»

En flerrende smerte fór gjennom tinningen min og avledet meg. I flere dager hadde jeg hatt en utrolig hodepine, og nå begynte jeg å bli kvalm. "Bestemødre," ropte jeg ut, "vær så snill å hjelp meg!» De snudde seg rundt og tok meg i armene sine. "**Det er mye som holder på å endre seg i deg,**" sa de. "**Det er mye som forflytter seg for å skape ny balanse og kraft. Vi vil hjelpe deg.**

"Det er ingen spesielle seremonier," sa de, som svar på spørsmålet jeg hadde kommet med. "**Men den lærdommen som er viktig akkurat nå er inkludering. Derfor skal dere utføre seremonier som inkluderer og velsigner alle skapninger. Seremonier som ber om at de som trenger det kan bli velsignet, slik at de kan være en velsignelse for andre.**"

De slo armene ut på vidt gap så de lignet pelikaner som slo med vingene, mens de erklærte, "**Den STORE OMFAVNELSEN. Tiden er kommet for yin og yang til å omfavne hverandre.**" De snudde seg mot meg mens de sa, "**Ikke mer fordømmelse. Strekk ut armene og omfavn alle.**"

Jeg kunne føle denne omfavnelsen. Det var en følelse av svulmende kjærlighet både i og rundt meg. Jeg var en del av alt som eksisterte — både myk, avrundet og enorm. Jeg la merke til at hodepinen var borte. "**Rene intensjoner, rene seremonier og bønner er *faktisk* med på å skape endringer både i kropp og i sinn,**" sa de. "De skaper en følelse av storhet, en forståelse og kjærlighet til *hele* skaperverket." Det var slik jeg følte det.

De smilte anerkjennende. "**Når du føler dette så la det flyte fritt fra deg. Denne energien er som mat, som manna. Den fører de sultne sjelene og hjertene i verden. Den vil spres dit det er behov for den,**" sa de. "Du trenger ikke tenkte på hvor den skal kanaliseres — den vil gå dit det er behov for den.

"De meditasjonene vi har gitt dere, Lysnettet, Livets vev, Livets tre og andre kan gjøres om til seremonier og gjøres i grupper eller alene," sa de. "Disse er inkluderende og sjenerøse. *Du kan ikke hjelpe deg selv uten å hjelpe andre*," understreket de. "**Du kan ikke bli styrket uten at du samtidig styrker livets vev.**"

På veien tilbake til den ordinære virkeligheten tenkte jeg over denne reisen. "Det er ingen spesielle seremonier for denne tiden vi lever i, men det er noe spesielt vi skal lære og det er å være inkluderende," sa jeg. "Og å være sjenerøse. Alt vil nyte godt av at du gir og blir gitt."

KAPITTEL 18

Tiden er inne

"Lev sakte, lev inderlig. Du vil finne oss inni deg, rundt deg, bak deg og under deg"

På den neste reisen hadde jeg ikke før ankommet Bestemødrene før en av dem tok meg i hånden og tok meg med bort til en klippe hvor vi skuet over kanten på det som virket som verdens ende. Borte i horisonten kunne jeg skjelne vår egen blå planet, akkurat slik som astronautenes berømmelige fotografier viser den. Men selv på denne avstanden kunne jeg se at det var noe rart som holdt på å skje på jorden. Oppå planeten var det skikkelser som snurret rundt på et hjul.

Ettersom hjulet snurret tumlet skikkelsene rundt, og bevegelsen fikk dem til å rulle hit og dit, forvridd i alle underlige fasonger og merkelige bevegelser. Men hele tiden holdt de seg allikevel fast. Dette var menneskenes kamp, vår streben etter å ha kontroll over vår skjebne, som fikk livets hjul til å gå rundt. For meg så det ut som en brytekamp. Mens alle disse skikkelsene sloss intenst for kontroll var det faktisk denne kampen som fikk hjulet til å gå rundt.

"Se godt etter," sa Bestemødrene, og da de sa det ble jeg oppmerksom på omrisset fra solen som lå både under og bak hjulets bevegelser.

"**Hvil i deg selv, hvil i din guddommelige natur,**" sa de. "**Hvis solen ikke hadde sendt ut sitt lys, ville du ikke kunnet se noen bevegelse i det hele tatt, ville du vel?**" spurte de. "**Men det *eneste* du ser er bevegelsen.**"

Det var vanskelig å ta øynene bort fra dette dramaet med jorden, solen og hjulet og å fokusere på Bestemødrene i stedet. "**Du anerkjenner ikke lyset, Guds tilstedeværelse som er både over, under, omkring alt, og fyller det med liv,**" sa de. "**Alt du ser er bevegelsen! FLYTT FOKUSET DITT til lyset!**"

Det var ikke lett å konsentrere seg utelukkende om solen. Brytekampen som fortsatte på hjulet fortsatte å distrahere meg. Uten lyset fra solen ville jeg ikke ha vært i stand til å se noe, men solen *gjorde* ingenting! Det var vanskelig å fokusere på den fordi øynene mine ble trukket mot *bevegelsen*.

"**Vi gir deg historiene, og reisene som gjør disse historiene mulig, for å skape en endring i perspektivet ditt,**" sa Bestemødrene, "**for å ta bort ditt gamle fokus på handling. Her, i den fysiske verden, representerer fokuset på handling en begrensning.**"

Mens de snakket så jeg skyggene fra et dukketeater. Når de beveget på seg skapte de en slags flat virkelighet i spillet mellom lys og skygge. Det var ingen dybde i denne "virkeligheten" de skapte; Det var bare små, flate bevegelser. "**Det er *dette* du ser,**" sa Bestemødrene.

"**Livet er ikke en serie av flate, lineære bevegelser, bevegelser som for eksempel å kjøpe et hus, få en jobb, få barn. Det er ikke, DET er ikke livet,**" sa de. "**Det er *aktiviteter* på livets overflate.**" De studerte ansiktet mitt for å se om jeg forsto. "**Synk dypt inn i deg selv,**" sa de, "**Synk *ned* i deg selv.**"

Jeg vendte oppmerksomheten innover og følte at jeg roet meg ned, særlig mentalt. Tankene mine hadde rast avgårde. "**Kjenn deg selv, og vit at all fysisk og mental aktivitet kun er overfladiske aktiviteter. Overfladisk, statisk travelhet og bråk. Det er verken viktig eller uviktig. Kun aktivitet.**"

"**Føl kroppen din *nå*!**" kommanderte de, og jeg fokuserte på pusten, på følelsen av varme inni meg. "**Ikke noe mer uvettig livsførsel,**" sa de. "**Ikke noe mer løping fra stimulans til stimulans. *Det*,**" sa de, "**er en dum måte å leve på. Faktisk er det ikke å leve i det hele tatt.**

"**Meningen med livet er å anerkjenne hvem du er, å anerkjenne det Guddommeliges nærvær overalt, og å bevege seg inn under tingenes overflate, inn i vissheten om hva alt er.**" Jeg lyttet oppslukt. "**Når du lever slik kan vi komme til deg,**" sa de. "**Når du lever slik er vi *med* deg.**"

I ett minutt eller to var det helt stille, og så begynte jeg å nynne lavt. Hmmmmmmm. "**Dette er din egen vibrasjon. Føl denne vibrasjonen. Det er slik du kan motta vårt budskap. Gjennom å føle på denne, din egen vibrasjon, skjer det en endring i deg. Det oppstår en ny forståelse for, og innsikt i, livet. Du vil endres. Du vil bli klok.**" De smilte mens de sa, "**Det å være klok er forskjellig fra det å være smart. Og du kan fortsatt være smart,**" lo de, "**men du vil også være klok.**"

Jeg hadde lyst til å forstå denne forskjellen mellom klok og smart. Det virket som om en av dem krevde mer innsats, mens den andre ikke gjorde det. "**Ikke bli forvirret**" sa de. "**Ønsket om at det hele tiden** skal skje ting vil ikke gjøre deg lykkelig. Det vi snakker om er en *annerledes* form for aktivitet. Den krever ikke at man er travel og opptatt. Den er ikke å samle på prestasjoner. Den er ikke en liste over prosjekter eller en fulltegnet sosial agenda. Den er ikke noe av dette.

"Disse aktivitetene," sa de, og så på meg med uendelig tålmodighet, "er yang. Fokuset på yang verdiene har skapt spenninger, stress, og utfordringer på jorden. Det er ikke derfor vi har kommet," sa de, og ristet på hodet. "Vi har kommet for å hjelpe til med å balansere dette."

De vendte sitt intense blikk mot meg og sa, "Vi ber deg om å gå dypt i deg selv, om at du gjør det du gjør med kjærlighet i hjertet. Vi ber deg om å bruke hjertet ditt for å se på menneskene i livet ditt. For å gjøre dette," fortsatte de, "må du først gå dypt inn i deg selv, og kjenne kroppen din, kjenne etter vibrasjonen inni deg selv. Dette er livets egen vibrasjon. Den samme vibrasjonen som finnes i trærne, i menneskene som sitter ved siden av deg, i maten du spiser og i stolen du sitter på."

De så hardt på meg, "Forhold deg til livet fra *dette* stedet dypt inni hjertet ditt," sa de. "Og vær modig!" ropte de, mens de stakk knyttnevene sine opp i været. "Ikke vær redd. Vi er med deg."

De lo hjertelig mens de så mitt forskrekkede uttrykk og fortsatte, "**Du kan fortsatt være deg selv. Det kan du! Og du vil gi næring til alle. Du vil gjøre så utrolig mye godt bare ved å være deg selv.** Mye mer enn hva du vil eller kan gjøre gjennom å være travelt opptatt med å gjøre, gjøre, gjøre."

De så på meg igjen og sa, "Du virker så avskåret fra det vi snakker om at man skulle tro vi snakket et fremmed språk. Vi kan kjenne din engstelse og tvil for det vi sier." De kikket så målbevisst på meg at kjærligheten flommet over meg, før de sa, "Å, vi velsigner deg, og vi lyver ikke. Vi vil ikke forlate deg. Det er sant at du kan leve på en annen måte. Du vil blomstre fra ditt eget indre. Når du fylles med kjærlighet vil du utvides på en måte du ikke hadde drømt om at var mulig."

Jeg følte meg så lykkelig og så håpefull mens jeg lyttet til dem. "Jeg ønsker å leve på denne måten, Bestemødre," sa jeg. "**Lev sakte,**" svarte de, "**lev inderlig.** Du vil finne oss der, inni deg, omkring deg, bak og under deg. Akkurat som lyset, som luften, som varmen fra solen eller svalheten i skyggen.

"Dette er den naturlige måten å leve på," sa de, "men du har levd på slik en unaturlig måte så lenge at når vi forteller deg denne sannheten høres den fremmed ut for deg. Du blir skeptisk eller tenker, 'Det er ikke mulig for meg. Hvordan kan jeg leve slik? Hvordan kan *noen* overhodet leve på den måten?" De tok en pause. "Vi sier deg, det kan du. *Tiden er inne.*" De var stille før de fortsatte, "**Når du begynner å leve på den måten vil det skje en endring for alle skapninger.**

"**Det er mye kraft som bygger seg opp nå,**" sa de. "**Jorden er din venn, din allierte.**" De fortsatte, alvorlige og inderlige. "**Etter hvert som din egen identitet våkner opp, plant bena på bakken, legg hendene i gresset, i sanden, i jorden eller på trærne. Anerkjenn det guddommeliges tilstedeværelse. Jorden vil hjelpe deg til å åpne deg opp for hvem du er. Jorden vil hjelpe deg med å gå dypt; den vil hjelpe deg til å leve sakte.**

"**Når hodet ditt ønsker å fare avgårde med bekymringer, med prosjekter, med lister eller engstelser, ta tak i noe fra jorden. Berør en plante, et dyr, eller din egen kropp. Hold et trestykke i hånden, og husk hvor det kommer fra. Jorden elsker deg, og ønsker at du skal vende deg til henne. Hun lengter etter slektskap med sine barn, og noen av dere lengter også etter henne. Er ikke tiden inne?**"

"**Lev dypt,**" gjentok de, "**lev sakte. Og det du gjør vil være vakkert. Det du da gir vil være noe du virkelig gir, og gjennom å gi på denne måten vil du få visdom og kjærlighet, forståelse og slektskap med livet. Du vil bli rikelig belønnet.**"

De bøyde hodene til side mens de sa, "**Du trenger ikke endre livet ditt, men på et plan vil du allikevel det. Du vil endre perspektivet ditt,**" sa de. "**Husk at vi er med deg — alltid.**"

Trommeslagene endret rytme. De hadde ikke svart direkte på spørsmålet mitt, men de hadde gitt meg en ny måte å se verden og meg selv på. Det var ikke lett å si farvel, og da jeg kom tilbake til den ordinære virkeligheten la jeg merke til brystet mitt. Det var så fullt at det holdt på å sprekke. Jeg var rystet. Full av godhet og skjønnet, og samtidig rystet av deres budskap.

"Visdom finnes der egoet har veket plassen. Kunnskap er partikler lagret av egoet."

Den siste tiden hadde jeg hatt en følelse av at dette arbeidet begynte å nærme seg en avslutning. Det var ikke på grunn av noe Bestemødrene hadde sagt. Det var mer en følelse jeg hadde. Det var som om en dør var i ferd med å lukket seg. Så snart jeg ble bevisst dette skrev jeg opp en liste over ting jeg fortsatt ønsket å forstå. Idet jeg leverte dem listen min sa jeg, «Det er noen ting jeg ønsker å få klarhet i, Bestemødre, og en av de tingene som stadig vender tilbake har å gjøre med forskjellen mellom visdom og kunnskap.» De ble stående tålmodig, og så ikke direkte på meg, men børstet «ett eller annet» bort fra skuldrene og hodet mitt.

"Ikke vær urolig," sa de, mens de fortsatte å ta vekk flere ting fra ryggen min. Det så ganske tungt ut, akkurat som en haug med murpuss. Til slutt stoppet de å arbeide, løftet hendene over hodene sine og viste meg boken. Deretter polerte de den mens de fortsatt holdt den høyt til værs.

Mens jeg så på det hele hørte jeg dem si, "**Egoet er vanskelig å undertrykke,**" og umiddelbart ble jeg varm i brystet. Varmen steg opp i kinnene mine mens jeg tenkte, "Dette er *mitt* arbeid." Jeg ble forferdet over min egen reaksjon, men Bestemødrene bare smilte og gjentok, "**Egoet er vanskelig å undertrykke.**"

Med ryggene mot meg bøyde de seg over listen jeg hadde gitt dem. Samtidig kom det plutselig ut av tomme luften en ørn feiende inn. Den var mye større enn den som hadde landet i hagen vår. Idet han dundret over meg så jeg først det mørke omrisset av vingene hans, og deretter noe som lignet på et lynglimt før jeg hørte, "**Tordenfugl.**"

De kraftige vingene hamret løs på meg og feide avfallet vekk fra hodet og kroppen min. "Tusen takk!" ropte jeg idet den store fuglen feide bort all uklarheten fra hodet mitt — alle spørsmålene mine også! Jeg kunne ikke huske noen av dem. "**Dette er tordenfuglens dans,**" sa Bestemødrene idet jeg betraktet ham mens han fløy så høyt at jeg ikke lenger kunne skjelne de mørke vingene hans.

"**Altfor selvopptatt,**" sa de. "Amen til det," sa jeg og var helt enig med dem. Nok en gang feide brede sterke vinger, fulle av kraft og lyn, over hodet og skuldrene mine, løste opp det grepet jeg hadde rundt boken og bar den bort.

"**Denne boken er gitt,**" sa Bestemødrene, "**du er bare kanalen. Boken er en gave.**" "Tusen takk," ropte jeg tilbake, fylt av energien fra tordenfuglen. Kreftene raste nå gjennom de mest bortgjemte stedene i hodet mitt og vasket vekk alle blokkeringer og opphopninger i meg.

"**Visdom finnes der egoet har veket plassen,**" sa de. "Å-h," hvisket jeg og begynte å le. Dette var leksen de gav meg om forskjellen mellom visdom og kunnskap — som på bestilling. De tok bort egoet mitt.

"**Kunnskap,**" fortsatte de, "**er partikler som er lagret av egoet — en oppsamling av poeng til bruk for det enkelte individs ego og den enkelte rases ego.**" Min kamp for å 'forstå' boken var nettopp dette — et forsøk på å samle poeng, i ulike stabler. "**Visdommen fører ikke regnskap over hva den har gjort,**" sa de, "**den lagrer ikke på ting. I visdommen er det en fullkommen frihet, og i friheten er det visdom.**"

"**Hvis du strever for å samle på visdom vil du ikke oppnå den,**" sa de. "**Kun kjærligheten bringer visdom, og visdommen på sin side avler en dypere kjærlighet.**" De lente seg tett inntil meg mens de betrodde seg, "**Visdommen kommer ikke fra hodet; den kommer fra hjertet.**" For å illustrere dette sa de, "**Du kan kjenne om en person er vis, men det er vanskelig å beskrive vedkommende siden det å beskrive er en ting som hører hodet til. Intellektets natur er å fordele og sette i bås.**" "Selvfølgelig," tenkte jeg. "Hvordan kan noe så begrenset som intellektet beskrive noe som er så ubegrenset som visdom?"

Smilende sa de, "**Elsk mer. Søk å bli vist *hvordan* du kan elske. Søk å elske alle, å elske alt liv mer og mer. Søk det, og når du føler den kjærligheten så nyt å være i den.**

"**Slik kjærlighet bringer visdom, og sammen med visdommen kommer det en uendelig intelligens. Dette er den dype, kloke intelligensen som kommer fra hjertet, som er kosmisk i sin kraft, kosmisk i sin rekkevidde.**" De nikket og bøyde seg litt fremover mens de sa, "**Dette er en veldig deilig måte å leve på. De som oppnår denne visdommen er lykkelige.**

"**Grip muligheten til å elske,**" sa de. "**Velg å elske og å omfavne det gode i hver enkelt. Omfavn den enkeltes *egentlige* natur.**" De løftet en finger opp i været for å få min oppmerksomhet og sa, "**Ikke la deg avlede av oppførselen deres.**" Jeg skulle se forbi det åpenbare, til mennesket bak oppførselen. "**Hver dag får du flere muligheter til å se det gode, og til å la kjærligheten åpne deg opp. Grip tak i disse mulighetene! På den måten vil du vokse i kjærlighet, visdom og frihet.**

"**Det er egoet som har behov for å sette alt i bokser fordi det gir egoet en illusjon av å ha kontroll. Egoet er begrenset i sin forståelse, men med litt kunnskap kan det lure seg selv til å tro at det er mer enn det er.**

"**Søk visdom,**" sa de. "**Du vil bli gitt nok kunnskap for å gjøre bruk av denne visdommen, men først av alt skal du søke visdommen. Veien til visdom er gjennom kjærligheten.**

"**Det å erverve seg visdom,**" fortsatte de, "**handler om å harmonisere yin og yang. En dyp tilstand av visdom er en dyp tilstand av kjærlighet. Når man er i en slik tilstand er det ingen motsetninger. Visdommens kraft tar deg forbi dualiteten. Visdommen er større enn adskillelsen; den er alt-inkluderende i sin kraft.**

"**Se etter de tingene i hverandre som dere kan elske. Det som er godt blir forstørret gjennom en slik handling, og da vil visdommen etablere og utvide seg.**"

Jeg bøyde meg ned foran dem, men de strakte seg uaffisert over hodet mitt for å ta bort mer puss og avfall — flere håndfuller. Det de tok bort var en del av egoet mitt, den delen som hadde forsøkt å holde fast ved ting, å kategorisere og å kontrollere. Åh hvilken smerte denne holdningen hadde skapt. Hver eneste bunke eller haug på ryggen min var tung og stakk meg langsetter ryggraden. Selv om jeg aldri hadde vært bevisst det hadde dette avfallet vært en tung bør å bære.

Da jeg snudde oppmerksomheten innover i meg selv så jeg to ulike tilstander. Den første var kunnskapen. Den sto oppreist, og var laget av stabler — kunnskap, på kunnskap, på kunnskap — lik en bygning som var satt sammen av flere lagringsenheter. Inni meg var det en slik stor stabel av kunnskap. Den var høy og lente seg litt over til den ene siden.

Jeg så visdommen også, men den reiste seg ikke så høyt til værs. Den var også rektangulær i formen, men mer horisontal enn vertikal, og mer avrundet i hjørnene. Store deler av visdommen var i kontakt med bakken. Den var bredere enn det den var høy. Dessuten hadde den en farge — blå. Kunnskapen derimot så mer grå eller fargeløs ut.

Mens jeg betraktet det hele ble kunnskapen omfavnet av den rektangulært formede visdommen. Det var som om visdommen omfavnet kunnskapen og inkluderte den i seg selv. Visdommen var aktiv.

Hvis vi skulle betegne visdommen som en bygning ville visdommens bygning ha vinger som strakte seg ut til begge sider. Disse vingene omfavnet kunnskapens bygning. Det var disse vingene som skapte bevegelsen jeg så. Visdommen var komfortabel med seg selv, like mye som den var komfortabel med kunnskapen. Siden visdommen var inkluderende, og ikke ekskluderende, gikk visdommen og kunnskapen godt sammen. Men kunnskapen i seg selv var en usikker bygning fordi den var stablet opp så høyt at den ikke var stabil. Men når visdommen omsluttet kunnskapen og støttet den, ble kunnskapen stødig.

Jeg så på Bestemødrene. "Så det er ikke galt av en person å søke kunnskap så lenge man søker den ut i fra et ønske om visdom," sa jeg. Siden de ikke sa noe fortsatte jeg. "Søken etter kunnskap må komme ut i fra ønsket om å elske, å tjene og forstå. Hvis vi elsker og forstår vil kunnskapen 'stå.'" **"Ja,"** sa de.

Vi smilte til hverandre mens vi dannet en sirkel og sviet frem og tilbake lik trær som blåser i vinden. Hodene våre svingte grasiøst først til høyre, så til venstre. Deretter virvlet Bestemødrene rundt meg i en sirkel og danset inn og ut mens de pakket meg inn i noe silkemykt og blått.

Da jeg drog fra deres rike og vendte tilbake til den ordinære virkeligheten var jeg fortsatt pakket inn i denne blå kappen. Blått, visdommens farge.

"Vi kommer, vi kommer når du kaller på oss."

Bestemødrene hadde svart på spørsmålene mine, i alle fall de jeg kunne komme på. Men siden jeg fortsatt lurte på om det var noe i budskapet deres jeg ikke hadde fått med meg reiste jeg til dem en gang til.

Jeg fløy inn til dalen deres på egen hånd, landet på bakken og kastet meg ned foran dem. "Jeg vet ikke hvorfor jeg gjorde det," sa jeg, mens ansiktet mitt fremdeles lå ned mot bakken, og kroppen min ikke ville reise seg.

De lo mens de løftet meg høyt opp i luften og steg opp i luften sammen med meg. Mens vi fortsatt steg oppover danset vi en liten menuett. I det vi danset slik i tomme luften la jeg i øyekroken merke til kabelen fra mikrofonen min som dinglet foran meg. "Hva gjør mikrofonen min her?" spurte jeg. "Er vi i den ordinære eller den ikke-ordinære virkeligheten?" "**Er det så viktig?**" kom det til svar.

"Bestemødre, er det noe dere ønsker at kvinner skal gjøre med budskapet deres som dere ikke har fortalt meg ennå?" spurte jeg. Det så ut som de funderte over spørsmålet før de snudde seg mot meg og sa, "**Kom.**"

De hadde på seg skjørt som tilsynelatende fløt rundt kroppene deres, og mens de gikk foran meg minnet de meg om langbente fugler med fargerike fjær. De begynte å danse og sirkle rundt mens de vevde seg inn i hverandre.

De gynget fra side til side og dannet ulike mønstre og fargerike former mens skyene over dem gled over jorden. Jeg vet ikke om Bestemødrene fulgte etter skyene eller om skyene fulgte etter dem, men mønstrene av sol og skygge som bølget over de strålende skjørtene deres var praktfulle. Bevegelse, mønstrene av lys og mørke, overalt hvor jeg så var det flyt og harmoni. Bestemødrene utførte livets dans.

Mens de danset og gynget fra side til side la jeg merke til kontrasten mellom de yndige bevegelser deres og den kompakte jorden som de danset på. Jorden under føttene deres var delt opp i små deler. Hver enkelt del var så hard og så kompakt at den så ut som en murstein.

De lærte meg hvordan jeg skulle danse og gynge sammen med dem, og skjørtet mitt begynte å danse i en valselignende takt, akkurat som deres. Det banket lett mot bakken og slo mot den livløse jordoverflaten. Hver gang ett av skjørtene våre slo mot bakken løste det litt opp i den kompakte jorden. Rytmen av skjørtene våre som slo lett mot bakken var så forførende, så naturlig. Den fikk den stivnede jordoverflaten til å bevege seg sammen med den.

Jeg hørte den gamle «Skjørtevalsen» mens jeg tenkte, «Så deilig det er å danse og flyte rundt slik som dette.» Skjønnheten i denne dansen fikk alt til å ønske å være i harmoni.

Jorden under føttene mine begynte å vibrere. Nå var den ikke lenger steinhard, men hadde begynt å lage en trommelignende lyd. Jeg kjente en bris og da jeg så opp så jeg busker som bøyde seg i vinden og for hverandre. Det var ikke bare jeg, men hele planteriket som fulgte Bestemødrenes eksempel i denne livets dans.

«Hvordan skal vi som hører deres budskap bruke det?» spurte jeg. "**Tillat deg selv å leve i din naturlige rytme og ynde**" svarte de. "**Tillat dere selv å danse og ha tiltro til den rytmen dere bærer i dere. Ha tiltro til livets nåde.**"

"Kjære Bestemødre, hvordan skal vi bruke budskapet deres?" gjentok jeg siden jeg ønsket å vite mer nå når denne fasen i mitt arbeid med dem gikk mot slutten. "**Med glede,**" ropte de ut. "**Bruk vårt budskap med glede og ha *tiltro* til livets rytme.**"

"**Det er ikke en fiendtlig verden,**" sa de. "**Overskuddet av yang energi har kanskje fått det til å se slik ut, men det er ikke dens sanne natur. Under dette overskuddet av yang energi på jorden finnes det likevel en harmoni. Stol på denne underliggende harmonien og ikke vær redde.**" De fortsatte, "**Ikke vær dystre eller negative og fulle av dommedagstanker. Nei!**" ropte de ut og trampet med føttene i bakken. De var intense disse fuglelignende Bestemødrene i sine flerfargede drakter.

"**Stol på livets egen rytme,**" fortsatte de, "**og dans med livet! Vær i harmoni med livet. *Lytt*,**" sa de, "**og livet vil lede deg i denne dansen. La livet lede deg,**" sa de, og lo da de så uttrykket i ansiktet mitt mens jeg prøvde å forestille meg hvordan det ville være hvis jeg "lot livet lede meg."

"**Lytt til det livet forteller deg,**" sa de. "**Se hva livet bringer deg hver dag og legg merke til hvordan det føles.**

"**Hva er det som appellerer til deg?**" spurte de og tok en pause før de fortsatte, "**Følg det. Det er livets rytme.**" Jeg begynte å forstå hva de mente. "**Det *er* en vennlig verden,**" sa de. "**Jorden under deg og himmelen over deg. Stol på dem. Du er på rett sted.**

"**Husk hvor mye du er *elsket*,**" sa de, "**og når du husker på dette vil du selv elske mer.**" De slo armene på vidt gap mens de erklærte, "**Mer kjærlighet vil gjennomstrømme deg — hele tiden! Du vil bli lykkeligere og lykkeligere når du danser med livet og livet danser med deg.**"

De begynte å synge, og sangen deres fikk meg til å gråte. "**Å, som vi elsker deg. Å som vi elsker deg,**» sang de om og om igjen. "**Syng dette til kvinnene og mennene,**" sa de, "**og få dem til å synge det også. Neste gang gruppen kommer sammen så syng denne sangen. Det vil gi dem en følelse av større harmoni med oss og med hverandre.**

"**Du har gjort en god jobb. Vi velsigner deg,**" og hjertet mitt var så fullt at jeg ikke klarte å snakke. "**La hjertene deres *få lov til* å være fulle,**» sa de i respons til hvordan jeg følte meg, "**for sannheten er at vi elsker deg dypt, inderlig og alltid. La oss få lov til å fylle deg.**"

Jeg følte meg full, fylt opp, og tilfreds. Jeg følte alt dette. Jeg så på mens de velsignet boken og mens de holdt tak i den nederst på kanten slo de den tre ganger mot den harde bakken. Bang, bang. bang.

Deretter så de på meg og sa, "**Det er på tide at du flyr ned.**" "Ja, det skal jeg, Bestemødre," lovet jeg mens jeg stirret på dem, men jeg hadde ikke lyst til å dra. Jeg skulle ønske at jeg aldri mer måtte dra fra dem, men idet tanken fór gjennom hodet mitt så jeg de strenge blikkene deres.

Jeg snudde meg mot dem en gang til før jeg drog min vei. Smilene deres var fulle av kjærlighet da de sa, "**Vi kommer. Vi kommer når du kaller på oss. Om du kaller på oss når du er alene, eller om du kaller på oss når du er i en gruppe — vi vil alltid komme. Det skal du vite. La livene deres være fylt av det Guddommeliges nærvær. Det er ditt bare du spør om det.**

"Dette er en riktig slutt for denne boken," sa de, og sendte meg et slengkyss. "**Vi venter på deg. Vend deg til oss. Kall på oss. Vi venter på at du kaller på oss.**"

KAPITTEL 19

Bestemødrenes arbeidsbok

"Disse meditasjonene vil forankre vårt budskap, og gjøre det mulig for lærdommen å trenge dypt inn i kroppens og hodets byggesteiner."

En intellektuell forståelse vil bare gi en delvis forståelse av sannheten. For å skape en dyp, kroppslig forståelse av de sannheter som Bestemødrene har meddelt oss har jeg samlet alle deres meditasjoner og visualiseringsøvelser i dette kapittelet.

Deres budskap har mange betydninger. Det er derfor Lysnettet, Livets vev, Livets tre og andre budskap er overlevert i en symbolsk form. Symboler vil ikke begrense, men utvide tankegangen. **"Dette,"** forklarte Bestemødrene, **"er verktøy for å fremme den individuelle bevisstgjøringen av egen kraft."** Uansett om du har valgt å motta Bestemødrenes seremoni for oppvåkningen av den indre kraften eller ikke vil disse verktøyene hjelpe dere å omsette Bestemødrenes arbeid i praksis. **"Disse meditasjonene forankrer vårt budskap, og gjør det mulig for lærdommen å trenge dypt inn i kroppen og hodet og forbli der. På den måten blir de omgjort til din egen sannhet.**

"Når du har tatt opp i deg, og gjort disse sannhetene til dine egne, vil de ikke lenger være tanker som farer gjennom hodet ditt, men en dypt anerkjent sannhet." Disse meditasjonene skaper endring. Siden de ikke er intellektuelle øvelser gir de en mulighet til å erfare en annen måte å leve på.

De skaper store endringer for dem som bruker dem. Deretter vil de spres videre fra den enkelte og skape endringer for mange. **"Dere skal aldri undervurdere kraften i disse øvelsene,"** understreket Bestemødrene. **"Det kommer mye godt fra det som for deg kan virke som små handlinger."**

Denne delen av boken er en arbeidsbok for de som ønsker å ta aktivt del i dette arbeidet. Meditasjonene er spredt utover boken, men jeg har samlet dem sammen her slik at de er lettere tilgjengelige og med litt mer forklaringer. Noen er enkle. Noen er mer sammensatte. Men hver enkelt vil hjelpe deg til å helbrede og balansere deg selv. Og like viktig, de vil bringe helbredelse og balanse til jorden.

Det er et ordspråk som sier; "Jeg hører og jeg glemmer, jeg ser og jeg glemmer, men jeg opplever og jeg husker." Meditasjoner og visualiseringer er nesten som opplevelser som gjør at vi kan forbigå hjernens kritiske barrierer slik at vi kan lære noe nytt. Kanskje du har lyst til å lese dem høyt, eller lage en elektronisk innspilling slik at du kan lytte direkte til kraften i Bestemødrenes ord.

Forberedende Avslapningsøvelse

Hvis du ikke er vant med å meditere, kan denne enkle metoden hjelpe deg å slappe av og skape en mulighet for å arbeide med Bestemødrene. Bruk den etter behov, som en forberedelse til de spesifikke meditasjonene.

Først av alt, finn et sted hvor du kan være alene. Sett deg godt til rette, og når det er gjort, kan du tenke på hvorfor du har satt deg ned. Hva er det du ønsker av denne opplevelsen? Det kan være du er nysgjerrig på disse såkalte Bestemødrene, eller det kan være at du ønsker å åpne deg opp for den Guddommelige tilstedeværelsen. Vær tydelig på hva du ønsker når du går inn i dette arbeidet. Det at du er tydelig viser respekt både overfor dem og deg selv. *Denne tydeligheten er din intensjon.*

Når du har satt deg, finn en åpen kroppsstilling. Ikke sitt med bena og hendene i kryss, med mindre du sitter på gulvet med bena i kors. Legg merke til hvor perfekt stolen eller gulvet støtter deg. De vil til enhver tid støtte oss, selv om vi sjelden er bevisst det. Føl kontakten du har med stolen eller gulvet, og legg merke til hvor komfortabel, eventuelt ukomfortabel du føler deg.

Hvordan har kroppen din det? Hvor er vekten plassert? Legg merke til hver enkelt del av kroppen. Er bena solid plassert på gulvet? Kan du kjenne føttene dine? Ta den tiden du trenger for å roe deg ned, og legg merke til hva som skjer i kroppen din. Gjør det på en litt distansert måte, akkurat som om du skal gjøre opp status. Banker hjertet ditt fort eller sakte? Hvordan er rytmen på pulsen, jevn eller ujevn? *Bare konstater hvordan det er.*

Pust dypt inn, helt rolig, og når du puster ut kan du se for deg at du gir slipp på det gamle (gamle tanker, gamle holdninger, gammel luft).

Når du puster inn tenk på at du tar til deg nye ting. Lukk øynene dine, og gjør dette tre eller fire ganger. Føl hvordan pusten din beveger seg inn og ut, i en dyp og rolig rytme. *Gi slipp på det gamle, åpen opp for det nye.*

Legg merke til hvordan hjertet ditt slår, og hvilken rytme det har. Begynner det å slå roligere? Slår det raskere? Hvordan er temperaturen i kroppen din? Det kan hende at hjertet ditt slår raskt, eller det kan hende det slår rolig. Kroppen din føler seg kanskje varm eller kanskje kjølig. Når du begynner føler du deg kanskje anspent, eller det kan være du er avslappet. Uansett, ikke prøv å endre noe ved deg selv. Ikke tving deg selv til å «prøve» å slappe av. Bare prøv å legg merke til hva status er uten å bedømme deg selv. *Ta den tiden du trenger og betrakt deg selv.*

Legg merke til om deler av kroppen føler seg spent, og om det er deler som er mer avslappet. Holder du pusten? Puster du raskt eller rolig? Ikke bedøm deg selv på noen måte. Ikke ha det travelt. *Du skal bare observere hvordan det er* uten å vurdere deg selv. Når du etter hvert begynner å slappe av kan du fortelle Bestemødrene at du er klar for å jobbe med dem.

Å MEDITERE PÅ LYSNETTET

"Det lyset som lyser opp Nettet kommer fra den enkeltes hjerte."

For å oppleve Lysnettet kan du tenke på, forestille deg eller fornemme et skinnende Lysnett, akkurat som et fiskegarn, som dekker hele jorden. Når du forestiller deg dette Nettet, legg merke til at du er en del av det. Du er et lyspunkt på dette Lysnettet. Kjenn etter, legg merke til eller se for deg hvordan du er tilknyttet.

Når du knytter deg til Nettet vil du legge merke til tråder av lys som beveger seg fra menneske til menneske over hele jorden. Det er denne forbindelsen som skaper Lysnettet eller veven. Hold fast ved denne tanken og legg merke til hvordan du reagerer på den. Hvordan er du tilknyttet Nettet? Hvor er du plassert? Ikke sett spørsmålstegn ved hva du føler — *bare betrakt det hele.* Hvis du begynner å stille spørsmålstegn på dette tidspunktet vil tankene knyte seg, og hindre den videre flyten i meditasjonen.

Hvis du har behov for det kan du tegne et bilde av Lysnettet for å kunne forestille deg det klarere. Når man gjør en øvelse som denne vil noen oppfatte ting visuelt. Andre vil forestille seg ting, mens noen vil føle dem. Når du gjør dette, legg merke til hvordan du opplever Lysnettet. Hvis du ikke er en visuell type kan du heller tenke på det og forestille deg hvordan du er tilknyttet. Energiene dine vil alltid kanaliseres dit hvor du sender tankene dine. Derfor er det å tenke på Lysnettet tilstrekkelig til at det blir virkelig.

For å aktivere din plass i Lysnettet skal du puste inn lyset fra Nettet fire eller fem ganger. Kjenn eller tenk på plassen din i Nettet mens du puster, og legg merke til hvordan kroppen din svarer. "**Etter hvert som bevisstheten om din plass i Nettet blir sterkere og mer stabil vil du kanskje kjenne strålene fra dette opplyste Nettet bevege seg gjennom blodårene i kroppen din.**" Det kan være du opplever en bevegelse av lys inni deg selv, siden Nettet finnes både innenfor og utenfor deg. Du er en del av det, akkurat som det er en del av deg.

Opplevelsene tilknyttet det å være en del av Nettet er flotte. Noen ser eller føler at lyset lyser opp kroppen deres. Noen føler glede eller fred, mens andre føler seg elsket og tilknyttet gjennom denne forbindelsen. Uansett hva du opplever er du en del av Nettet gjennom å tenke på det, og aktivere din plass i det.

"**Det lyset som lyser opp Nettet har sitt utspring i den enkeltes hjerte.**" Nettet er ikke en ekstern ting fordi "**Nettet er opplyst av den juvelen som hver enkelt representerer.**" Alle som deltar i denne meditasjonen gir kjærlighet og støtte til Nettet, og blir en del av den kontinuerlige prosessen med å gi og ta imot lys. Det lyset som blir sendt gjennom Lysnettet vil raskt komme tilbake til avsenderen gjennom sansene hennes. "**Det er hjertene deres som tar avgjørelsen om å sende ut lys. Deretter blir det sendt ut i verden gjennom trådene i Nettet. Lyset som vender tilbake til deg vil bringe med seg gaver via sansene dine.**"

Forestill deg at du sender lys fra hjertet ditt gjennom trådene i Nettet, og legg merke til hvordan lys og kjærlighet følger med tankene dine, og videre ut i verden. Du har mer kraft enn du noen gang kan forestille deg. Lyset i dette Nettet kommer fra ditt eget hjerte, og bevisstheten om din forbindelse med Lysnettet formidler dette lyset.

Det å sende lys gjennom dette nettverket skjer helt uten anstrengelse. Du trenger bare å tenke på det, og så vil lyset strømme frem. Kjenn hvordan lyset strømmer gjennom dette stadig mer opplyste nettverket og hvordan du er med på å vekke opp, støtte og selv bli støttet av det.

Du er en del av Lysnettet, et levende system som gir støtte til jorden. Det er ditt eget hjerte som genererer lyset i dette Nettet, og som pumper lyset videre med hvert hjerteslag. "**Hvis du velger å gi fra hjertet ditt, vil sansene dine gi deg rikelig tilbake. Gjennom å meditere på Lysnettet vil en uendelig mengde godhet bli mangedoblet over hele verden.**"

Da jeg spurte hvorfor lyset kommet tilbake til avsenderen via sansene hennes svarte Bestemødrene, "**Lyset vil komme tilbake til deg via sansene dine fordi det er den måten menneskene mottar ting på. På den måten vil du også vite at noe er virkelig. Hvis informasjonen bare kom som en tanke ville du ikke tro på den, ville du vel? Når noe kommer til deg via sansene dine blir du bevisst det både fysisk, følelsesmessig og mentalt."**

Å SENDE UT LYSNETTET

For å gjøre Nettet tilgjengelig for andre må du først påkalle det Guddommelige i den formen du tilber det. Dette inkluderer å påkalle Bestemødrene om du ønsker det. Deretter kan du tenke på Lysnettet, og enten se det for deg eller tenke at du er en del av det. Deretter kan du bruke et øyeblikk på å oppleve styrken i Nettet, og kjenne den tilknytningen du har til det før du fortsetter. Deretter ber du om at det blir spredt ut til de som trenger det mest, og tenk på de gruppene av mennesker som lengter etter en følelse av tilhørighet og støtte. Bestemødrene foreslår at vi sender Nettet til kvinner først av alt, siden det hovedsakelig er dem som vil holde Lysnettet oppe, også for andre.

Deretter kan du, enten inni deg eller høyt, nevne de gruppene du tenker på. Ta en pause mellom hver gruppe du nevner slik at du kan erfare hvordan lyset i Nettet går til hver enkelt. Når hele kjernegruppen gjør denne øvelsen sammen sender vi vanligvis ut Lysnettet i denne rekkefølgen; til mennesker i institusjoner (på sykehus, i fengsler, etc), til de eldre, til alle de som lever i en eller annen form for fattigdom, til unge mennesker som leter etter en mentor men ikke klarer å finne en, til "vellykkede" yang orienterte mennesker, til alle sjeler, spesielt de kvinnelige, som blir inkarnert nå for å hjelpe til med dette arbeidet, og til alle mennesker.

Vi sender det ut til de gamle fordi de ofte føler seg forbigått i verden. Vi sender det ut til de "vellykkede" yang-orienterte menneskene (særlig til kvinner som trenger støtten fra sine søstre) fordi disse menneskene er veldig lik den maniske oksen — som blir helt utslitt av yang energien. Vi sender det ut til alle de som lider, enten fysisk, mentalt eller åndelig. Deretter sender vi det ut til alle former for liv over alt. Vi ber om at alle blir velsignet, og avslutter denne bønnen/meditasjonen med å synge en gammel bønn, "Må alle i alle verdener bli lykkelige". Vi repeterer dette tre ganger.

Denne øvelsen kan endres etter behov. Man kan variere litt på hvem man sender Lysnettet til, eller i hvilken rekkefølge man gjør det, men alle trenger det og vil nyte godt av forbindelsen med det. Imidlertid er det slik at det for det meste er kvinner som er med på å holde dette Nettet stødig. Kjernegruppen vil derfor alltid sende det ut til dem først, siden det er de som gir støtte til jorden.

MEDITASJONEN OVER MUGGEN OG KOPPEN

"Vi gir og du lever."

For å kjenne hvordan det oppleves når Bestemødrene fyller deg opp fra Kilden begynner du på samme måte som beskrevet i den forrige øvelsen. Gå til ditt eget rolige sted, og sett deg godt til rette. Deretter påkaller du Bestemødrene og ber dem om å ta deg med til et solfylt rom hvor du kan bli kjent med muggen og koppen. Med en gang du ber om dette vil det dukke opp et spesielt rom i tankene dine. Når det skjer, tenk på eller se for deg et bord med denne muggen og koppen. Sollyset strømmer inn over alt, gjennom et vindu, en døråpning eller en annen åpning, Se det for deg, kjenn det eller forestill deg det.

Legg merke til muggen — hvor stor den er, hvilken fasong den har, hvor tung den er og hvilken farge den har — og mest av alt, hvor full den er. Den er fylt til randen. Ta på den om du vil, og kjenn hvordan den føles.

Koppen, som er mye mindre, står ved siden av muggen. Legg merke til alle detaljene i dette oppsettet, akkurat som om du skulle være en kunstner. Størrelsen og formen på bordet, kvaliteten på lyset, fargen og fasongen på koppen, og hvordan den er plassert i forhold til muggen — legg merke til alt dette. Det kan være du føler varmen fra sollyset, kjenner lukten av luften eller hører fuglesang utfor vinduet. Bruk sansene og fantasien din til å skape denne scenen og la den befeste seg i din bevissthet. Legg merke til hvordan du føler deg der du står på dette solfylte stedet, fylt av nåde og overflod.

Se eller forestill deg at innholdet i muggen helles over i koppen, slik at denne blir helt full. Da Bestemødrene første gangen gav meg denne øvelsen var muggen full av fløte, men den kan være fylt av alt det du synes er godt. Kanskje er det slik at det er Bestemødrene som heller fra muggen. Kanskje er det slik at det tilsynelatende skjer helt av seg selv. Uansett, når koppen er full og muggen er satt tilbake på plass, se oppi muggen. Muggen *kan ikke tømmes*. Den blir alltid fylt opp fra Kilden.

La dette gi gjenlyd i deg selv. Det finnes en uuttømmelig kilde her, og akkurat som muggen som står breddfull i solen er også du fylt til randen. Du er et overflødighetshorn, fylt med alt mulig godt. Du kan aldri bli tom fordi Bestemødrene bestandig vil fylle deg opp.

"Alt du trenger å gjøre for å fylles opp er å tenke på oss," sier Bestemødrene. "Gjør du det vil du alltid være fylt, og du kan ikke bli tømt, på samme måte som muggen ikke kan det. Fordi du alltid vil være full vil det å gi til andre skje så ubesværet at du ikke engang vil tenke på det som å gi. Det er ingen adskillelse mellom den som gir og den som får. Det du gir vil flyte frem fra den kilden som du er en del av.»

Når livet er fullt vil det flyte uanstrengt. Bestemødrene sier, "Etter hvert som du øver deg på denne meditasjonen vil livet ditt bli lettere og lettere — akkurat som det skal være. Vi gir. Du lever. La oss få gi til andre — gjennom deg."

Meditasjoner Over Livets Tre

"Dere er forbundet med hverandre gjennom dette treet."

Bestemødrene gav oss meditasjonene over Livets tre for å styrke forholdet mellom kvinner og menn, og balansere yin og yang. "**Moderen bryr seg ikke bare om grenene eller røttene på treet, men tar vare på hele treet.**" Disse meditasjonene skal hjelpe oss til å ta imot det vi trenger fra det feminine aspektet ved skapelsen. Når yin blir sterkere vil livet automatisk bli roligere.

Disse meditasjonene balanserer forhold og skaper en harmoni i den enkelte. De virker helbredende på dem som mediterer og på alt liv.

"**Øvelsen med Livets tre er for alle — menn og kvinner. La deg selv få oppleve roen i dette treet.**"

Denne meditasjonen har tre deler. Hver av dem har en verdi. Men den største gaven er balanseringen av yin og yang energiene i den enkelte.

Dette er verdenstreet, et arketypisk symbol for enhet og sammenheng. Det har vært gjenstand for folkekunst rundt hele jorden, og vist ærbødighet fra urbefolkninger i hele verden. Jeg så mitt første Livets tre i Mexico. Det var laget av leire, og hadde ulike dyr og mennesker som bodde mellom grenene deres. Siden har jeg sett det i flere kulturer.

"Livets tre har en symbolsk betydning. Røttene gir næring til alt som lever, mens grenene dekker hele jorden. Alle verdens skapninger er knyttet til hverandre gjennom dette treet. Derfor er budet om å «Elske alle» en praktisk leveregel.»

Vi er dypt knyttet til hverandre både i og gjennom energien i Livets tre, som symboliserer vår forbindelse til Gud og til hverandre. Selv om vi lever i en materialistisk tilværelse er vi mer enn bare denne råmaterien. "Du vil ha mer å gi etter hvert som du åpner deg opp for Gud Moder gjennom Livets tre. Etter hvert som du lærer å gi på denne måten vil du også bli en levende og givende del av Livets tre."

Å BALANSERE YIN OG YANG

"Du må innse at treet er en helhet. Røttene og grenene er ett, både over og under jorden,.»

Siden de fleste mennesker har et ganske begrenset syn på livet har Bestemødrene lært oss hvordan vi skal se på treet som en helhet, og ikke bare som summen av de enkelte bestanddelene. For å korrigere vårt perspektiv, samt gjøre oss oppmerksom på balansen mellom yin og yang, har de gitt oss en meditasjon som fokuserer på pusten, og som harmoniserer den maskuline og den feminine energien. De bruker treet som et symbol for å omgå de begrensninger som skapes av vår rasjonelle tankegang.

Etter at du har slappet av, påkall treet, og legg merke til hvordan du ser det for deg. Vær spesielt oppmerksom på kronen og på røttene. Hvis du ikke er noe god til å visualisere kan du *bare påkalle treet.*

Tenk på, se for deg eller føl at du lener deg mot trestammen samtidig som du puster dypt inn fra treets røtter. Vær oppmerksom på hele treet og din tilhørighet til det. Du kan gjøre dette enten mens du sitter, står eller ligger nede.

"**Hver gang du puster inn trekker du energien fra treet, opp gjennom kroppen din. Gjør dette tre ganger.**" Gjennom hver av disse tre dype innpustene tar du imot det du trenger fra Moder Jord — sikkerhet, ro og trygghet. Legg merke til hvordan disse tre gavene, som alle er kvaliteter som tilhører Moder Jord, strømmer gjennom kroppen og hodet ditt. Gi deg selv tid til å absorbere dem.

"**Deretter kan du puste inn via bladene og grenene i treet, mens du for hver innpust trekker energien fra himmelen og ned i deg selv. Gjør dette tre ganger.**" Trekk til deg alt du trenger fra den maskuline energien — styrke, beskyttelse og klarhet.

Når vi puster inn har vi først fokus på røttene og deretter på grenene. Når vi puster ut derimot er det ikke nødvendig at vi fokuserer utpusten på noe spesielt. "**Når du puster ut vil pusten bli spredt dit det** er behov for den. Luften du puster inn bærer med seg en gave til deg, og luften du puster ut bærer med seg en gave til verden. Disse gavene vil bli spredt dit det er behov for dem.

"Å puste slik vil skape en harmoni i selvet og skape en harmonisk atmosfære. Det vil være bra for kvinner og menn å gjøre denne øvelsen sammen. Det er absurd for menn å skulle ignorere det feminine aspektet ved livet, og tilsvarende absurd for kvinner å ignorere det maskuline aspektet. Hvis man sagde av alle grenene på treet ville treet dø. Hvis man saget av alle røttene ville treet også dø."

"Treet trenger oppmerksomhet og det trenger omsorg *nå*." Vi har ikke råd til å kaste bort mer tid på maktkamper; vi må begynne å se på hverandre med nye øyne. "Hele treet trenger omsorg — både røttene og grenene. Det vil komme mye godt ut av å arbeide med Livets tre. Når du puster på denne måten vil jorden og himmelen møtes i en omfavnelse mellom Moderen og Faderen, Faderen og Moderen, yin og yang."

Å BLI UTVIDET GJENNOM TREETS RØTTER

*"Dette er ditt liv rot/sti......
kilden til ditt eget liv."*

Etter at du har gjort den innledende avslapningsøvelsen, se for deg eller tenk på treets nettverk av røtter og grener, og tenk deg at de sprer seg lengre enn øyet kan se. De omslutter hele jorden, alle folkeslag, de ulike landene, og deres skikker. *Tenk tanken, for deretter å gi slipp på den, og legg merke til* din egen respons.

"Se for deg, eller tenk på disse røttene lik et nettverk av elver som strekker seg over hele jorden — Europa, Asia, Afrika, Amerika, alle øyene og polområdene. Røttene snor seg rundt hverandre nede i jorden mens grenene gir ly til hele kloden."

Beveg deg inn i treets røtter. Dykk ned, forsvinn ned i dette enorme nettverket og utforsk det hele.

Røttene er forankret i og forankrer deg til Moder Jord, og fører deg, på samme måte som de fører treet. Du skal vite at når du puster inn og mottar det Moder Jord har å gi deg oppnår du en dyp forbindelse med denne moderlige kilden som holder deg stødig i sitt eget nettverk av røtter. La kroppen din kjenne forbindelsen den har til Henne og til jorden.

Det kan være du vil føle at det er et sted midt i hele dette nettverket som føles som ditt eget. Du har en rot (fure) som forbinder deg til treet på en helt spesiell måte. Den er din alene, og vil føles veldig komfortabel for deg. Let etter den nå, og når du har funnet den, la deg hvile i den.

"Dette er ditt livs rot/sti, kilden til ditt eget liv."

Utforsk roten din — hvilken form den har, omkretsen, og hvor den er plassert i dette underjordiske systemet som røttene er.

Hver gang du utfører denne meditasjonen vil din rot/sti og forbindelsen til alle de andre røttene blir styrket. Hver person er forbundet til Livet tre via dets røtter. "**Det er umulig å hjelpe deg selv uten at det er til glede for flere. Etter hvert som du styrker din rot/sti, vil alles forbindelse til det guddommelige bli styrket.**"

Tre-øvelsen hjelper både menn og kvinner, men det er noe spesielt som skjer med kvinnene når de jobber med den. Kvinner har i mange år vært avsondret fra kilden til den feminine kraften. En måte å få kontakt med denne kraften på er å arbeide med Livets tre. Bestemødrene sier, «**Det er på tide at kvinner får etablert sine røtter. Røttene på treet er lik kvinner som står stødig og er støttende i sin kraft.**

«Etterhvert som kvinner jobber med røttene i Livets tre vil hver enkelt rot utvide seg og komme i kontakt med en annen. Til sammen vil disse danne et nett av støtte som vil holde jorden stødig. Dette er en annen måte for menneskene å åpne seg opp for Lysnettet.»

TREETS FRUKTER

"Hver frukt er nødvendig for treets generelle helse."

"Både for menneskene og for Livets tre er det slik at energiene stiger opp fra kilden, opp i roten/furen og inn i kroppen. Der gir den seg uttrykk som en frukt — frukten av ens gjerninger, og fruktene av Livets tre." I begge tilfellene er det slik at frukten modnes gradvis.

Denne øvelsen gir oss mulighet til å se på oss selv på en ny måte samtidig som vi har respekt for de spesifikke gavene og utfordringene som er gitt oss. "**Hver frukt er nødvendig for treets generelle helse. Det er *denne* frukten, som vi har valgt oss fra Livets tre, som gir smak til livene våre. Frukten fra Livets tre reflekterer den enkeltes spesifikke identitet.**"

Hvis vi tenker på den frukten vi har valgt som et symbol på hvordan vi lever og hvem vi er kan vi ta lærdommen fra Livets tre videre til et dypere nivå. Livene våre reflekterer vår individualitet. Noen av oss er strebere, andre er betraktere, noen er overlevere, utforskere, evaluerere — og så videre. Listen er uendelig. Når tiden kommer vil livene våre bekrefte disse iboende kvalitetene (våre gaver, utfordringer og karakter), på samme måte som frukten vil utvikle sin særegne karakter (søthet, farge og konsistens).

Som en innledende del til denne øvelsen skal du gjøre den avslapningsøvelsen du trenger. Deretter skal du kalle på Livets tre og legge merke til kronen som er sellet med frukt av alle mulige slag. På grenene henger det både mangoer, bananer, guava, grapefrukt, og all verdens andre frukter. Gå bort til treet og legg merke til hvilken frukt du velger, eller rettere sagt, hvilken frukt som velger deg.

Det kan være du skjønner meningen med den frukten som velger deg, men det kan også være at det ikke er tydelig for deg. Uansett er dette ikke viktig. Frukten er et bilde på livet ditt, så derfor skal du behandle den respektfullt og se hva du kan lære fra den. Det er med overlegg at Bestemødrene lærer oss ting på sin uortodokse måte for å hjelpe oss til å «komme overraskende på oss selv.»

Etter at du har valgt eller har blitt valgt ut av en frukt er det på tide å bli kjent med den. Det kan være du blir fristet til å bytte den ut med en annen, men prøv å motstå fristelsen, og studér heller dens farge, konsistens og størrelse. Føl vekten og fasongen, og om den er glatt eller ru. Lukt på den, og kjenn på smaken. Ta en sansemessig vareopptelling.

Etter hvert som du utforsker den vil du få en større nærhet til denne frukten, og utvikle en samhørighet med den og kanskje etter hvert også din egen egenart. Frukten er en lærer som er gitt deg for å hjelpe deg til å sette pris på dine egne unike kvaliteter.

"Jo mer du lar frukten bli en del av deg selv (din sanne manifestasjon av ditt vesen) jo tydeligere vil du kunne stå frem i verden og være den og det du er. Denne spesielle frukten fra Livets tre er din. Dette livet er også ditt. Din frukt, ditt liv, er en gave fra deg selv og fra selve Kilden."

For å ha kontakt med og være en del av selve livssyklusen må vi "stå for" hvem og hva vi selv er. Livets tre er en metafor for Gud/Kilden, og viser oss at hver enkelt frukt kommer fra og er en del av treet. På samme måte kommer også vi fra Gud/Kilden og er en del av den. Vi, frukten, tilhører treet.

Så snart vi tar ansvar for den gaven treet har gitt oss kan vi leve ut frukten i våre liv. Når vi gjør det vil vi blomstre. Enhver som har vært vitne til at en venn har "funnet seg selv" kjenner til gleden ved å se denne oppvåkningen. Denne delen av meditasjonen på Livets tre puffer oss mot å «bli den vi er».

Det er alltid slik at etter blomstring følger frukt. Derfor, etter at du har blomstret vil du bære frukt. Så snart vi har blitt oss selv, omfavnet våre styrker, svakheter og talenter, har vi noe å gi tilbake til verden. Hva vi har å gi blir avgjort av den frukten vi har blitt gitt og hva vi gjør med den. Fruktene på treet representerer både de evnene vi har fått utdelt og hvordan vi bruker dem. Det er et ordspråk som oppsummerer dette godt. «Guds gave til deg er hvem du er. Hvem du blir er din gave til Gud.»

Ved å leve ut sannheten om hvem vi er gir vi noe tilbake til Livets tre og kompletterer sirkelen ved det å gi og ta. **"Livets tre støtter alt som lever gjennom å kontinuerlig gi av seg selv. Denne meditasjonen vil hjelpe deg til å omfavne og deretter bruke de gavene som din frukt har. Da vil du også ha noe å gi til verden.»**

MEDITASJONER OVER LIVETS VEV

"Du er mye mer enn du aner. Du er som nattehimmelen."

Denne meditasjonen utvider bevisstheten gjennom at den løser opp i frykten og illusjonen av å være adskilt fra det Guddommelige og fra hverandre. Gjennom å løse opp disse barrierene motvirkes ensomhet og isolasjon. Livets vev virker frigjørende og bryter opp i begrensende tankeganger og holdninger slik at vi kan nyte en utvidet bevissthet. Dette er et annet symbol som Bestemødrene bruker for å lære oss om det Guddommelige og vårt forhold til det.

Livets vev frir oss fra vår begrensende identifisering med våre individuelle problemer og vårt lille jeg og setter oss i kontakt med det større Selvet. Det er følelsen av å være adskilt fra *helheten* i livet som i utgangspunktet skaper følelsen av ensomhet og isolasjon. Gjennom Livets vev vil vi oppleve glede. Denne meditasjonen gir både en kroppslig og en åndelig forståelse av unionen med Kilden og unionen med hverandre.

Bestemødrene sier, **"Du *er* Livets vev. Tenk på nattehimmelen og deg selv stige opp i den indigoblå himmelen. Her er det mange stjerner og måner som alle sammen lyser."**

Etter at du har kommet i en avslappet tilstand tenk på dette vidtfavnende nattlige panorama av måner og stjerner. Hvis du bor på et sted hvor du kan se stjernene, gå ut og se opp. Hvis ikke så tenk på en gang du har stått og sett opp på den mørkeblå nattehimmelen. Mens du står og ser på himmelen enten med det blotte eller med ditt indre øye, tenk på Bestemødrenes uttalelse om at du ikke er adskilt fra men en del av det hele.

Pust rolig, og hver gang du puster inn trekker du hele stjernehimmelen inn i kroppen din. Hver gang du puster ut går du i ett med den. Når du puster inn er det som om himmelen kommer inn i kroppen din. Når du puster ut flyter du opp i nattehimmelen. Fortsett å puste på denne måten, og kjenn hvordan denne utvidede tilstanden kjennes ut. La deg selv få støtte av dette fundamentet; himmelens kappe er foldet rundt deg, og mens du slapper av og er helt omsluttet av den, er du i kontakt med alt — stjernene, jorden og luften. **"Du er alt dette,"** sier Bestemødrene. **"Du er den indigoblå nattehimmelen. Du er i alt dette, og full av liv. Stjernene og månene på himmelen pulserer inni deg, akkurat som ditt fysiske hjerte slår i din fysiske kropp."**

Legg merke til hvordan himmelen beveger seg inn og ut av kroppen din i takt med pusten din. Livskraften i universet *er* inni oss. Den er under huden vår, samt over og rundt oss, og denne øvelsen vil hjelpe deg til å føle den. Mens du fortsetter å puste, legg merke til temperaturen i kroppen din, rytmen på pusten og på hjerteslagene dine.

"Hvis du utelukkende besto av kroppen din, hvis du bare besto av pusten din eller tankene dine, ville du ikke kunne gjenkjenne av noen av dem. Men du er mye mer enn hver enkelt av disse bestanddelene og derfor kan du være bevisst hver enkelt når du vender bevisstheten din innover. Du er mye mer enn du kan forestille deg. Du er som nattehimmelen. Uendelig stor.

"Vi gir dere denne meditasjonen for at dere skal komme dere forbi følelsen av å være begrensede og små. Livets vev vil hjelpe dere forbi de mentale sperrene som handler om 'meg' og 'mitt', 'deg' og 'ditt.' Dette er kun små begreper — ikke engang så store som knappenålshoder — og har ikke noe med hva du er. Du er stor; du er som den uendelige mørkeblå kappen av en nattehimmel.

"Meditasjonen over Livets vev vil helbrede bekymringer og nervøsitet og frigi stress. Den frigjør deg fra negative, åndelige og følelsesmessige tilstander fordi Livets vev inneholder sannheten om hvem du er."

MEDITASJON OVER HJERTETS ROSE

"Dette er juvelen blant øvelsene — hjertets rose."

Da første del av arbeidet med Bestemødrene gikk mot slutten spurte jeg dem om en meditasjon for å åpne hjertet som jeg kunne inkludere som en avslutning på boken. Hjertets rose er en passende avslutning for disse øvelsene.

Siden denne meditasjonen ble diktert til leserne vil jeg skrive den ned med Bestemødrenes ord. Innimellom vil jeg skyte inn noe av mine egne kommentarer når jeg synes det er behov for det. Du vil få en dypere opplevelse hvis du har mulighet til å betrakte en ordentlig rose første gangen du gjør denne meditasjonen. Det er ikke absolutt nødvendig, men vil gi deg et følelsesmessig minne som du senere kan forholde deg til.

Bestemødrene sier, "**Begynn med å kjenne på midten av ditt eget bryst.** Det vi gjør er som du sier å bli bevisst opplevelsen om 'før og etter'. La oss begynne med 'før'. Legg merke til teksturen i denne delen av kroppen din. Temperaturen, hvor myk eller hard den er, og kanskje den fargen du kjenner inni brystet ditt. Kjenn etter hvordan det føles i området rundt hjertet ditt. Hvordan er det?

"**Få tak i en rose slik at du kan betrakte den. Den skal ikke være i knopp, den skal heller ikke være helt åpen, men delvis åpen, med mange kronblader.** (Mens de sa dette viste de meg den fargeskalaen som de så for seg — fersken, rosa eller rødt,) "Se ned i rosen, ta den tiden du trenger, og lukt på den. En naturlig rose som ikke har blitt kunstig adlet frem vil dufte. Dette er den beste rosen å bruke siden duften er en iboende del av rosen.

"Føl overflaten og kronbladene til rosen og nok en gang kan du lukte på den mens du studerer det intrikate mønsteret som dannes av kronbladene. Se så vakre kronbladene er. Se hvordan hvert enkelt forholder seg til de andre. Betrakt mønstrene som dannes, og kronbladenes sarte kanter. Legg merke til hvordan rosen danner en sirkel, mens den både omfavner og blir omfavnet av seg selv, helt inn til sin egen midte.

"Det å dissekere en rose vil ikke vise deg hva en rose egentlig er fordi en rose skapes av forholdet mellom kronbladene. Rosens mirakel utgjøres av dens lukt, dens konsistens, dens variasjon i farger og forholdet mellom kronbladene.

"Så perfekt denne blomsten er. Så perfekt du er. Hvis du bare visste! Hver eneste del av deg forholder seg perfekt til de andre — innvollene dine, i en harmonisk forbindelse med hverandre, og essensen av deg selv som gjennomsyrer det hele. Akkurat som rosen kan også menneskekroppen bli dissekert; personligheten kan bli dissekert og diagnostisert. Men essensen av den du er, som finnes i hver eneste del av deg, får man ikke tak i på denne måten. Det er med deg som det er med rosen.

"Lukk øynene og fokuser på området rundt hjertet ditt. Legg nok en gang merke til hvordan det føles, hvilken stemning det er i, før du forestiller deg at du fører rosen, den vakre rosen som du har betraktet, inn i hjertet ditt. Rosen er nå i hjertet ditt.

"Se på mens den sakte åpner seg. Sakte, sakte. Mens du puster inn er det som om rosen åpner seg opp og strekker seg ut. Når du puster ut vil også rosen puste ut og lukke seg litt. Neste gang du pusten inn vil den åpne seg litt til og slynge sine dufter ut i atmosfæren.

«Etter hvert som rosen åpner seg vil hjertet ditt gjøre det samme. Hver gang du puster inn vil både rosen og hjertet ditt åpne seg. Hver gang du puster ut vil de lukke seg litt for så å åpne seg litt mer ved neste innpust. Fordi rosen/hjertet følger pusten din vil denne prosessen føre til at hjertet ditt gradvis vil utvides. Pust nå med rosen i hjertet ditt, og la deg selv åpnes opp litt mer for hver gang du puster inn.

«Deretter kan du utvide rosen slik at den fyller hele brystet ditt med sine kronblader. Kjenn hvordan denne enorme rosen er som hjertet ditt. La den deretter utvide seg slik at den fyller hele kroppen din. Kjenn hvordan du blir omgitt av og er fylt av denne rosen.

«La den utvides ytterligere, til den fyller hele rommet hvor du sitter, og så videre til den fyller hele området hvor du bor. La den utvide seg slik at den fyller hele den delen av landet hvor du bor.

«Dette enorme hjertet/rosen utvider seg nå til å dekke hele landet ditt. Og slik fortsetter det, stadig videre utover til den dekker alle verdens land, all verdens folkeslag og alle vannmassene og landmassene som finnes på jorden. Det store hjertet/rosen holder nå jorden inni kronbladene sine og utvider seg til også å omfavne solen, galaksen, og universet. Alt. Alt er nå en del av ditt enorme hjerte/rose.

«Dette store rosehjertet ditt er nå langt ute i verdensrommet hvor det holder og inneholder alt. Føl det. Kjenn etter. La deg selv hvile her en stund og kjenn etter hvordan det er for deg å være i en slik utvidet tilstand før du fortsetter.

«Nå skal du begynne på tilbaketuren. Det er en mye raskere reise. Hjertets rose begynner på sin tur tilbake til deg. Den kommer nå; den farer lynraskt tilbake, trekker seg sammen til landet ditt, til byen din, til hjemmet ditt, tilbake til kroppen din, og til sist inn til ditt eget fysiske hjerte.

«Bruk et par minutter på å hvile i dette rommet i hjertet ditt og legg nok en gang merke til dette området i kroppen din. Det er her rosen/hjertet lever, og alltid vil leve.

«Legg merke til om det har skjedd noen endringer siden vi startet denne øvelsen. Hvordan føles dette området i kroppen din nå? Hvordan føles det ut i hjertet ditt? Legg merke til størrelsen på hjertet ditt, hva det veier, hvilken temperatur det har, hvilken farge og tekstur. Hvordan føles det nå i forhold til hvordan det var før du gjorde denne øvelsen?

«Slik er skjønnheten og den enorme storheten i ditt eget hjerte,» sier Bestemødrene. "Hvil i det."

OM FORFATTEREN

Sharon McErlane har arbeidet som lærer og familie- og samlivsterapeut i mer enn tretti år. Hun arbeider gjennom å lære sine klienter og studenter ulike teknikker for åndelig og følelsesmessig integrering, for å lede dem videre på veien gjennom livet. Hun underviser i hvordan man foretar sjamaniske reiser, og reiser rundt i verden for å fortelle grupper av mennesker om Bestemødrenes budskap.

Hun er også en dreven kunstner og gartner og har skapt et vakkert område i huset og hagen sin. Mange av studentene hennes anser det for å være et hellig område og et nærende sted å ha workshops.

Hun er gift og har to voksne barn, og bor sammen med sin mann og sin golden retriever i Laguna Beach, California.

Avsluttende ord fra forfatteren

Mitt arbeid med Bestemødrene fortsetter. Hver gang de gir meg et nytt budskap kaller jeg mennesker sammen og sprer det videre. Nå deler mennesker over hele verden Bestemødrenes budskap med hverandre. De vekkes opp til den hellige kimen som ligger i hver enkelt, de føler en kjærlig forbindelse med hverandre og med det guddommelige. Det er mange mennesker som nå sprer Bestemødrenes seremoni for å vekke den kraften vi alle har i oss. På nettsidene våre www.grandmothersspeak.com vil du finne en liste over de ulike gruppene.

Jeg vet ikke hvor Bestemødrenes arbeid vil føre meg videre, men det har vært så fantastisk å reise med dem at jeg har lovet at jeg skal gå dit de leder meg. Det virker ikke som de er ferdige med meg, så det vil etter hvert komme en ny bok *"Our Love is Our Power; Working With the Net of Light that Holds the Earth."* (red.anm. denne ble utgitt i 2009)

Å arbeide med Bestemødrene har gitt meg ufattelig mye glede og jeg håper at det å lese om dem og å jobbe med dem også har gitt deg glede. Denne boken er utgitt med kjærlighet. Jeg er takknemlig for å ha vært en del av deres arbeid.

Sharon Mc Erlane

www.ingramcontent.com/pod-product-compliance
Lightning Source LLC
Chambersburg PA
CBHW060523100426
42743CB00009B/1414